本报告的出版得到

国家重点文物保护专项补助经费资助

《福建三明万寿岩旧石器时代遗址》编辑委员会

福建三明
万寿岩旧石器时代遗址

1999～2000、2004年考古发掘报告

福 建 省 文 物 局
福 建 博 物 院 编著
三明市文物管理委员会

文物出版社
北京·2006

责任编辑：楼宇栋
封面设计：周小玮
责任印制：张道奇

图书在版编目（CIP）数据

福建三明万寿岩旧石器时代遗址：1999～2000、2004年考古发掘报告/福建省文物局，福建博物院，三明市文物管理委员会编著. —北京：文物出版社，2006.10
ISBN 7-5010-2015-9

Ⅰ.福… Ⅱ.①福…②福…③三… Ⅲ.旧石器时代文化-文化遗址-发掘报告-三明市 Ⅳ.K878.05

中国版本图书馆CIP数据核字（2006）第118318号

福建三明万寿岩旧石器时代遗址

1999～2000、2004年考古发掘报告

福 建 省 文 物 局
福 建 博 物 院 编著
三明市文物管理委员会

*

文物出版社出版发行
（北京市东直门内北小街2号楼）
http://www.wenwu.com
E-mail:web@wenwu.com
北京美通印刷有限公司印刷
新 华 书 店 经 销
889×1194 1/16 印张：18.5
2006年10月第一版 2006年10月第一次印刷
ISBN 7-5010-2015-9/K·1075 定价：170.00元

WANSHOUYAN PALEOLITHIC CAVE SITE IN SANMING, FUJIAN PROVINCE

Report on excavating in 1999 – 2000 and 2004

(*With an English Abstract*)

Cultural Relic Bureau of Fujian Province
The Museum of Fujian Province
The Cultural Relic Administrative Office of Sanming City, Fujian Province

Cultural Relics Publishing House
Beijing·2006

目　录

Contents

插 图 目 录

Illustrations

彩版目录

Plates

序　言

我国旧石器时代考古已有八十多年历史，经过三代学者的不懈努力，已取得巨大成绩。从空间上看，所发现的千余处遗址分布于全国各省、市、自治区；在时间上，已形成了从旧石器早期至晚期比较完整的系列；从地层学上看，已经突破以往仅仅限于早更新统晚期地层的范围，直至追溯到早更新统早期地层，甚至开始向上新统晚期地层去追寻更古老的人类化石及其遗物。近年许多规模较大的发掘，相继揭露出一批又一批重要发现，已引起国际学术界的普遍关注①。

但是，福建省旧石器时代考古起步较晚，与北方、西南诸省相比，差距甚大。尽管早在20世纪30年代厦门大学人类学家林惠祥教授就曾先后在厦门、漳州一带沿海进行过调查，并发现过一些新石器时代文化遗物，但却一直未能找到任何有关旧石器时代文化遗物。在解放后的一个相当长时间内，福建省一直是我国没有发现旧石器时代遗址或文化遗物的少数空白省份之一。

20世纪80年代末，福建省文化厅对在省内开展旧石器时代考古研究给以高度重视，专门为此作了部署，经过中央学术机构和我省考古工作者的多方努力，终于在漳州市北郊的莲花池山和竹林山两个地点首次发现旧石器时代文化遗存和大约百余处时代介于新石器和旧石器之间的细小石器地点②。

1988年，漳州市文化局和东山县博物馆工作人员在进行文物普查时，从东山县铜鼓镇沿海渔民手中收集到一批出自台湾海峡海底的哺乳动物化石，并从中选出一件人类肱骨残段，经中国科学院古脊椎动物与古人类研究所专家鉴定、贾兰坡院士审核，确认为晚期智人③。这是福建省有关人类化石的首次发现，但因出自海域，无可靠地层依据，显得美中不足。福建省境内的陆相地层中能否有所突破，不免引起大家的关切。

---

① 高星、侯亚梅主编，2004：20世纪中国旧石器考古论文汇编。文物出版社，北京。

② 尤玉柱主编，1991：漳州史前文化。福建人民出版社，福州。

③ 尤玉柱，1988：东山海域人类遗骨和哺乳动物化石的发现及其学术价值。福建文博，(1)，4~7。

1988年初，全省进行的大规模文物普查工作正在八闽大地轰轰烈烈展开，由福建省博物馆和三明市、县考古人员组成考古普查队，王振镛任普查队队长，开始进驻三明地区负责对三明市以及所管辖的各县的普查任务。普查队到达将乐县后，并成立一个洞穴调查组，强调该组除完成常规的调查外，特别要着重注意旧石器文化遗物和古人类化石的寻找。当年初夏，在清流县工作期间，范雪春、俞其宝、李金生等，经过艰苦努力，在沙芜乡狐狸洞晚更新统地层中发现了两枚晚期智人牙齿化石（1989年11月17日至29日，中国科学院古脊椎动物与古人类研究所、福建省博物馆、三明市文物管理委员会、三明市博物馆、清流县文化局、清流县博物馆联合对该洞进行了正式发掘，又出土四颗晚期智人牙齿化石）及十几种伴生的哺乳动物化石，终于填补了福建省内陆地区古人类化石的空白，并揭开了福建省旧石器时代考古发掘和研究的序幕①。

截至1998年底，福建省境内所发现的旧石器时代遗址和地点近二十处，北起武夷山，南抵东山沿海，东自闽江口，西止将乐，都有分布。但是，从遗址和地点的埋藏性质和地层时代看，基本上属于旷野类型：包括阶地的、台地的和山前红土堆积的；地层时代仅仅限于更新世晚期，文化遗物的绝对年代均未超过100ka.BP②。尽管在闽中、闽西和闽南广大区域较大范围内有着晚古生代、中生代石灰岩地层分布，也曾发现过出自洞穴大约四十多处哺乳动物化石地点，但还是未能找到旧石器时代文化遗物。

1985年至1999年，三明市文物管理委员会李建军等多次对万寿岩几个洞穴进行考古调查，为寻找史前遗址提供了重要线索。1999年的发掘使这处洞穴类型的旧石器时代遗址得到了证实，从而结束了福建省旧石器时代遗址和文化遗物单一埋藏类型的状况，也为今后在石灰岩分布区寻找和发现更多洞穴类型的旧石器遗址和遗物提供可资借鉴的经验，因此扩大了寻找的空间。

万寿岩，是一座由上石炭统船山组石灰岩形成的孤立小山，石灰岩质地相当纯净，岩石呈厚层状—块状。根据区域调查，闽中一带断裂十分发育，在其影响和作用下，古生代、中生代岩层裂隙发育，尤其万寿岩孤山山体的裂隙更为密集，在地表水的强烈溶蚀和长期作用下，形成了众多的溶洞和裂隙，大型洞穴如碧云洞、龙井洞、灵峰洞和船帆洞等。其中的船帆洞于1999年秋开始，由福建省博物馆（现名福建博物院）和三明市文物管理委员会办公室和三明市博物馆联合发掘，出土了旧石器时代晚期两个文化层；与此同时，对灵峰洞进行发掘，也出土了一些旧石器时代早期的文化遗物。以上三个文化层都伴出一批哺乳动物化石。

① 尤玉柱、董兴仁、陈存洗、范雪春，1991：福建清流狐狸洞人类化石与伴生哺乳动物化石。人类学学报。

② 范雪春，2005：福建漳州旧石器调查报告。人类学学报，24（1），25～31。

在发掘期间，中国科学院古脊椎动物与古人类研究所吴茂霖研究员偕董兴仁、时福桥两位先生曾来工地考察，并提出有指导意义的建议。

1999年11月15日，由董兴仁先生带领李建军、陈子文到贾兰坡院士家，请先生鉴定船帆洞出土的三十七件石制品，同时在张森水先生的鉴定书上签字（见彩版首页）。2000年1月24日至27日，国家文物局考古专家组组长黄景略，成员张森水，北京大学王幼平教授来三明对万寿岩遗址发掘工地进行考察（见彩版首页），论证了船帆洞洞内人工石铺地面遗迹的重要意义和科学价值，肯定了此次发掘的收获。之后，张森水先生建议由地质专家做进一步论证。2000年4月14日北京大学环境学院夏正楷教授、北京师范大学李容全教授、福建师范大学曾从盛教授、福建区域地质队陈泽霖、梁诗经高级工程师等专程对石铺地面作了实地考察，充分肯定船帆洞洞内的石质地面是非自然形成的，其规模之大，实属罕见。著名旧石器时代考古学家贾兰坡院士认为这个遗址很有价值，写下了“这个遗址很重要，必须保护”的评语。

初步研究表明，万寿岩旧石器时代遗址的灵峰洞和船帆洞，都是十分重要的，有着较好的研究前景。在万寿岩这个很小的孤山上，已经出土了四个不同时代的文化层，这在我国东南地区还是不多见的；特别是船帆洞下文化层的人工石铺地面和排水沟槽遗迹在我国尚属首次发现。旧石器时代人工石铺地面的发现，引起了国内外专家学者的关注和广泛兴趣。

鉴于万寿岩旧石器时代遗址的重要性，被评为2000年我国十大考古发现，2001年被国务院公布为第五批全国重点文物保护单位，由此说明，万寿岩遗址已成为我国东南地区最重要的旧石器时代遗址之一。

2004年，为配合船帆洞保护工程的施工，经国家文物局批准，由中国科学院古脊椎动物与古人类研究所、福建博物院和三明市文物管理委员会办公室组成的联合发掘队，在船帆洞部分地段和东壁的3号支洞中分别进行发掘，除出土一大批哺乳动物化石外，还揭露一个人类活动面以及石制品20件。这次发掘，使万寿岩旧石器时代遗址的文化层增加到四个。

由于万寿岩灵峰洞和船帆洞所在的石灰岩体的裂隙十分发育，加上地处南亚热带和中亚热带交界处，气候炎热，雨量充沛，年降水超过1500毫米，遗址和遗迹都面临被雨水冲刷和破坏的危险。在国家文物局、福建省文化厅文物局的关怀和重视下，于2004年夏初完成第一期遗址的保护工程后，基本上解决了洞内流水渗透和破坏遗迹的问题。同年9～11月，在配合第一、第二期保护工程而进行的抢救性发掘期间，由中国科学院古脊椎动物与古人类研究所、福建博物院和三明市文物管理委员会联合组成的发掘队，再次对船帆洞进行两个月的发掘，除出土一批遗物和哺乳动物化石外，重新建立了船帆洞的地层系列，取得较好成果。在万寿岩旧石器时代遗址保护工程施工的同时，我们还将继续做好发掘和研究工作。根据目前规划，万寿岩将建设成为集文化教育和旅游为一体的古文化园区。为利于今后的工作，将已往的发掘工作做一总结是十分必要的。

灵峰洞和船帆洞，分别位于万寿岩的不同高度上，两个洞穴高差34米，都属于大型的洞穴，洞内基本上保存了远古时代的原有面貌，只是因晚期流水的冲刷，有部分地段已遭受破坏，并被近期堆积所覆盖。尽管两个洞穴的发掘仅仅是初步的，但都取得了令人满意的成果。

根据目前统计，灵峰洞的发掘仅在上钙板层中进行，已发现的遗物主要是石制品，总数99件（其中1999年出土的有75件，2004年浸泡过筛获得24件），与其共生的哺乳动物化石11种（其中1999年出土的8种，2004年浸泡过筛新增的3种）。船帆洞的发掘主要在洞内靠近洞口处进行，下文化层出土石制品303件（2004年出土的未统计在内），人工石铺地面、排水沟槽、踩踏面和砸坑等遗迹以及烧石、烧骨；哺乳动物化石15种（1999年出土12种，2004年出土新增3种）；上文化层出土石制品79件、骨角器3件，大量炭屑、烧石、烧骨，哺乳动物化石12种（1999年出土9种，2004年出土新增3种）。在船帆洞东壁的3号支洞中，2004年出土石制品20件，哺乳动物化石有41种。这些发现，可以初步建立起万寿岩洞穴遗址的文化序列和年代：即从旧石器时代早期至晚期的四个文化层；从中更新世晚期至晚更新世晚期的四个哺乳动物组合。

万寿岩遗址的一系列发现，无疑对了解福建旧石器时代文化的发展梗概和万寿岩一带200ka.BP以来气候与环境的变化，提供十分可贵的资料。有关福建近年来旧石器时代考古新的成果已有论述①。关于福建三明万寿岩旧石器时代遗址的发掘资料，往年曾发表过三篇简报：

一、李建军、陈子文、余生富：《灵峰洞——福建省首次发现的旧石器时代遗址》，《人类学学报》2001年20卷4期247～255页。

二、陈子文、李建军、余生富：《福建三明船帆洞旧石器遗址》，《人类学学报》2001年20卷4期256～270页。

三、陈子文、李建军：《福建旧石器考古的重大突破——万寿岩史前洞穴遗址》，载中国文物报、中国考古学会编：《中国年度十大考古新发现（2000年卷）》13～32页，生活、读书、新知三联书店，2005年12月出版。

---

① 张森水，2001：福建旧石器考古之探讨。福建文博，(2)，93～99。

此次发表正式报告，应一切以此报告为准。

万寿岩孤山众多的洞穴还有待今后继续发掘，我们相信在不久的将来，万寿岩旧石器时代遗址一定会有更多、更为重要的发现，将会对福建省及邻省的旧石器研究做出新贡献，也会对闽台史前文化关系研究提供更实际、更丰富的资料。

本报告的编写是由编写组集体完成的。编写组成员在对全部资料分析的基础上，采用分工负责，共同讨论，并经专家论证，最后由林公务、范雪春、李建军、陈子文汇总定稿。

本报告中遗物标本的编号是：首字为发掘年代，如 99 代表 1999 年出土的标本，04 代表 2004 年出土的标本，往后的顺序是遗物的发现地点、探方号、层位、遗物号。其中地点用汉语拼音的声母表现地点的首字，如福建三明灵峰洞为 FSL，福建三明船帆洞为 FSCH，福建三明船帆洞 3 号支洞为 FSCH3，福建三明船帆洞洞外岩棚地段为 FSCHW，石制品编号前的 P 代表旧石器；化石编号前的 M 代表哺乳动物化石。

第一章　万寿岩旧石器时代遗址概况

第一节　万寿岩旧石器时代遗址的地理位置、发现与发掘经过

福建省境内群山连绵，山地面积约占全省的三分之二，主要的山脉有武夷山、戴云山、玳瑁山和太姥山等。中部最重要的山脉之一玳瑁山，在区域构造上为华夏体系，呈北北东－南南西方向延伸，在其北段的西侧，形成起伏的中－低山地区，其中点缀着众多小型盆地，岩前盆地就是其中较小的一个（彩版一）。

岩前盆地所在的岩前镇，在行政区划上归属三明市三元区管辖，周围为低山－丘陵地带。万寿岩作为一个孤立的小山，耸立于岩前盆地的北侧，东距三明市17公里，地理坐标为北纬26°16′13″，东经117°29′37″（图一、二；彩版二、三，1）。

万寿岩遗址在发掘之前，三明市文物管理委员会办公室已多次对万寿岩遗址进行过调查、测量和试掘。

1985年夏，李建军于万寿岩灵峰洞、龙井洞、通天洞、碧云洞、岩侧小洞和一些支洞发现野猪、豪猪和啮齿类化石；同时还在灵峰洞、龙井洞发现宋、元崖刻五处，碑刻三通；在一些小洞内发现大明天运元年瓮棺葬二十余个；在碧云洞进深约10米处发现明清悬棺遗迹。

1989年秋，省文化厅文物处吴玉贤处长，要求成立三明地区溶洞化石调查组，对全区的化石遗址进行普查，李建军带领组员余生富、李金声、俞其宝在对万寿岩七处溶洞进行了复查和勘探，于地层中采集了野猪、豪猪、竹鼠、蝙蝠、鹿、水牛等牙化石。

1998年，三明钢铁厂矿山开采石灰岩危及万寿岩几个洞穴景观，当地五位退休老教师向上级领导递交《为抢救岩前文物古迹呼吁书》，经三明市政府领导批示，由李建军主持，对群众扰乱过的灵峰洞、船帆洞进行勘探和小面积试掘，发现宋代寺庙遗址和各类瓷片、钱币、碑刻、泥塑等，并了解到灵峰洞钙板中含有许多哺乳动物化石。

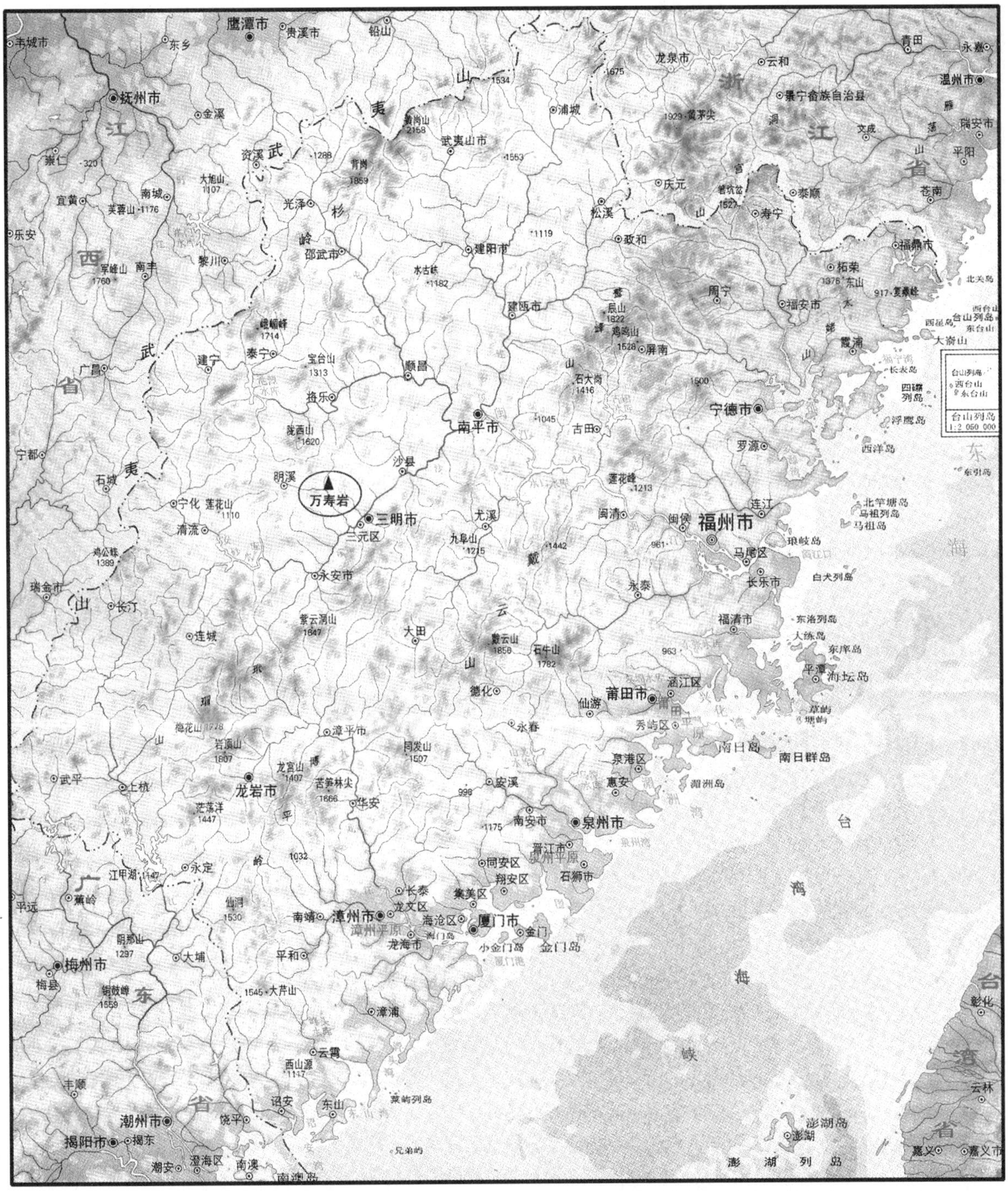

图一　万寿岩旧石器时代遗址地理位置示意图

Fig.1　Location of the Wanshouyan Paleolithic Cave Site

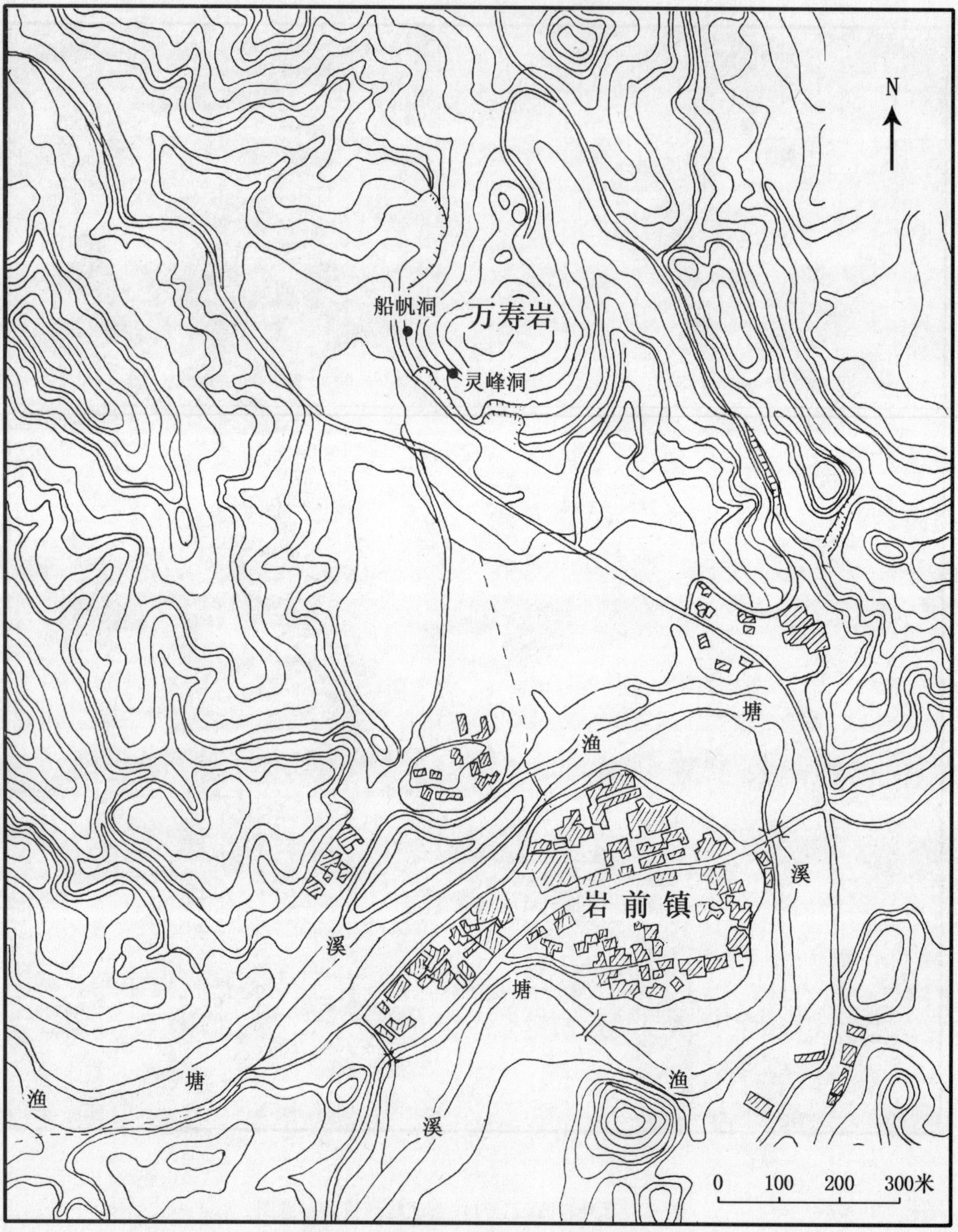

图二 万寿岩旧石器时代遗址地形图

Fig.2 Relief map of the Wanshouyan Paleolithic Cave Site

上述数次的田野考古调查工作，为万寿岩遗址的正式抢救性发掘提供了重要依据。

经过三明市政府和三明钢铁厂协商，最初的发掘由三明钢铁厂出资，福建省博物馆、三明市文物管理委员会办公室和三明市博物馆负责发掘。1999 年 10 月 8 日至 2000 年 1 月 25 日由上述三个单位联合组成发掘队，对灵峰洞和船帆洞进行了第一次正式考古发掘。发掘队的组成人员有：领队林公务，现场负责人陈子文、李建军；队员余生富、吴秀华、赵莲英、吴采同、吕国华、杨玉洪等。

最初的抢救性发掘是在灵峰洞进行的。

灵峰洞俗称观音洞，位于万寿岩西南坡，相对高度约 37 米，现洞口朝西南。原洞于 20 世纪 80 年代在开采矿石中被毁三分之二。现残存洞宽 20、进深 16 米，洞顶最高处距地面堆积表面约 15 米。此次发掘先在洞内的中部布一个 5×5 米的探方作试掘，了解到洞内早期地层－钙板多因流水的作用而淘空，洞底分布着与龙井洞、船帆洞贯通的支洞。钙板中含有较多的啮齿类动物化石和其他哺乳动物碎骨化石。因行政和生产上的原因，有关部门并限定考古工作必须在一个月内完成，为此转入船帆洞发掘，寻找更有说服力的史前遗迹和遗物。不久在船帆洞发现了有明显加工痕迹的石制品，之后又在灵峰洞内布 2×2 米探方 64 个，探方方向 323°。除东南部为了保留洞穴纵向地层大剖面作未来发掘外，其余部分将第一层、明清至现代堆积全部清理，清理面积约 230 平方米，同时将东部第二层钙板层之下的宋代填土清理完，在钙板底部可清晰地看到以砂岩、石英岩为原材的石制品嵌于其中。此后，我们抓紧时间发掘东部 13 平方米悬空的钙板，出土了一批哺乳动物化石和石制品（图三、四；彩版三，2、彩版四、五）。

船帆洞俗称双连洞，位于万寿岩西坡脚下，在灵峰洞西北，相距约 50 米，相对高度 3 米，洞口朝西。据当地村民介绍，早年船帆洞洞口是一条横向的窄缝，20 世纪 70 年代，三明钢铁厂修筑简易公路时，洞口被降低，才显现出原来的面貌。洞宽 30、进深 49、洞高 3～7 米。船帆洞中钟乳石较发育，靠洞口南部有一直径 3 米的钟乳石下部被文化层所覆盖。

船帆洞的史前文化堆积在宋代曾被大面积破坏，在纯净的棕色黏土中夹杂着宋代砖瓦、各类陶瓷片和打击石器。此外，矿山生产也破坏了一些原生堆积。发掘主要在洞口内侧进行，共布方 35 个，其中 T1 为 7×3 米，T2 为 6×3 米，T3 为 11×3 米，T4、T5 为 5×3 米，其余探方均为 3×3 米，发掘面积 350 平方米。在第 7 层底部发现有较大面积的石质地面，经专家论证，为人工铺设而成。为完整地保留这一重要的史前遗存并进行深入研究，石铺地面以下地层未做清理，只在塌陷部分和外围作局部的解剖（图五；彩版一六、一七）。

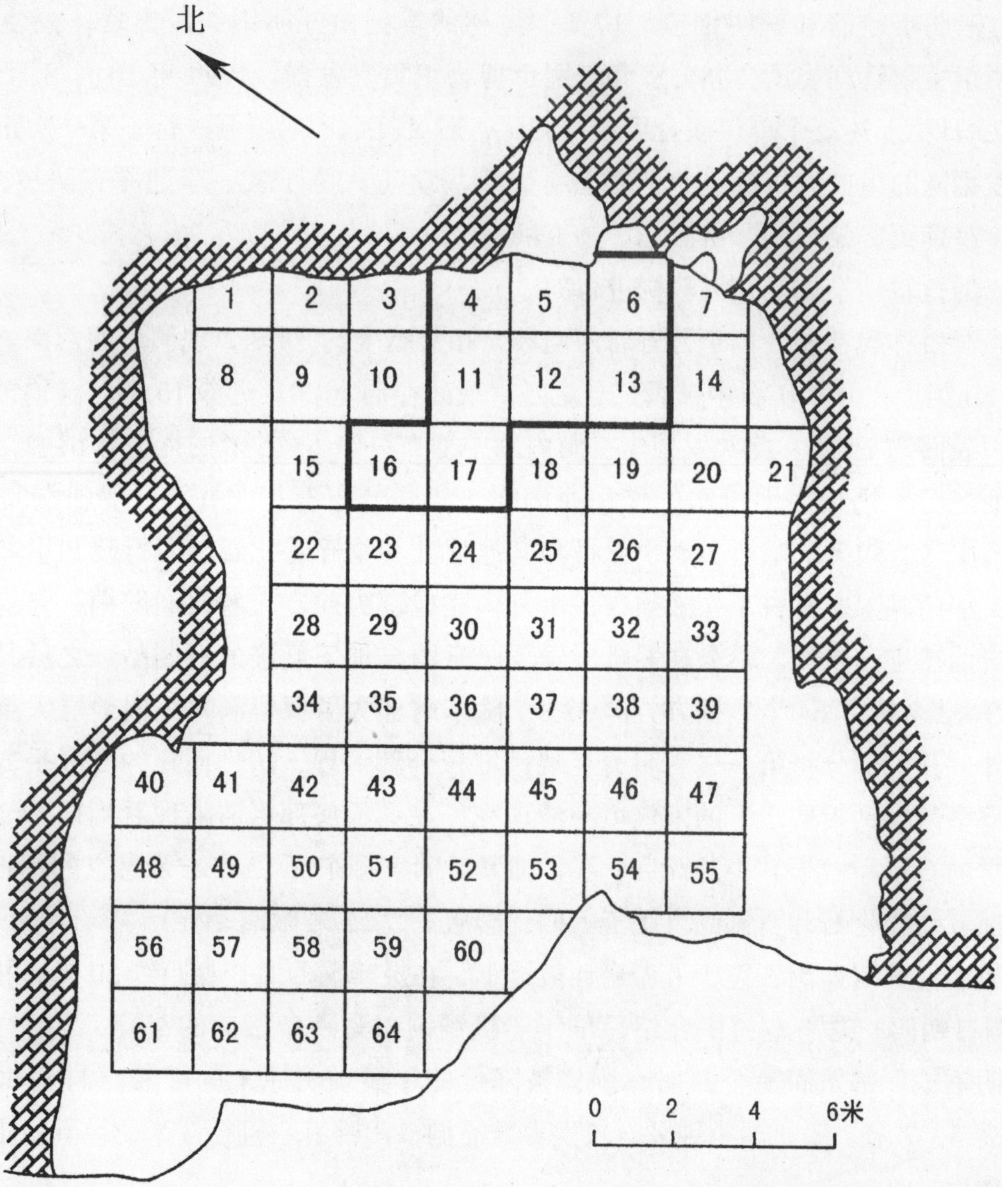

图三 灵峰洞 1999～2000 年度发掘探方分布图

（T4～T6、T11～T13、T16、T17 为旧石器文化层发掘位置）

Fig.3 Excavating square location of the Lingfengdong Cave in 1999－2000

Broad－brush confine shows excavated area

第一次试掘的主要收获是：

一、灵峰洞上钙板层（第 3 层）出土石制品 99 件、哺乳动物化石 8 种；

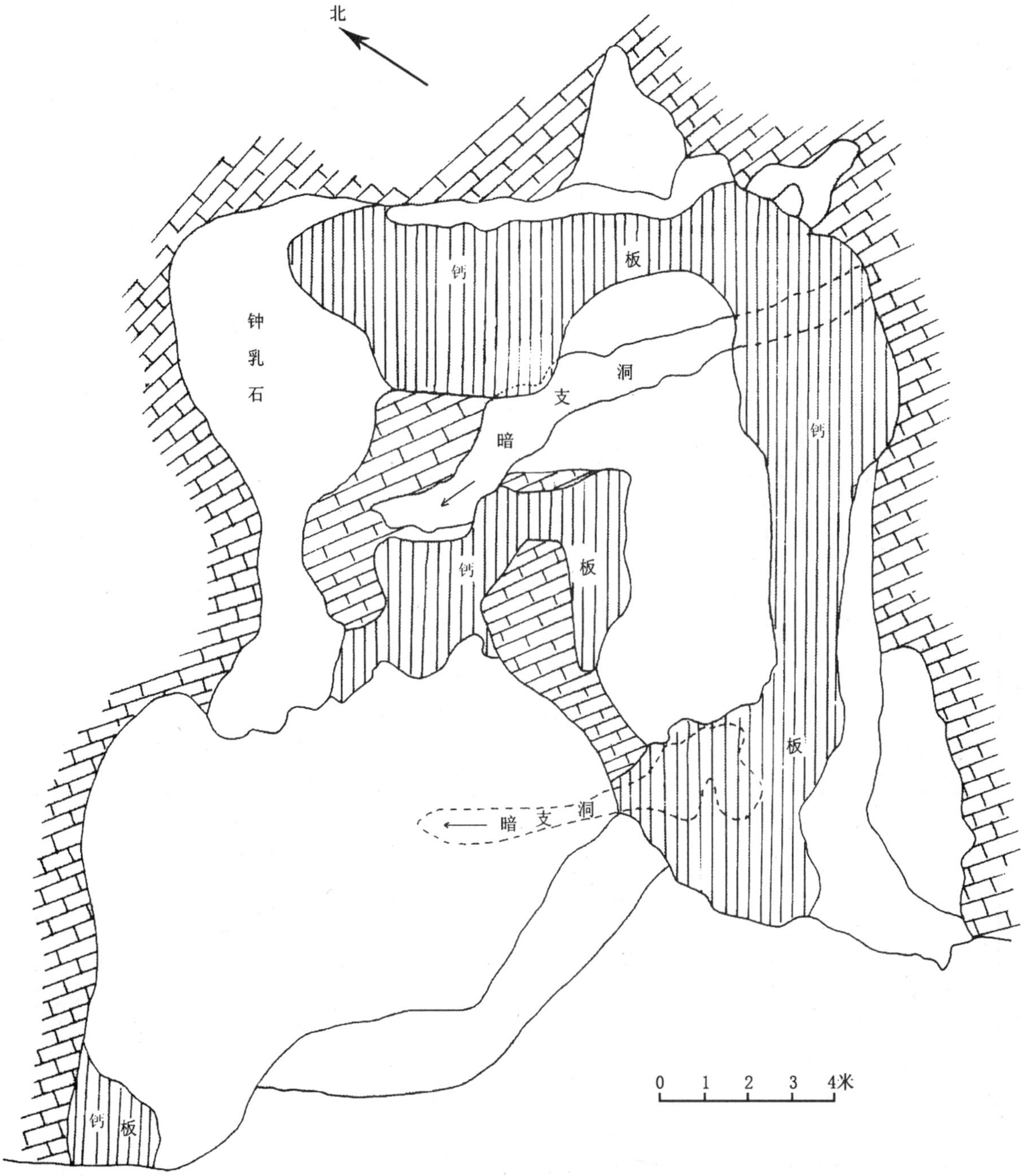

图四　灵峰洞钙板（第3层）及钟乳石分布图

Fig.4　Distribution of calcium plate (the 3rd layer) and stalactite in the Lingfengdong Cave

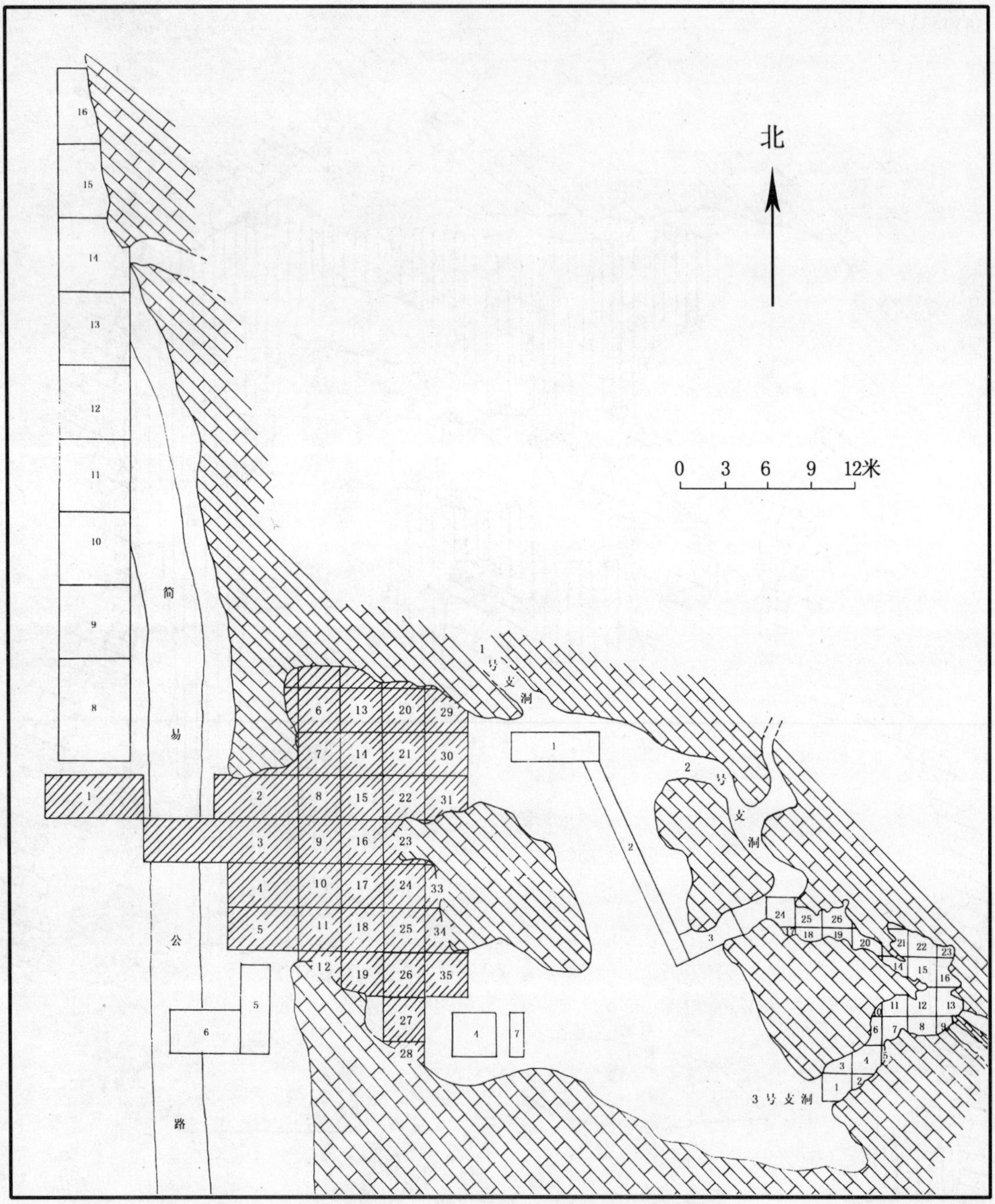

图五　船帆洞 1999～2000、2004 年度发掘探方分布图

Fig.5　Excavating square location of the Chuanfandong Cave in 1999～2000、2004

画斜线的探方为 1999～2000 年发掘，无斜线的探方为 2004 年发掘 Bias denotes excavating in 1999～2000，blank denotes excavating in 2004

二、船帆洞揭露出两个文化层：下文化层出土石制品 303 件，哺乳动物化石 12 种，以及石铺地面、排水沟槽和踩踏面等重要人工遗迹；上文化层出土石制品 79 件、哺乳动物化石 9 种，骨、角器 3 件。

有关灵峰洞和船帆洞第一次发掘的成果，李建军、陈子文、余生富等已在 2001 年《人类学学报》中作了初步报道①②。

值得一提的是，在第一次发掘期间，中国科学院古脊椎动物与古人类研究所吴茂霖研究员、董兴仁副研究员、时福桥先生曾专程前来万寿岩考察和指导。吴茂霖在看了船帆洞的遗迹遗物后说："灵峰洞要继续做工作，一旦有发现，可能就是猿人的东西"。出土的石制品和有关遗迹照片由专人送至北京请张森水研究员鉴定，先生首先指出，船帆洞石质地面由大小不等的灰岩角砾所组成，无明显的定向排列和分选，不应是水流形成的堆积，可能是人工堆积而成的；堆积旁还有小沟，也可能与人类生活有关，是福建史前考古的首次发现，而且在全国也是重要的史前遗存。

张森水先生的鉴定，给福建旧石器考古工作者极大的振奋。

在首次发掘的后期，国家文物局考古专家组组长黄景略、成员张森水研究员，北京大学王幼平教授等，对遗址概貌、出土遗物作了详细观察研究，他们指出：

一、万寿岩旧石器时代遗址可分为中、晚、末期或稍晚几个时期，这是福建乃至整个东南沿海地区重大考古发现，给福建史前考古带来新希望。

二、万寿岩旧石器时代遗址一部分遗物为研究旧石器时代向更高阶段发展提供了有重要科学价值的资料。

三、万寿岩旧石器时代文化遗存的发现，对研究闽台史前文化关系有重要意义。

2004 年 2 月～10 月，为配合万寿岩旧石器时代遗址保护抢险工程的施工，先后在船帆洞内外及船帆洞北侧岩棚地段进行了第二次发掘，发掘工作分为三期：

第一期在船帆洞内外布探方 7 个，基本上都安排在准备施工的位置。其中五个探方位于洞内：T1 为 2×6 米，T2 为 1×15 米，T3 为 2×4 米，T4 为 3×3 米，T7 为 1×3 米。洞外布探方 2 个：T5 为 2×6 米，T6 为 3×5 米，发掘面积共 74 平方米。

第二期在船帆洞后部的 3 支洞进行，也是为了解决洞内排水问题。在 3 支洞布 2×2 米探方 26 个。由于支洞窄小曲折，所有探方均不完整，发掘面积约 50 平方米。

第三期在船帆洞洞外北侧岩棚地段布探方 9 个（T8～T16）。其中 T8 为 5×7 米，T9～T16 均为 5×5 米，部分探方向东侧扩方，直抵岩体，发掘面积共 300 平方米。此

① 李建军、陈子文、余生富，2001：灵峰洞——福建省首次发现的旧石器时代早期遗址。人类学学报，20（4），271～280。

② 陈子文、李建军、余生富，2001：福建三明船帆洞旧石器遗址。人类学学报，20（4）：256～270。

一地段发掘均暂停留在史前文化层表面的清理（图五）。

以上三期发掘中，第一期发掘队由中国科学院古脊椎动物与古人类研究所、福建博物院和三明市文物管理委员会办公室联合组成，领队高星、林公务，参加发掘的人员有：范雪春、李建军、刘光军、朱凯、吴彩同、彭菲等。第二、三期发掘队由福建博物院和三明市文物管理委员会办公室联合组成，领队林公务，现场负责人为范雪春、李建军，参加发掘的有刘光军、朱凯、吴彩同、彭菲、张建群等。

2004年发掘的主要收获是：

一、在船帆洞洞内T4、T7中，揭露出局部残留的石铺地面，说明原石铺地面的南部仍继续向洞内（东）延伸，石铺地面略向洞内（东）倾斜。在石铺地面上发现石制品18件，均暂保留原位，未予采集整理。

二、3支洞出土大量哺乳动物化石和石制品20件，并于洞内5层下揭露一处史前人类活动面，面积约3平方米。确认哺乳动物化石出自船帆洞内第三地层单元，时代属于晚更新世早期。石制品的发现，意味着船帆洞洞内存在着不同时代的三个文化层。

三、在洞外岩棚地段出土了一批石制品和哺乳动物化石，初步认定了洞外含有遗物的层位可与船帆洞洞内的上文化层相对比，证实了发掘前预计的洞外存在史前人类活动区的可能性。

四、基本探明船帆洞形成过程和堆积成因。

五、对船帆洞洞内地层重新进行划分。

六、初步查明洞内外地层关系。

七、在发掘期间，还对遗址周边的地质、地貌概况进行复查，并与洞内地层作对比。

第二节　万寿岩旧石器时代遗址附近的地质与地貌

万寿岩遗址5公里范围内，地形复杂，属低山丘陵地带，河谷、溪流错落，切割深邃。总体看，东北高，西南低，北部低山最高处海拔为379米，最低处渔塘溪河漫滩海拔高度170米。渔塘溪从西南经中部向东南流，曲折蜿蜒，由于长期的冲积，形成了岩前小型盆地。现河水面海拔标高168米，河流纵向落差较和缓，河面最宽不超过60米，其形成的阶地面不宽，明显呈条形分布。区内地貌可划分四个次一级单元（图六）。

一、丘陵地貌：丘陵山地的主体由早石炭世、早侏罗世和晚侏罗世等晚古生代和中生代各类岩石所构成，岩性以石英砂岩、石英岩、石灰岩、泥岩和砂质泥岩等构成，海

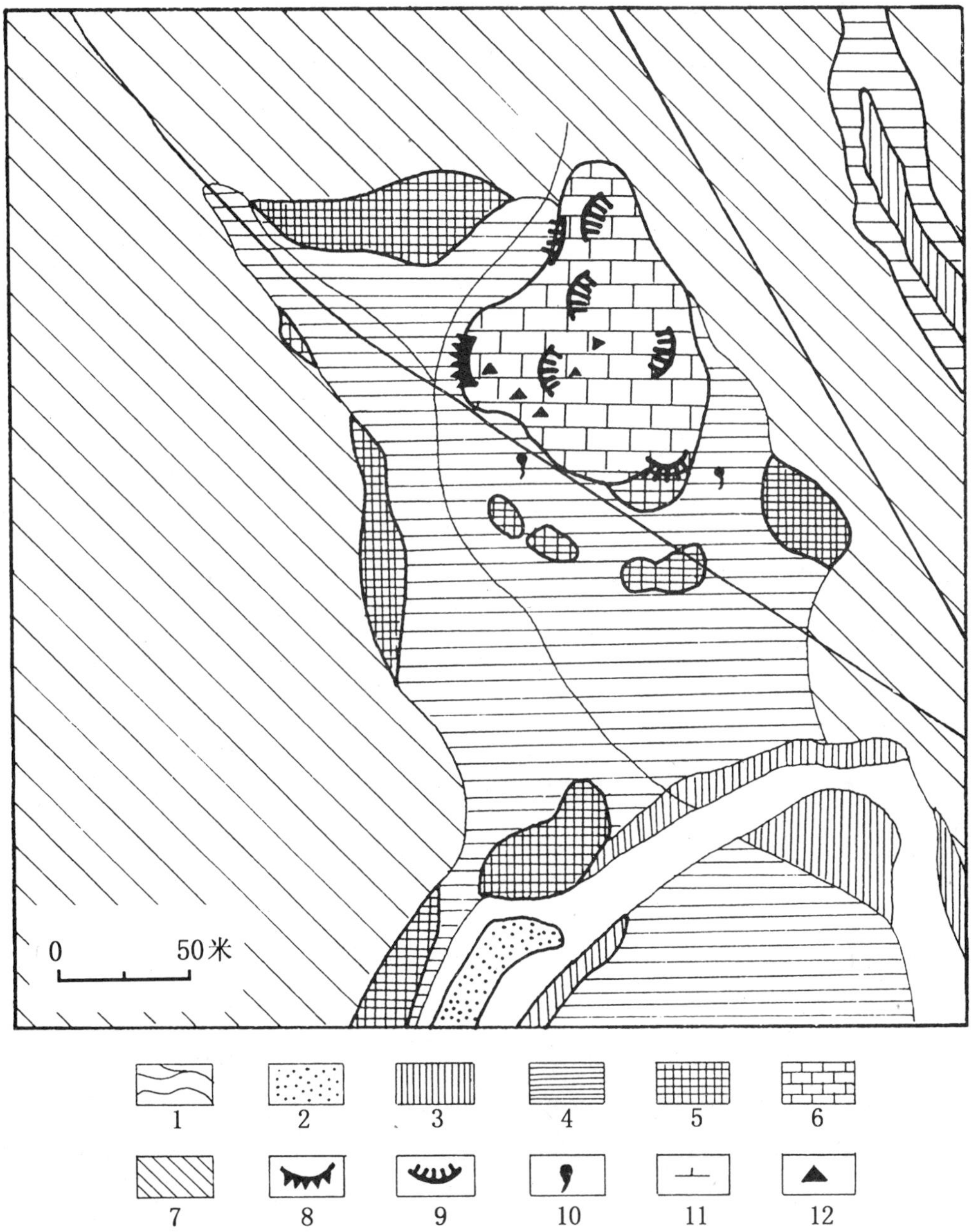

图六　万寿岩旧石器时代遗址周围地质地貌图

Fig.6　Geological geography surrounding the Wanshouyan Paleolithic Site

1. 河流（River）　2. 河漫滩（River pool）　3. 第一级阶地（Terrace I）　4. 第二级阶地（Terrace II）　5. 红土台地（Red soil mesa）　6. 孤山地貌（Isolated hill）　7. 中低山地貌（Middle－low Mountain）　8. 岩棚（Rocky eaves）　9. 陡坎（Perpendicular rock）　10. 涌泉（Spring）　11. 断裂（Fault）　12. 洞穴（Cave）

拔高度在300～379米之间，相对高差一般在100～200米。由于山体发育多组小型断裂，故部分地段的山体形成陡直的岩崖或岩棚。山区沟豁发育，纵横交错。坡谷通常呈“U”字形，自然坡度多在10～25°之间，纵向坡降不大，植被覆盖率很高，属侵蚀－剥蚀地带。

在万寿岩孤山的西南侧，尚有两个残丘，其底部出露下石炭统石英砂砾岩，它与万寿岩石灰岩层之间为一滑脱构造性断层接触，受其影响，石英砂砾岩已强片理化，岩层中的泥质成分均已重结晶为绢云母。

二、喀斯特熔岩孤山地貌：以万寿岩孤山为代表，山体由灰色、暗灰色厚层－块状石灰岩构成，偶夹薄层泥岩，岩层产状稳定，倾向NNE－SSW，走向NW290°，角度15～30°。万寿岩山顶海拔标高357米，相对高差虽不及187米，但山体陡峻，顶部坡度多在40～50°，下部约60～65°，西、西北以及部分山坡几呈悬崖状或者构成宽大的岩棚（图七）。

万寿岩山体的厚层石灰岩发育有两组走向为NNW－SSE和NE－SW的剪切型节理，为喀斯特熔岩地貌的形成创造良好条件。其中以NNW－SSE一组节理更为发育，节理面产状：NE65°∠80°，在岩体中部，局部形成70米宽的密集裂隙带，该带中最大裂隙宽可达2米，延伸长度350米，沿其方向，岩层溶蚀现象极为强烈。

万寿岩为一裸露型岩溶地貌，侵蚀基准面以上岩溶十分发育，落水洞、水平洞比比皆是，暴露于地表上的小型溶蚀洞、溶蚀沟槽也处处可见，万寿岩东、西两侧几个间歇泉也与此密切相关。山顶发育的四个落水洞，最大直径可达8米，小者2.4米。北侧山坡上存在两个不同高度的溶蚀面，反映至少曾有二次明显抬升①。较大的水平洞呈层状分布，明显可见的有两层：较高一层的有碧云洞、灵峰洞、龙井洞等；较低一层的有船帆洞和其边侧的小支洞等。根据福建省区域地质调查队提供的水文地质调查报告，万寿岩岩溶水为一独立的水文地质单元，具有补给速度快、径流短和排泄相对滞后，以及裂隙相互交错和连通等特点，这也是万寿岩山体喀斯特岩熔发育的主要原因之一（图八）。

三、残丘－台地地貌：主要出露在山间盆地和低山丘陵的接合部，海拔高度200～250米，高出河水面30～35米，由底部基岩、中部坡积物和上部经强烈风化后形成的残积砖红土组成。残丘和台地外表呈浑圆状，周边坡度相当和缓，受后期流水的冲刷，这种地貌类型均被严重破坏，目前已所剩无几，仅在山区边缘断续分布。在万寿岩旧石器时代遗址西南侧台地中下部的砾石层中曾出土过若干石制品。

① 李建军、范雪春，2006：船帆洞的形成过程与地层划分。人类学学报，25（2），153～160。

图七　万寿岩孤山地貌示意图（西南－东北）

Fig. 7　Sketch map of the Wanshouyan, the isolated hill (Northeastward)

1. 河流（River）　2. 河漫滩（River pool）　3. 第一级阶地（Trace I）　4. 第二级阶地（Trace II）　5. 红土台地（Red soil mesa）　6. 喀斯特地貌（Kaste）
7. 中低山地貌（Middle-low Mountain）　8. 岩棚（Straight rock）　9. 陡坎（Perpendicular rock）　10. 涌泉（Spring）　11. 断裂（Fault）　12. 洞穴（Cave）

图八 万寿岩溶洞群(西－东)

Fig.8 Cave group of the Wanshouyan Hill(Eastward)

1. 碧云洞（Biyundong Cave） 2. 灵峰洞（Lingfengdong Cave） 3. 龙井洞（Longjingdong Cave） 4. 船帆洞（Chuanfandong Cave）

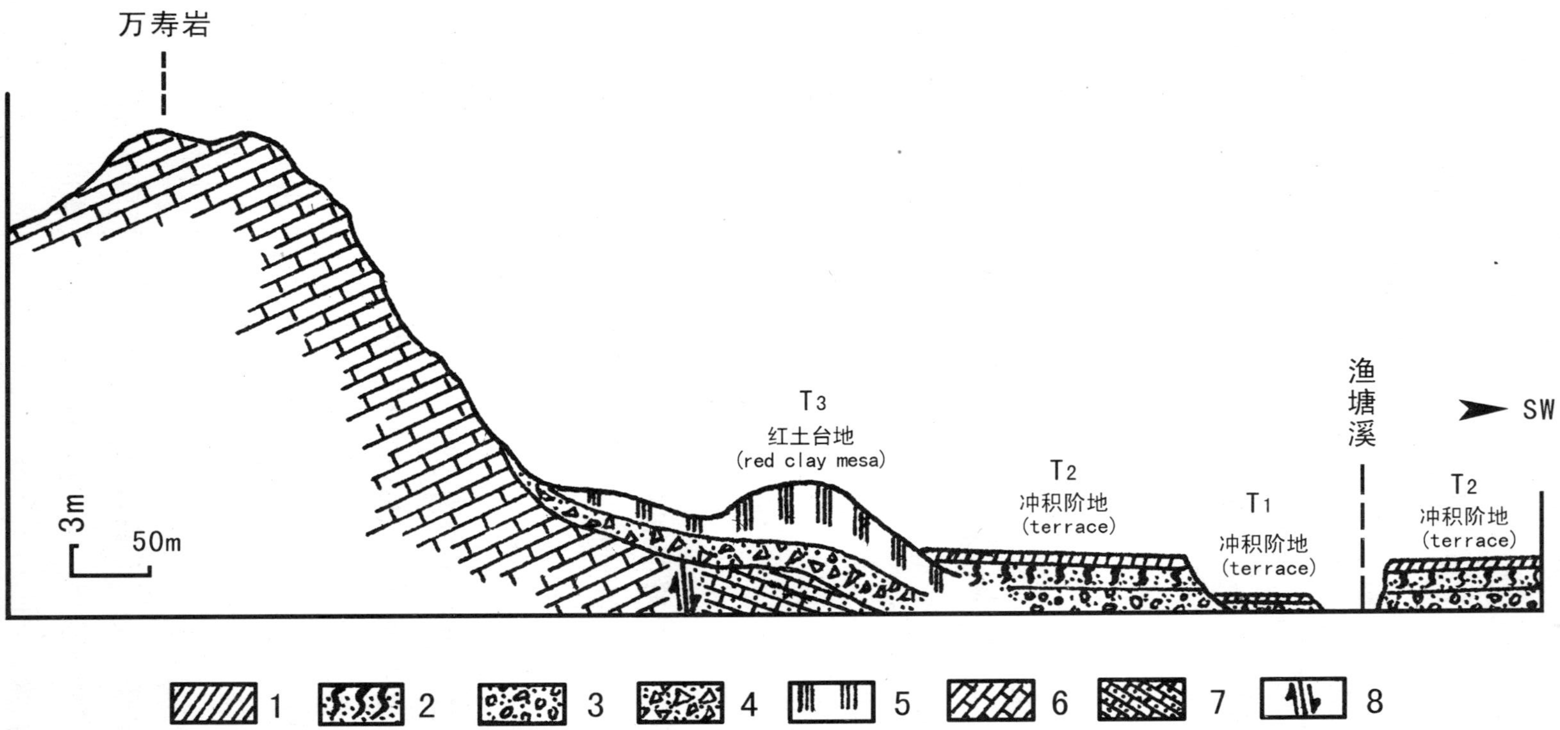

图九　岩前盆地阶地横向剖面图

Fig.9　Transverse section of terrace of the Yanqian Basin

1. 耕土（Farming layer）　2. 砂质黏土（Sandy soil）　3. 砾石层（Gravel layer ）　4. 坡、洪积物(Diluvium)　5. 红土（Ultisol）　6. 石灰岩（Limestone）　7. 石英岩（Quartzite）　8. 断层（Fault）

四、山间盆地地貌：万寿岩所在的岩前盆地，是由渔塘溪冲积而成的一个小型山间盆地，谷地边坡宽缓，主河道渔塘溪一般宽20～60米，两侧发育有河漫滩、第一级阶地和第二级阶地。河漫滩砾石层上部多由杂土覆盖，夏秋季节经常置于河水面之下。

第一级阶地，高出河水面2～3米，呈狭长条状沿渔塘溪两侧断续分布，堆积物由下部砾石层、上部砂质黏土和近代表土组成。砾石层中砾石成分复杂，以砂岩和石英砂岩为主，次为石灰岩，多数砾石的磨圆度良好，砾径3～20厘米不等。上部砂质黏土，呈灰黄色，含砂量较多，通常其上覆有一薄层灰黑色腐殖质土。据对比，第一级阶地的堆积时代属全新世。

第二级阶地，比较发育，阶面稍宽，岩前镇和多数村落则建立其上。阶地前缘一般高出河水面5～6米，后缘高出河水面8～10米。阶地由下部砾石层和上部砂质黏土、黏土组成，其上覆有全新世灰黑色耕土（图九）。

根据北京大学环境学院夏正楷教授对渔塘溪第二级阶地上部砂质黏土层的热释光测年结果为17.35±1.62 ka.BP。由此可知，渔塘溪两岸第二阶地形成的时间应为晚更新世晚期，其下部砾石层的年代可能大于2 ka.BP。

第三节　洞穴沉积物

至今已经发掘的有两个洞穴：灵峰洞和船帆洞。灵峰洞洞内沉积物虽遭严重破坏，但尚保存部分未被扰动的地层，而船帆洞洞内的沉积物相对保存较好。

一、灵峰洞洞内地层及其划分

灵峰洞洞内沉积物相对比较简单，可分为5层，自上而下为：

第1层　黄色杂土，为明清时期及其以后的堆积，中夹杂大量砖、瓦以及角砾、岩屑等，无层次。厚0.1～0.7米。

第2层　褐色砂质土，为宋代人工填土，混有角砾和碎瓦，出土大量黑釉、青釉、清白釉瓷碎片，偶含商周时期的磨制石锛、陶纺轮和印纹硬陶片等，此外，尚有百余件打击石制品，无层次。厚0～4.2米。

第3层　淡灰黄色钙质砂质黏土（上钙板层），偶含粗砂，钙质含量高，胶结紧密，坚硬，偶含石灰岩角砾，具细微薄层理，层间局部较软，并呈纹理构造，出土石制品和哺乳动物化石。厚0.25～0.6米。

第4层　钟乳石钙板层（下钙板层），仅局部出现在洞内北侧。据观察，该层是洞壁的石钟乳形成过程中向洞底延伸的结果，出露部位则成为第3层的基底。钟乳石钙板层相当纯净，可见方解石晶体。最厚0.2米。

第5层　淡黄色砂质黏土，富含钙质，已胶结成坚硬的钙板层。该层仅分布于洞内的北侧，层理清楚，较薄，层面平坦，表面可见小哺乳类骨骼化石。本层尚未进行发掘。厚0.15～0.25米（图一〇、一一）。

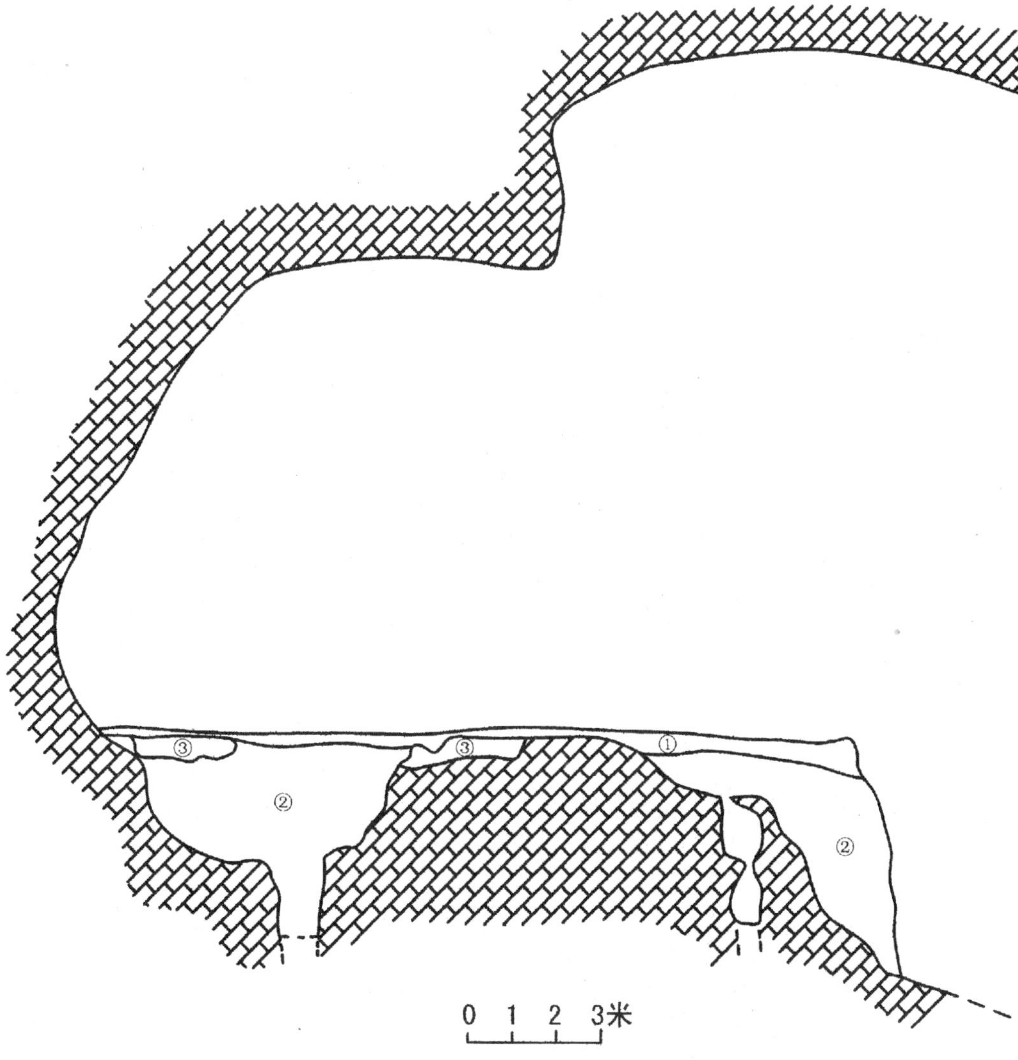

图一〇　灵峰洞T4、T11、T17、T24、T30、T36、T44、T52南壁剖面图

Fig.10　Section of the southern wall in T4、T11、T17、T24、T30、T36、T44、T52 in the Lingfengdong Cave

1. 明清至近现代堆积物（Ming, Qing Dynasty and neoteric deposit）　2. 宋代填土（Song Dynasty filling）　3. 钙板（旧石器时代早期文化层）Calcium quality layer (Early paleolithic cultural layer)

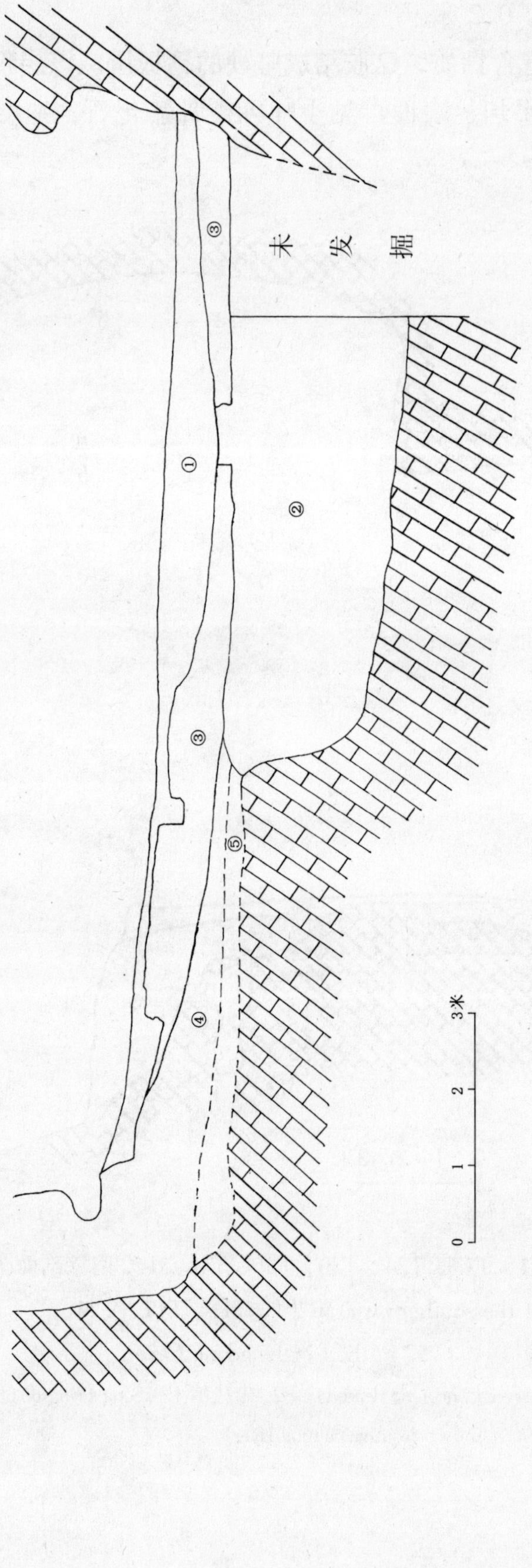

图一一　灵峰洞 T8～T14 东壁剖面图

Fig. 11　Section of the eastern wall in T8－T14 of the Lingfengdong Cave

1. 明清至近现代堆积物(Ming, Qing Dynasty and neoteric deposit)　2. 宋代填土(Song Dynasty filling)　3. 钙板(旧石器时代早期文化层)(Calcium quality layer, Early Paleolithic cultural layer)　4. 钟乳石层(Stalactite layer)　5. 钙板(尚未发掘)(Calcium quality layer, unexcavate)

根据南京师范大学年龄研究中心对灵峰洞洞内沉积物所做的铀系法年代测定结果如下：剖面上的第3层——即钙质砂黏土层（上钙板层）顶部测年为距今185 ka.BP，上钙板层中部测年为距今246 ka.BP，上钙板层下部测年为距今262 ka.BP。总体看来，灵峰洞中出土文化遗物的地层时代应不少于距今180 ka.BP，但不大于250 ka.BP，故其地质时代应为中更新世晚期。从区域地貌分析，灵峰洞洞内上、下钙板层的堆积年代大致与洞外红土台地的形成时间相当。

二、船帆洞洞内地层及其划分

1999～2000年发掘时，曾将靠近洞口的地层自上而下划分成十个小层，各层岩性记述如下：

第1层：表土，近现代扰动地层。厚5～60厘米。

第2层：灰褐色土，含宋、明、清砖瓦、瓷片。局部存在。厚10～80厘米。

第3层：深灰褐色，松软，含大量烧土、灰烬、炭粒以及宋元时期砖瓦、瓷片，仅分布于发掘区的周边地区。第3层局部发现宋代扰坑以及建筑遗迹等，厚10～85厘米。

第4层：浅黄褐色砂质黏土，局部胶结，含较多大小不等石灰岩角砾。此层仅分布于发掘区南部，不含文化遗物和化石。厚5～25厘米。

第5层：可分两个小层。5A层，黄褐色砂质黏土，含大量钙质结核与大小不等石灰岩角砾，局部含较多较大的石灰岩角砾，胶结程度不一。此层仅分布于T2的北部和东北部，出土极少的石器和化石，厚度一般在40～60厘米之间。5B层，浅褐色黏土层，土质较纯净致密，含少量角砾，局部含烧土和灰烬，炭屑较多。出土的遗物包括打制石器、磨制骨角器、烧骨和多种哺乳动物化石，大多数为极破碎的肢骨片和单颗牙齿。此层分布于发掘区的南部和西部，文化遗物及动物化石绝大多数出土于此层的南部。厚10～100厘米。

第6层：棕黄色亚黏土与粗砂土互层，遍布于发掘区内，土质较纯净致密，中夹极少量石灰岩角砾，仅在堆积的下部（6E层）出土极零星的石制品和化石。厚25～145厘米，可明显地分为五个小层（6A～6E），各小层厚度在20～30厘米左右。

第7层：褐色黏土，土质纯净致密，含零星小角砾，洞口部位含大量大块石灰岩角砾，有的长宽厚均达数米，代表一次大的洞顶坍塌。洞口堆积较厚，向洞内变薄，出土数百件石制品和少量动物化石，其中大多数遗物出土于此层底部。石铺地面也在此层底部。此层除在发掘区东部以及洞外缺乏外，其余地段普遍分布。厚10～75厘米。

第8层：黄绿色砂质土，含较多石英砂粒和较粗的石英颗粒，局部有黄色黏土和黑褐色钙板碎屑，并夹有石灰岩小角砾。其中含石英砂粒质的地段位于发掘区的中部。厚0～20厘米。

第9层：黑褐色钙板层，局部夹有磨圆度中等的石英小砾石，从发掘区的局部剖面可了解到其厚度可达200厘米以上，一般在40～90厘米之间。胶结程度不一，局部呈黄色粉砂质半胶结状。此层分布于洞口内侧整个发掘区，多断裂破碎，高低不平。

第10层：灰绿色砂质黏土与红黄色黏土互层，含少量石英小砾石，土质因普遍含水而较松软，局部挖至深100厘米尚未见底，无遗物。

船帆洞原地层划分中除第1～3层为晚近堆积以及第8～10层无遗物外，其余地层根据文化内含的不同，可分为两个文化层。上文化层包括5A、5B层，下文化层包括第6和第7层（图一二、一三）。

依照1999年以及2004年两次发掘探方的综合地层资料，可将洞内堆积物重新划分为26个自然层，地层总厚度为1220厘米，并按地层之间的叠压关系、哺乳动物化石、年代测定以及岩性等，再将26个自然层组合成从上到下的四个地层单元（A、B、C、D），各地层单元之间均为不整合接触，基岩为上石炭统块状石灰岩（图一四；彩版一八～二〇）。

船帆洞洞内沉积系列（自上而下）：

全新统：

A（第一地层单元）：杂色亚黏土、黄红色黏土，厚380厘米。

～～～～～～～ 不整合 ～～～～～～～

上更新统上部

B（第二地层单元）：棕黄色砂质黏土、褐色黏土（中部含上文化层）；红黄色砂质土、灰绿色含砂黏土（底部含下文化层），厚420厘米。

～～～～～～～ 不整合 ～～～～～～～

上更新统下部

C（第三地层单元）：顶部钙板，中部深棕色、淡黄色黏土互层，下部灰绿色砂质黏土，含大量化石，厚150厘米。

～～～～～～～ 不整合 ～～～～～～～

中更新统上部

D（第四地层单元）：黄褐色角砾岩、棕褐色粗砂、含砾砂层夹黏土、褐黄色细砾岩，厚270厘米。

～～～～～～～ 不整合 ～～～～～～～

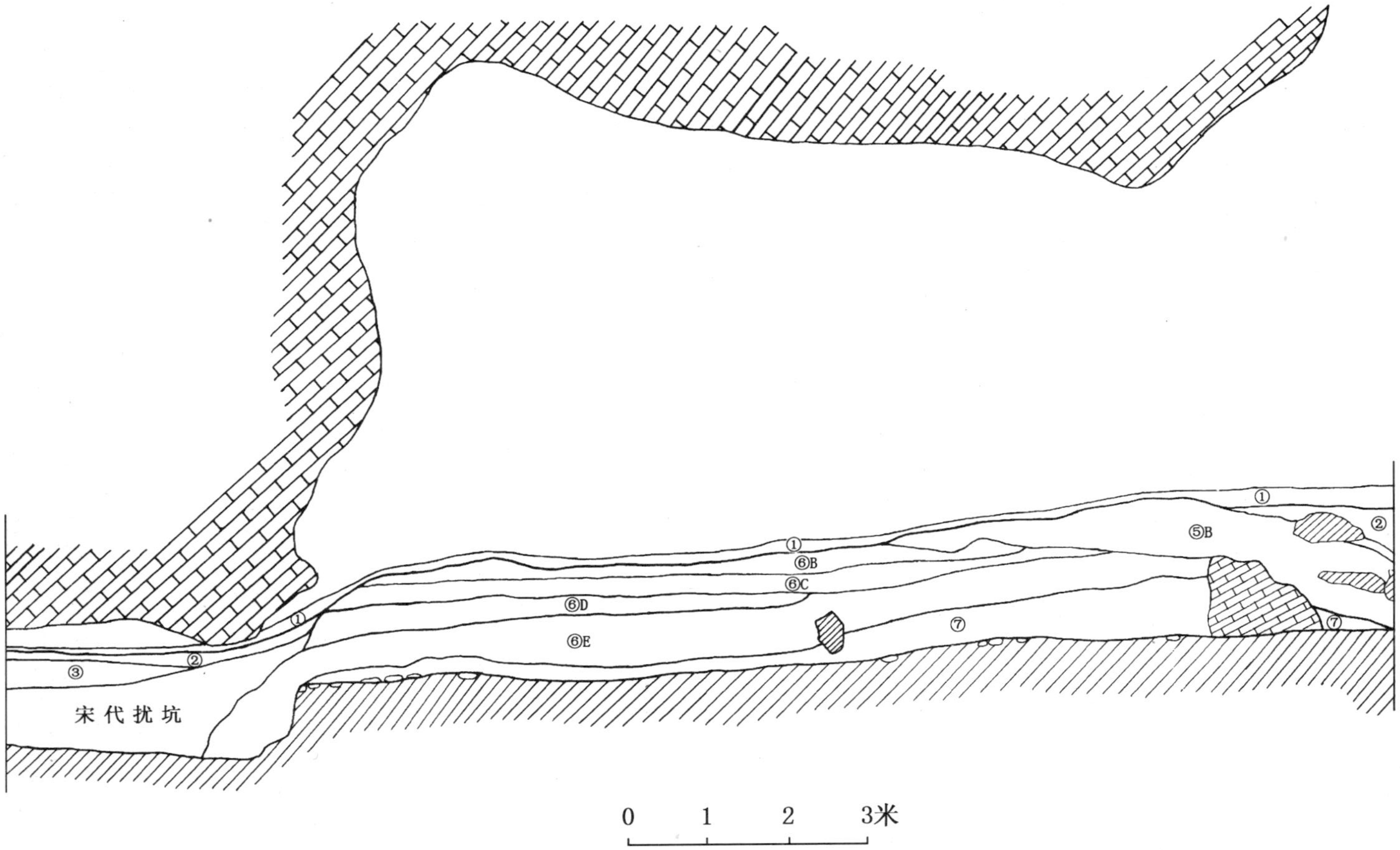

图一二　船帆洞 T2、T8、T15、T22、T31 南壁剖面图

Fig.12　Section of the southern wall in T2、T8、T15、T22、T31 of the Chuanfandong Cave

①近现代堆积物(Neoteric deposit)　②明、清代堆积物(Ming and Qing Dynasty deposit)　③宋代堆积物(Song Dynasty deposit)　④晚更新世砂质黏土层(无文化遗物)(Sandy soil without relic, Late Pleistocene)　⑤B 晚更新世砂质黏土层(上文化层)(Sandy soil, upper cultural layer, Late Pleistocene)　⑥A～⑥E 晚更新世亚黏土与粗砂互层(下文化层)(Vicissitudinary layer of subsoil and grit, lower cultural layer, Late Pleistocene)　⑦晚更新世黏土层(下文化层)(Soil, lower cultural layer, Late Pleistocene)

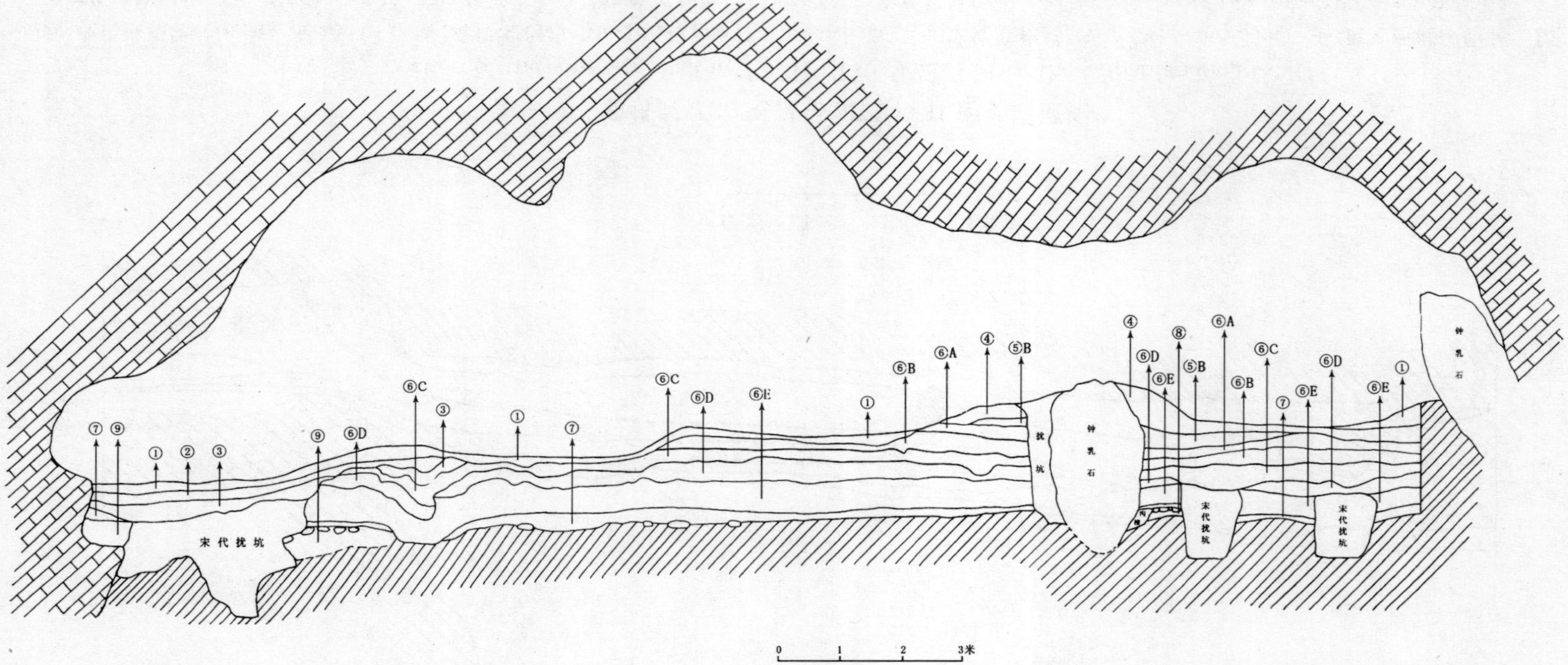

图一三　船帆洞 T8～T12 东壁剖面图

Fig.13　Section of the eastern wall in T8－T12 of the Chuanfandong Cave

①近现代堆积物(Neoteric deposit)　②明、清代堆积物(Ming and Qing Dynasty deposit)　③宋代堆积物(Song Dynasty deposit)　④晚更新世砂质黏土层(无文化遗物)(Sandy soil without relic, Late Pleistocene)　⑤B晚更新世砂质黏土层(上文化层)(Sandy soil, upper cultural layer, Late Pleistocene)　⑥A～⑥E晚更新世亚黏土与粗砂互层(下文化层)(Vicissitudinary layer of subsoil and grit, lower cultural layer, Late Pleistocene)　⑦晚更新世黏土层(下文化层)(Soil, lower cultural layer, Late Pleistocene)

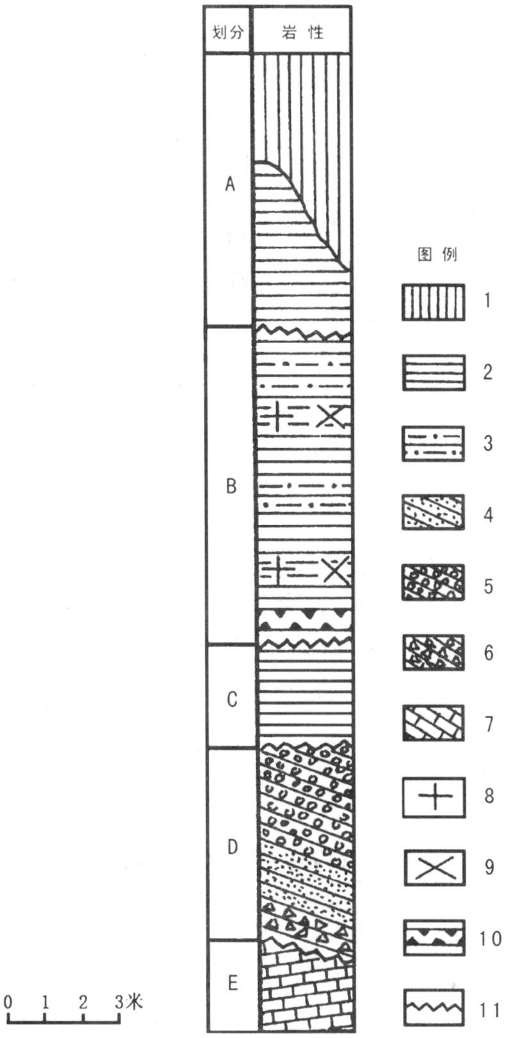

图一四　船帆洞洞内地层综合柱状剖面图

Fig.14　Pillar section of the strata of the Chuanfandong Cave

A（第一地层单元）：杂色亚黏土、黄红色黏土（Unit A Mixed sandy soil and reddish yellow soil）　B（第二地层单元）：棕黄色砂质黏土、褐色黏土及红黄色砂质土、黄绿色含砂黏土，上部含上文化层；下部含下文化层（Unit B Brown, brownish yellow, and yellowish green sandy soil and soil with upper cultural layer, and lower cultural layer）　C（第三地层单元）：顶部灰黄色钙板层；中部深棕色、淡黄色黏土互层；下部灰绿色砂质黏土；上、中部含文化层（Unit C Upper part: Yellowish gray calcium quality layer; middle part: brown soil Middle part with cultural layer and lower part: grayish green sandy soil）　D（第四地层单元）：上部褐黄色细砾岩；中部棕褐色粗砂夹有砂砾和黏土；下部黄褐色角砾岩（Unit D Yellowish brown gravel, sands and soil）　E（基岩）：石灰岩（Limestone）

1. 近代杂土（Neoteric mixed sandy soil）　2. 近代黏土（Neoteric soil）　3. 砂质黏土（Sandy soil）　4. 黏土及砂（Soil and sand）　5. 细砾岩（Thin gravel）　6. 角砾岩（Breccia）　7. 石灰岩（Limestone）　8. 哺乳动物化石（Mammalian fossil）　9. 石制品（Implement）　10. 石铺地面与其下的钙板层（Artificial pebble－laid surface and calcium quality layer）　11. 不整合（Un－complete）

上石炭统

E（基岩）：块状石灰岩。

剖面中：

A单元，即第一地层单元，时代为全新世。A层中存在两个明显不同的堆积物：较早的一次沉积，岩性为淡黄色黏土，质地较纯净，仅出露在洞内的南侧地段。而在靠近洞口处该层则含有较多石灰岩角砾和粗石英砂粒，厚度100～150厘米不等。较晚的一次沉积为宋代及其以后的填土和流水冲积的混合物，颜色混杂，无明显层理，层中夹杂有大量砖、瓦碎块等。该层堆积物几乎覆盖洞内的各个角落，最厚可达2.5米或更厚。

B单元，即第二地层单元。岩性为黄褐色、棕黄色、淡褐色砂质黏土及黑褐色含砂黏土，为洞内堆积中最厚的一层，每单层厚度较小，部分地段含有小钙质结核，状如豆，表面不规则。淡褐色黏土中，含少量角砾，局部有炭屑、灰烬、烧土和烧骨，出土石制品和化石，属上文化层。B层的最底部，即黄绿色含砂黏土和腐殖土间发现石铺地面遗迹，并含有石制品和哺乳动物化石，属下文化层。第二地层单元沉积物基本上分布在洞内西部和靠近洞口处，分布面积大约200平方米。在船帆洞的东部未见这套地层。根据对炭屑的碳十四年代测定，上文化层为距今29～26 ka.BP，下文化层为距今40～37 ka.BP。

C单元，即第三地层单元。岩性顶部为灰黄色钙板层，中部为深棕色、淡黄色黏土互层，下部为灰绿色砂质黏土。上、下部含文化层，出土石制品和伴生哺乳动物化石，厚度仅150厘米，属于埋藏型沉积物，其上全部被晚期堆积物所覆盖。第三地层单元一般埋深在200～240厘米，部分地段埋深超过300厘米，层中富含钙质和铁锰质，钙质结核稍小，铁锰质结核较大，有时胶结呈直径30厘米的姜状体。在顶部钙板层和下部灰绿色砂质黏土层中，含少量石制品和大量哺乳动物化石。根据对化石埋藏情况分析，应是从高处的龙井洞经流水冲刷而来的。出土的哺乳动物化石与邻近的明溪剪刀墘山动物群相近，后者年代测定为距今118 ka.BP。为此，可将第三地层单元归于晚更新世早期。

D单元，即第四地层单元，岩性为上部褐黄色细砾岩，中部棕褐色粗砂夹有砂砾和黏土，下部黄褐色角砾岩，仅见于洞内的东壁出露。其出露的位置高于洞内地面0.5米以上，并呈条带状断续分布，南北向延长不超过10米。据观察，该层原有的堆积顶面较高，现存的洞壁2/3位置均可见到此层留下的痕迹。显然，该痕迹是第三地层单元原始的堆积顶面。依顶面痕迹计算，原先该地层单元的堆积厚度应为350厘米。该层的岩性与灵峰洞洞内的上下钙板层以及龙井洞钙板层以下的堆积物在成分和物质结构上相似。鉴于其上覆盖有第一至第三地层单元堆积物，故其时代可暂归于中更新世晚期。

1999年在靠近船帆洞洞口处发掘时所记录的原始剖面以及2004年两次发掘获得的资料，船帆洞洞内地层重新划分的26个小层如下（颜色采用国际统一色标MUNSELL代码，自上而下）：

第一地层单元包括六个小层（1～6层，相当于1999年发掘时划分的1～3层），时代为全新世。

（1）黑色表土，淤泥质，土质纯净，黏性大。厚5～60厘米。

（2）黄褐色亚黏土，为宋至清时期的堆积，含少量砂粒及大量砖瓦和瓷片等。厚10～80厘米。

（3）黄褐色砂土，土质疏松，含大量砂粒、烧土、灰烬、砖瓦和瓷片，有时含有小砾石和钙板碎块。厚10～85厘米。

（4）深灰褐色砂质土，疏松，夹杂大量角砾和铁锰结核。厚3～5厘米。

（5）深棕色砂质土，松散，含大量砂粒、石灰岩角砾及铁锰结核。厚5～15厘米。

（6）淡黄褐色砂质黏土，含大量石灰岩角砾，不含遗物及化石。厚5～25厘米。

～～～～～～～ 不整合 ～～～～～～～

第二地层单元包括十个小层（7～16层，相当于1999年发掘时划分的4～7层），时代为晚更新世晚期。

（7）棕黄色砂质黏土，局部胶结较紧，含大量钙质结核及大小不等的石灰岩角砾。此层主要分布在T2北、东北部，出土少量石制品与哺乳动物化石。厚40～60厘米。

（8）褐色黏土（相当于1999年发掘时划分的5A层上部），土质较纯净，且致密，含有少量角砾，局部含烧土、炭屑，出土大量石制品及哺乳动物化石。此层为主要文化层，基本上分布在洞口和靠南地段。厚10～100厘米。

（9）褐色亚黏土（相当于1999年发掘时划分的5A层下部），土质纯净、致密，含极少量角砾，靠下部出土少量石制品和哺乳动物化石。厚25～145厘米。

（10）褐色粗砂（相当于1999年发掘时划分的5B层上部），松散，含角砾。厚30～50厘米。

（11）红黄色黏土（相当于1999年发掘时划分的5B层下部），纯净、致密，黏性较大，且含有一定水分，含细砂，含砂量超过30%，含有零星小的角砾。下部含砂量增多，在洞口部位含有大块石灰岩角砾，最大的直径可达数米。此层厚度由洞口向洞内逐渐变薄，在洞口处厚度为75厘米，洞内最薄仅10厘米。

（12）黄褐色黏土（相当于1999年发掘时划分的第6层上部），土质胶结较紧，含大量被锰铁染黑的细砂，部分呈粉砂状，含砂量超过60%。厚10厘米。

(13) 红黄色黏土（相当于1999年划分的第6层中部），土质较纯，致密。厚5厘米。

(14) 深褐色黏土（相当于1999年发掘时划分的第6层下部），致密，较纯。厚4～12厘米。

(15) 灰绿色砂质土（相当于1999年发掘时划分的第7层），含大量砂粒。颗粒多为1～1.5毫米，随机抽样鉴定砂粒200粒，结果表明石英砂粒占95%，另有长石、角闪石和方解石等。局部含大量有机质成分及植物叶茎化石，并使之呈黑色；下文化层的多数石制品和哺乳动物化石出自此层。厚3～5厘米。

(16) 石铺地面，基质为黑褐色富含腐殖质砂质黏土，含有大量粗砂粒。厚5～8厘米。

～～～～～～～ 不整合 ～～～～～～～

第三地层单元包括五个小层（17～21层，相当于1999年发掘时划分的9、10层及以下未发掘的地层），时代为晚更新世早期。

(17) 深棕色砂质黏土，部分地段已胶结成为钙板层。层中含有角砾、磨圆度中等的石英小砾石。钙板层在洞口地段多断裂破碎，而且高低不平。此层一般厚度约在40～90厘米，局部地段最厚可达200厘米，底部出土少量哺乳动物化石及石制品。

(18) 暗黄色粉砂土，松散，含大量铁锰结核及砂粒，出土大量哺乳动物化石。厚10～25厘米。

(19) 深棕色亚黏土，局部胶结较紧。大多较疏松。厚5～10厘米。

(20) 红黄色黏土，黏性大，细腻，不含砂。厚2～5厘米。

(21) 灰绿色砂质黏土与红黄色黏土互层，含少量石英砂粒。因所处部位较低，富含水分，一般比较松软，含大量哺乳动物化石。厚40～80厘米。

～～～～～～～ 不整合 ～～～～～～～

第四地层单元包括四个小层（22～26层），时代为中更新世晚期。

(22) 细砾石，半胶结，灰黄色，砾石成分复杂，主要有石英、砂岩、细砂岩、粗砂岩、石英岩、页岩、泥岩、辉绿岩等，大小一般在0.3～1厘米之间，个别有超过2厘米者。出露在船帆洞东壁，呈板状结构。厚150厘米。

(23) 黄色细砂层，疏松，层状结构清楚。厚3厘米。

(24) 深棕色黏土，土质结构紧密，含砂量较少，少量被锰铁浸染呈黑色。厚2厘米。

(25) 砂层，黄色、深棕色和棕褐色，中夹黏土，层厚不稳定。厚80厘米。

(26) 砾层，灰褐色，胶结甚紧，角砾大小不等，最大可达 20 厘米以上，覆盖于石灰岩壁上，有的地方不见。厚度 0～25 厘米。

～～～～～～～ 不整合 ～～～～～～～

基岩：船山组石灰岩，时代为晚石炭世。

上述剖面中第二地层单元仅在靠近洞口以及向洞内延伸至 25 米处可见，以东部分，未见出露。根据对洞内各个探方发掘情况看，该套地层单元堆积物可能已被后期发育的沟槽破坏和冲刷掉。

在船帆洞 3 号支洞中，第三地层单元保存比较完整。

船帆洞 3 号支洞的地层结构与层次如下：

全新世

(1) 近代堆积，灰黑色淤泥，黏度较大，中夹少量石灰岩小块。厚 2～5 厘米。

(2) 杂色砂质黏土，含粗砂，中夹瓦块。厚 0～50 厘米。

(3) 淡棕色黏土，夹宋代砖瓦及石灰岩角砾。厚 0～80 厘米。

～～～～～～～ 不整合 ～～～～～～～

晚更新世早期

(4) 棕褐色黏土，较纯，黏度较大，底部含有哺乳动物化石。厚 20～60 厘米。

(5) 钙化砂砾层，顶部含有大量哺乳动物化石及石制品。厚 10～40 厘米。

(6) 淡棕色黏土，较纯，黏性大。厚 0～40 厘米。

(7) 灰绿色黏土，中夹少量砂粒及小砾石，含大量动物化石。20～40 厘米。

(8) 钙板层；灰白色，坚硬，具薄层理。厚 0～4 厘米。

～～～～～～～ 不整合 ～～～～～～～

(9) 基岩：船山组厚层石灰岩。

四个地层单元的自然层描述见表一。

表一　船帆洞洞内沉积物层序总表

Tab.1　Description of accumulation in Chuanfandong Cave

单位 Unit	层序 Layer	MUNSELL 代码	颜色 Color	岩性、结构 Rocky kind，Structure	年代 Age
	1（相当于原编的一层）	5Y　2.5/2	黑色（Black）	表土，土质黏，且纯。可能属淤积泥土	
	2（相当于原编的二层下部）	10YR 4/4	黄褐色（Dark yellowish brown）	亚黏土，含小石子、炭灰等杂质	

续表一

单位 Unit	层序 Layer	MUNSELL 代码	颜色 Color	岩性、结构 Rocky kind, Structure	年代 Age
A 第一地层单元	3（相当于原编的二层下部）	10YR 5/8	黄褐色（Yellowish brown）	土质疏松，含较多石英砂粒、钙板碎片及小石块，并有杂色土混于其中；黏性不大，较湿，含砂量大于40%	全新世
	4（相当于原编的第三层上部）	10YR 4/2	深灰褐色（Dark grayish brown）	土质疏松，含石灰岩角砾、锰铁结核等	
	5（相当于原编的第三层中部）	7.5YR 5/6	深棕色（Strong brown）	砂质土，土质疏松，含砂量超过50%，含有石灰岩角砾、锰铁浸染物等	
	6（相当于原编的第三层下部）	7.5YR 7/8	红黄色（Reddish yellow）	黏土，基本不含砂，土质紧密且较纯	
B 第二地层单元	7（相当于原编的第四层）	10YR 6/6	棕黄色（Brownish yellow）	含大量钙质结核与大小不等的石灰岩角砾，局部含较多较大的石灰岩角砾，胶结程度不一	晚更新世晚期
	8（相当于原编的第五层上部）	7.5YR 4/3	褐色（Brown）	黏土，土质较纯净、致密，含少量角砾，局部含烧土、灰烬和炭屑	
	9（相当于原编的第五层中部）	7.5YR 5/8	褐色（Strong brown）	亚黏土，含粗石英颗粒。	
	10（相当于原编的第五层下部）	7.5YR 4/6	褐色（Strong brown）	粗砂，松散，所含粗砂量超过90%	
	11（相当于原编的第五层底部）	7.5YR 7/8	红黄色（Reddish yellow）	黏性较大，且含有一定水分，含细砂，含砂量超过30%	
	12（相当于原编的第六层上部）	2.5Y 6/4	黄褐色（Light yellowish brown）	土质胶结较紧，含大量被锰铁染黑的细砂，部分呈粉砂状，含砂量超过60%	

续表一

单位 Unit	层序 Layer	MUNSELL 代码	颜色 Color	岩性、结构 Rocky kind，Structure	年代 Age
	13（相当于原编的第六层中部）	7.5YR　6/8	红黄色（Reddish yellow）	砂质土，湿	
	14（相当于原编的第六层下部）	7.5YR　5/8	深褐色（Strong brown）	土质胶结紧密，黏土，较纯	
	15（相当于原编的第七层）	5Y　5/6	灰绿色（Olive）	土质松散，含有较多水分，粗砂粒多，砂砾磨圆度高，富含有机质	
	16（相当于原编的七层底部）			人工石铺地面	
C 第三地层单元	17	2.5Y　5/6	深棕色（Light olive brown）	部分胶结成钙板，含有大量锰铁胶结物	晚更新世早期
	18	2.5Y　6/6	暗黄色（Olive yellow）	土质松散，粉砂土，含大量锰铁胶结物及破碎钙板块	
	19	2.5Y　5/4	深棕色（Light olive brown）	亚黏土，较湿，可能为含水层	
	20	5YR　4/6	黄红色（Yellowish red）	为细腻黏土，基本不含砂	
	21	GLEY1　4/2 10YR　7/6	灰绿色（Grayish green）和黄红色（Yellow）互层	砂质黏土中的砂粒较粗，多为脉石英，磨圆度较高。红黄色黏土层较纯，黏度大	
D 第四地层单元	22		灰黄色（Grayish yellow）	细砾层，固结	中更新世晚期
	23	2.5YR　7/6	黄色（Yellow）	土质结构松散，粉砂状	
	24	7.5YR　5/6	深棕色（Strong brown）	土质结构紧密，含砂量较少，少量被锰铁浸染呈黑色	
	25	10YR　6/6	棕褐色（Brownish yellow）	土质松散，呈粉砂状，含有石英颗粒	
	26		灰褐色（Grayish brown）	角砾层，固结	

2004年下半年在船帆洞洞口北侧岩棚地段进行发掘，所揭露出的表层较厚，在洞口

北侧 T9 的棕黄色砂质黏土层中，出土了石制品 31 件和哺乳动物化石 10 种，其他探方也有零星出土。根据地层对比，含有石制品和化石的地层，无论在物质组成上还是结构上都与船帆洞洞内上文化层的地层相似。伴生的哺乳动物化石有：菊头蝠（*Rhinolophus* sp.）、岩松鼠（*Sciurotamis* sp.）、黑鼠（*Rattus rattus*）、豪猪（*Hystrix* sp.）、猕猴（*Macaca* sp.）、豺（*Cuon* sp.）、狐狸（*Vulpes vulgaris*）、鬣狗（*Crocuta* sp.）、麂子（*Muatiacus* sp.）、水牛（*Bubalus bubalis*）等。

三、船帆洞形成过程

根据以上所述，可知船帆洞洞内堆积经历了中更新世晚期到晚更新世晚期，甚至到历史时期，宋元及其以后大约经历近 20 万年之久。通过地层分析，现将船帆洞的形成过程恢复如下：

在万寿岩高层溶洞第一次抬升后，船帆洞开始形成，并作为灵峰洞和龙井洞的排泄流水的通道，与此同时接受了部分沉积。随着上层洞穴的再次抬升，船帆洞洞体明显扩大。当中更新世晚期结束时，船帆洞洞内几乎被砂砾和黏土填积了大部分空间。晚更新世开始，当地处于温暖期，大量地表水渗入洞内，使洞内发生一次较大规模的冲刷，把原有的沉积物冲走，仅在洞的东壁残存大约 2 米宽、2.7 米厚的角砾、细砾、粗砂和黏土。流水的切割深达 2.5 米，在此基础上，堆积了一套由龙井洞冲来的物质沉积在洞底，形成埋藏型的棕黄色砂质黏土和灰绿色黏土互层。

上述的两次沉积物质都来自上层洞穴或由流水从山上带来的物质。自晚更新世晚期起，洞内的主要物质来源是从洞口溢进的流水所携带物质沉积而成的。船帆洞靠洞口的含有文化遗物的沉积层，均由洞外向洞内漫灌时堆积的，故这些地层均向洞内方向作微倾斜状。但是，根据下文化层和上文化层之间存在不整合现象判断，在下文化层结束堆积后曾有过一段较长的停积时期，并因此引发强烈风化，造成岩体的崩塌物覆压其上。当末次冰期即将结束，全球开始转暖，再次出现强大的水流冲蚀船帆洞洞内，形成自南而北的两条较深的水沟，严重破坏了原来的沉积物。这两条水沟被自然堆积和宋代及其以后的填土所填满（图一五、一六）。

四、关于孢粉分析

中国科学院南京地质古生物研究所鉴定的五件，样本出自船帆洞下文化层，即相当于船帆洞洞内地层系列第三地层单元的第 15～16 层。孢粉分析结果，其中木本植物花粉有：松属、罗汉松属、苏铁属、常绿栎属、阿丁枫科、冬青属、桦木科的榛属、山胡桃

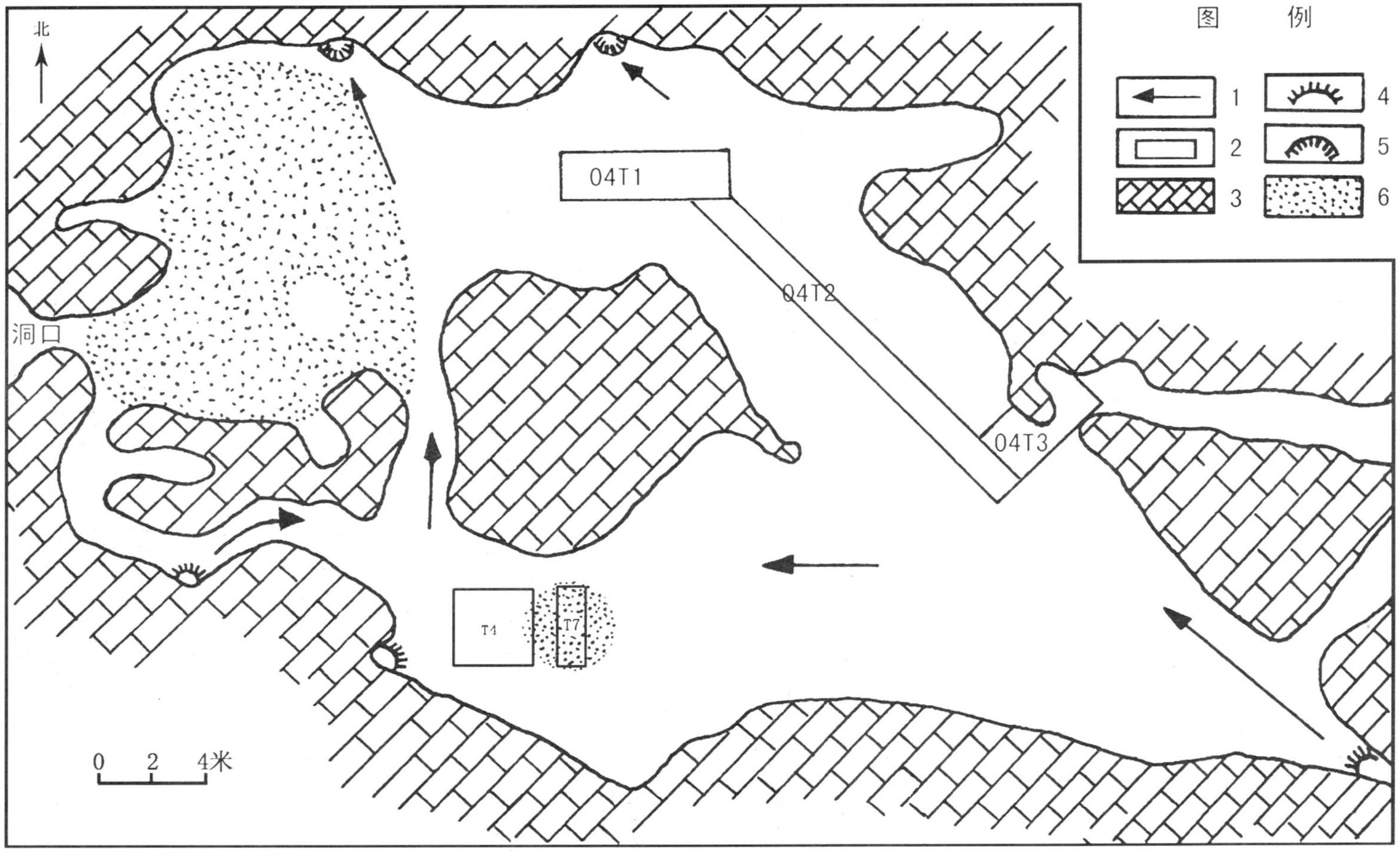

图一五　船帆洞洞内状态图

Fig.15　Sketch map of the inner Chuanfandong Cave

1. 洞内水流冲刷通道(Chunnel of water scour inside cave)　2.2004年探方位置(Excavating square position in 2004)　3. 石灰岩壁(The wall of limestone)

4. 支洞注水入口(Enter the water)　5. 排水口(Waterspout)　6. 石铺地面分布范围(Distributing scope of artificial pebble-laid living surface)

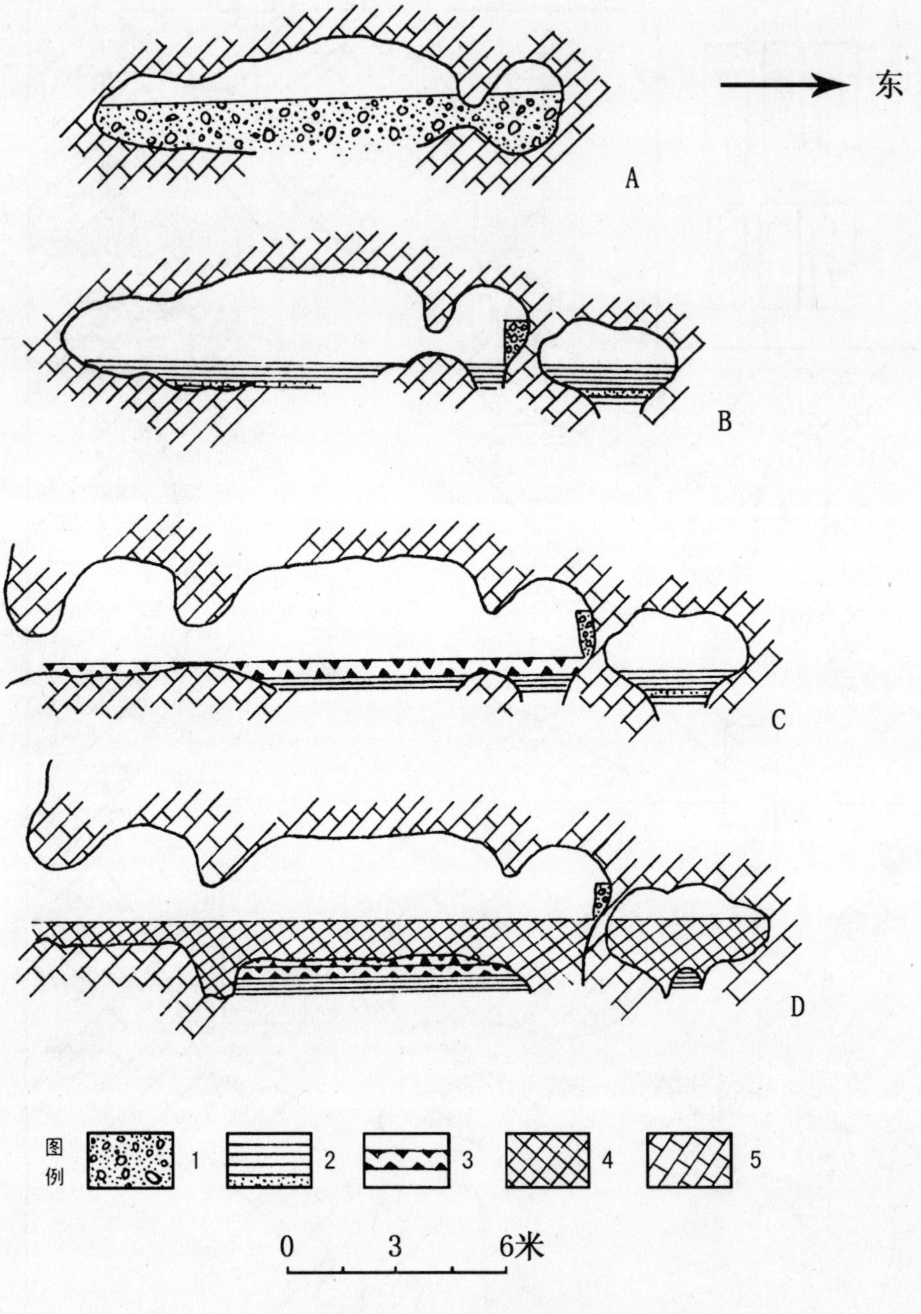

图一六　船帆洞形成过程示意图

Fig.16　Sketch map of the formation process of the Chuanfandong Cave

A. 第四地层单元堆积期（Stage A）　B. 第三地层单元堆积期（Stage B）

C. 第二地层单元堆积期（Stage C）　D. 第一地层单元堆积期（Stage D）

1. 细砾、粗砂及黏土（Gravel，sands and soil ）　2. 黏土、砂质黏土（soil and sandy soil）　3. 文化层（cultural layers）　4. 近代杂土（Neoteric mixed soil）　5. 石灰岩（Limestone）

属、枫杨属、胡桃属。草本植物有：石竹科、蒿属、禾本科、藜科、蓼属。蕨类植物孢子有：桫椤属、里白、芒萁、鳞盖蕨、铁线蕨、凤尾蕨、海金沙、阴地蕨、石松属、水龙骨科的石韦、瓶儿小草，以及单缝孢和环纹藻。植硅石含量丰富，以竹节型（40%）和哑铃型（28.3%）为主，其次为短鞍型（10.3%）和方型、长型（10%）。竹节型针叶来源于竹亚科，分布在热带－亚热带降雨丰沛的地区，通常在海拔100～800米的丘陵山地以及河谷谷地，而哑铃型则来源于黍亚科，主要分布在田边湿地。

国土资源部水文地质工程地质技术研究所对船帆洞下文化层所采集的99FSCHT18－6号样品的分析如下：在200克样品中，孢粉总量270粒，其中乔木及灌木植物花粉70粒；草本植物花粉29粒，蕨类植物孢子162粒。木本植物有云杉2，铁杉2，松属27，桦属6，鹅耳枥属2，榛属3，落叶栎属3，常绿栎属15，榜属1，漆树科1，苦木科1，无患子科2，野桐属2，楝科3；草本植物有：蓼科4，菊科1，蒿属21，禾本科3。以上都属广布的科属类。蕨类植物仅有石松科。可能代表以落叶阔叶为主，一定量常绿阔叶树的混交林的植被组合，反映当时气候热而较干。

99FSCHT16－6号样品的分析结果为：孢粉总量275粒，乔木及灌木植物花粉77粒，有：杉科2，云杉属2，松属37，桦属8，鹅耳枥属2，常绿栎属3，落叶栎属12，榜属1，蔷薇科4，五加科1，漆树科2，罗汉松科1，杜英科野桐属1，楝科1。草本植物花粉26粒，藜科2，蒿科21，百合科1，禾本科1，柳叶菜科1。蕨类孢子有：石松科170，单缝孢子1，三缝孢子1。代表比上述样品热带植物含量更高的落叶常绿阔叶、针叶混交林植被，气候热而稍干。

99FSCHT17－7号分析结果是：孢粉总量470粒，乔木及灌木植物花粉91粒：杉科3，云杉属2，松属50，桦属11，鹅耳枥属4，榛属11，常绿栎属3，蔷薇科1，杜英科5。草本植物花粉27粒，地榆属1，藜科5，蒿属13，罂粟科2。蕨类植物孢子356粒：石松科353，单缝科3。代表以针叶落叶为主，少量常绿阔叶树的森林植被，气候温暖，较干。

北京大学环境学院根据对船帆洞洞内地层剖面上采取的全部样本所做的分析，大致可将其划分为五个孢粉带：

孢粉带Ⅰ：剖面深度4～36厘米，相当于船帆洞地层系列第一地层单元（Unit A）的第4～6层，时代属全新世。本带的孢粉浓度为15.6～148.4粒/克，木本植物孢粉占5～15%，阔叶植物花粉有栎属、榜属、杨梅属、山龙眼属、桦属、假卫矛属、鳝藤属、桑科以及针叶植物花粉松属；草本植物花粉占20～30%，以蒿属、禾本科、藜科为主，其次有豆科、大戟属、茜草科、败酱科、水蛇麻属、马鞍草属、菊科、莎草科、香蒲属等；蕨类孢子占25～60%，有凤丫蕨属、凤尾蕨属、水龙骨属、金粉蕨属、水龙骨科等。该组合以草本植物和蕨类植物为主，反映温暖、湿润环境下的生长有阔叶林的草丛植被类型。

孢粉带Ⅱ：剖面深度36～108厘米，相当于船帆洞地层系列中的第二地层单元（Unit B）的第7～12层（即上文化层），时代属晚更新世晚期。本带孢粉浓度为13.5～48.3粒/克，以蕨类孢子占优势，高达60～70%，以凤丫蕨属、水龙骨科为主，另有铁线蕨属、凤尾蕨属、水龙骨属等；木本植物花粉仅占3～5%，有针叶树种松属、灌木山柑属、木樨科；草本植物花粉占5～25%，有蒿属、禾本科、藜科、忍冬属、豆科、茜草科、白花菜属、天南星科等。该组合以蕨类为主，反映温暖湿润的灌草丛的植被面貌。

孢粉带Ⅲ：剖面深度108～152厘米，相当于船帆洞地层系列中的第二地层单元（Unit B）的第13～16层（相当于下文化层），时代属晚更新世晚期。本带孢粉浓度为2.9～8.8粒/克，木本植物仅占5～25%，有松属、桑科和木樨科；草本植物花粉占50～80%，以蒿属、藜科和禾本科为主，另有唐松草属、茜草科、莎草科等；蕨类植物孢子占4.3～40.0%，有水龙骨科、凤丫蕨属。该组合以草本占优势，代表温暖但较干环境下的稀树－灌丛草地植被类型。

孢粉带Ⅳ：剖面深度152～276厘米，相当于船帆洞地层系列中的第三地层单元（Unit C）的第17～18层，时代属晚更新世早期。孢粉浓度为0.5～4.6粒/克，孢粉相对贫乏，木本植物孢粉有松属、桑属和木犀科断续出现；草本植物花粉有蒿属，禾本科、藜科、豆科、大戟属和唇形科等；偶见蕨类孢子水龙骨科，孢粉含量少，难以反映当时植被环境。

孢粉带Ⅴ：剖面深度276～304厘米，相当于船帆洞地层系列第三地层单元（Unit C）的第19～20层，时代属晚更新世早期。本带孢粉浓度为2.4～10.9粒/克，蕨类孢子含量很高，占孢粉总量的50%以上，以凤丫蕨属为主，其次有水龙骨科、凤尾蕨属；木本植物花粉占有一定比例，主要有常绿树种和松属、桑科等；草本植物花粉比例较大，占20%以上，以蒿属、禾本科和藜科占多数；另有百花菜属、天南星科、蓼科等。该孢粉组合显然以蕨类植物和草本植物为优势，反映温暖湿润的森林－草丛植被环境。

从以上五个孢粉带可以看出，船帆洞在沉积过程中经历了如下的变化：晚更新世早期开始，万寿岩一带处在热带－亚热带气候条件下，有着温暖、湿润的森林－草丛的生态环境，其中草本植物和喜湿的蕨类植物种类丰富，并有一定数量常见的常绿阔叶林等亚热带木本植物种、属。大约在晚更新世中期，随着末次冰期的到来，出现亚热带常绿阔叶林的属种贫乏，气候环境逐渐恶化，环境类似现今我国北方的温带草原，只是在气温上要暖和一些。这种情况的出现，造成第三地层单元最上部形成较厚的钙板层。进入晚更新世晚期，即大致在距今 40000 年前，即相当于船帆洞下文化层，遗址附近的植被面貌，从灌、草丛向稀树草丛转化，植被稀疏，虽温暖，但较干，与现今当地气候条件相比要干、凉得多。

到了 30 ka.BP，遗址周围大致类似于我国北方荒漠草原的环境类型，到了晚更新世末期，植被开始从灌丛草地向稀树草丛方向发展，气温从较凉且干，向温、干发展，直至全新世时期万寿岩一带气候才遽然回暖，重新返回到温暖、湿润的常绿阔叶林－草丛植被环境。

表二　　船帆洞晚更新世地层植被类型与气候环境分析表

Tab.2　　Tapes of vegetable and its environment of Late Pleistocene strata in Chuanfandong Cave

时　代	层　位	植物类型	植被类型	气候环境	备　注
全新世	船帆洞第一地层单元 Unit A	以草本植物和蕨类为主，含南亚热带常绿阔叶林 Mostly fern－herbage	生长有阔叶林的草丛植被 Brushwood－tussok with broadleaf	温暖湿润 Warm and wet	含宋至清时期遗物 Ralics of Song to Qing Danistery
晚更新世晚期	船帆洞第二地层单元顶部 Up part of Unit B	以蕨类植物为主 Mostly fern	稀树草丛植被 Tussock with sparse tree	温暖湿润 Warm and wet	少量遗物及化石 Several artifacts and fossils of mammal
	船帆洞第二地层单元上部 Upper Part of Unit B	以草本植物为主 Mostly herbage	灌丛草地植被 Bosk－tussock	凉爽、较干 Cool and dry	上文化层，大量遗物与化石 upper cultural layer
	船帆洞第二地层单元下部 Lower part of Unit B	以草本植物为主 Mostly herbage	稀树草丛植被 Tussock with sparse tree	温暖、较湿 Warm and wetnees	下文化层，大量遗物与化石 lower cultural layer
	船帆洞第三地层单元最顶部 Up of Unit C	以草本植物为主，孢粉贫乏	草丛植被 Tussock	温暖、较干 Warm and dry	形成钙板层 Travertine
晚更新世早期	船帆洞第三地层单元 Middle part of Unit C	以草本植物和蕨类植物为主	森林灌丛植被 Evergreen－brush wood	温暖、湿润 Warm and wet	龙井洞哺乳动物群及少量石制品 Several artifacts and fossils of mammal

福建省第四纪地层研究比较薄弱，20 世纪 90 年代以前，地质部门仅限于对河流阶地和部分钻孔资料进行划分[①②]，后尤玉柱、蔡保全对旷野和洞穴类型的资料进行总结，提出新的划分方案[③]。万寿岩遗址发现后，使我们对福建省境内洞穴堆积物有了更进一步认识，能够就全省洞穴类型哺乳动物群作进一步比较和划分。

① 童永福，1985：福建省第四纪沉积概况。中国第四纪研究，6（1），99～106。

② 王雨灼，1990：福建省第四纪地层的划分。福建地质，9（4），289～306。

③ 尤玉柱、蔡保全，1996：福建更新世地层、哺乳动物与生态环境。人类学学报，(3)，337～345。

第二章　灵峰洞的石制品及文化层的埋藏

第一节　灵峰洞的石制品

灵峰洞石制品分别出土于洞内的第2层和第3层。其中第2层为宋代填土，所出土的石制品有160件，数量较大，显示出与第3层不同的文化面貌，但因已脱层，故未予整理研究。这些填土的来源有待今后的工作去寻找答案。本报告主要记述灵峰洞第3层出土的石制品。

一、灵峰洞第3层出土的石制品

灵峰洞第3层出土的石制品共99件。其中75件系1999年发现，那时按探方清理，仅对钙板进行大致的破碎，所余下的岩块暂搁置于洞内，一直延至2004年秋才得以安排时间作进一步清理。此次清理又获得24件石制品及少量哺乳动物化石。

灵峰洞第3层石制品的原料有石英岩、石英砂岩、砂岩、硅质岩、辉绿岩、玢岩和脉石英等7种，其中以石英砂岩为最多，计58件，占总数的58.6%；其次是砂岩26件，占26.3%；另外五种石料约占15.1%。大多数原材都是磨圆度良好的砾石，与万寿岩旧石器时代遗址南侧渔塘溪河滩上的相似，故估计原料可能来自附近河流的古阶地砾石层。石制品可分为石核、断块、断片、石片、石锤、刮削器、砍砸器和雕刻器等。有关各类石制品的测量、统计详细情况可见表三。

灵峰洞第3层的石制品可分为非石器产品和石器两部分。

(一) 非石器产品　83件。可分为石核、断块、断片和石片。

1. 石核　9件。大多数石核的长、宽、厚比较接近，分单台面石核和双台面石核两类。

（1）单台面石核　5件。除一件为节理台面外，其余均为自然台面。多数形态不规整，仅一件大致呈锥形。标本最长98、最短43毫米；最宽112、最窄60毫米；最厚153、最薄46毫米。多数石核是在长型砾石的一端打片，有三件标本只有一个工作面。石核上的石片疤很少，说明石核的利用率很低。台面角最大125°，最小61°，平均台面角89.4°。石片疤形态多数较规整，呈三角形或梯形，打击点集中，半锥体阴痕较凹，放射线较清楚。标本99FSLT4③:P05，石英砂岩，形状略呈锥形，是唯一有四个工作面的标本。长81、宽98、厚91毫米（图一七，1；彩版六，1）。标本99FSLT16③:P01，石英砂岩，在砾石的一端打片，有两个互相叠压的片疤。长70、宽100、厚100毫米（图一七，2；彩版六，2）。

表三　　灵峰洞文化层中石制品的分类、测量与统计表

Tab.3　　Classification, measurement and statistics of the artifacts from Lingfengdong Cultural Level

分类与数量 / 项目与测量		石核	断块	断片	石片		刮削器					砍砸器			刻器	石锤	分项统计	百分比%
					锤击石片	锐棱砸击	单边直刃	单边凹刃	单边凸刃	单端凸刃	双边直刃	单端直刃	单端凹刃	单边凸刃				
原料	石英岩			1	4												5	5.0
	砂岩	2	9	1	9	1						1	1	1		1	26	26.3
	石英砂岩	5	20	7	19	1	2	1		1					1	1	58	58.6
	石英										1						1	1.0
	硅质岩	2	1		1		1	1									6	6.1
	辉绿岩						1										1	1.0
	玢岩						1										1	1.0
	脉石英								1								1	1.0
	分类小计	9	30	9	33	2	5	2	1	1	1	1	1	1	1	2		
毛坯	砾石											1	1	1		2	5	31.3
	断块						2		1		1						4	25.0
	石片						3	2		1					1		7	43.7
加工方式	向背面						1	1			1	1	1				5	38.5
	向破裂面						2	1		1				1			5	38.5
	复向						2		1								3	23.0
长度（毫米）		78.9	70.1	54.0	53.9	48.5	76.2	56.5	41.0	68.0	58.0	106.0	111.0	122.0	71.0	124.5		
宽度（毫米）		95.1	55.0	45.2	52.0	69.5	60.6	56.0	84.0	52.0	38.0	113.0	96.0	133.0	37.0	76.0		
厚度（毫米）		88.6	33.8	18.0	21.0	13.0	24.0	14.0	26.0	16.0	22.0	56.0	42.0	80.0	22.0	41.0		
石片角（度）					85.9	106												

续表三

分类与数量 / 项目与测量	石核	断块	断片	石片		刮削器					砍砸器			刻器	石锤	分项统计	百分比%
				锤击石片	锐棱砸击	单边直刃	单边凹刃	单边凸刃	单端凸刃	双边直刃	单端直刃	单端凹刃	单边凸刃				
侧刃角（度）						56.6	54.0	72.0		66.5			82.0				
端刃角（度）									88.0		69.0	75.0		68.0	68.5		
分类小计	9	30	9	33	2	5	2	1	1	1	1	1	1	1	2	16/99	100

注：分类统计中分母为石制品总数，分子为石器数量。

(2) 双台面石核　4 件。形态多不规整。标本最长 134、最短 52 毫米；最宽 168、最窄 61 毫米；最厚 124、最薄 29 毫米。除一件为打击台面外，其余均为自然台面。台面角最大 113°，最小 73°，平均台面角为 88°。从打击方向观察，有两件为对向打片，另两件呈 90°角打击。每件标本均有两个工作面，但石片疤很少，疤痕形状有长方形、扇形和梯形，但多数不规则。一般打击点较集中，半锥体阴痕清楚。标本 99FSLT6③:P10，石英砂岩。呈锥形，是唯一打击台面者。长 128、宽 168、厚 122 毫米（图一七，3；彩版六，3）。

2. 断块　30 件。外形可粗略分为四边形、三角形和棱形，只留一个自然面的标本较多，破裂面大多在两个以上，看不到打击点的占半数强。在可见打击点的标本中，多数只有一个打击点。标本最长 127、最短 23 毫米；最宽 108、最窄 22 毫米；最厚 80、最薄 12 毫米。

3. 断片　9 件。多数形状不规则，略呈梯形、三角形和新月形的各一件。大多数标本的背面全为自然面或节理面，个别标本保留多块石片疤，说明是最初打片时崩裂的，有的断片的边缘具连续的小疤痕。标本最长 117、最短 26 毫米；最宽 70、最窄 21 毫米；最厚 31、最薄 8 毫米。

4. 石片　35 件。分锤击石片和锐棱砸击石片两类。

(1) 锤击石片　33 件。其中含半边石片 8 件。标本最长 97、最短 24 毫米；最宽 95、最窄 23 毫米；最厚 69、最薄 7 毫米。在全部石片中，长型石片和宽型石片约略相当，但多数长宽比差不大。多数标本为自然台面，有打击台面的仅 9 件，石片形态略呈梯形的最常见，次为长方形或三角形。台面形状大多呈三角形，也有月牙形、四边形和不规则形的。属于大台面的占 52%，最大台面指数 43，中型的 37%，小型的 11%。石片角多偏大，最大 127°，最小 75°，平均 85.9°。破裂面大多较平坦，少数微凹或凹凸不

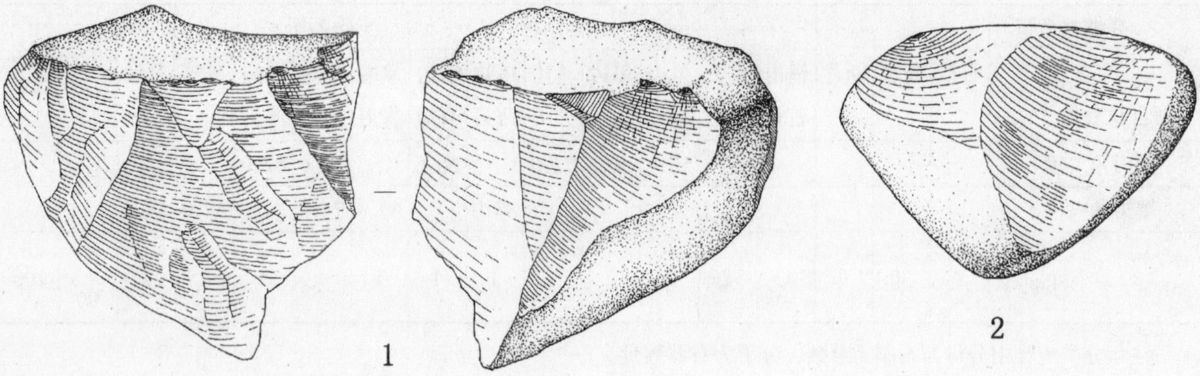

1　　2

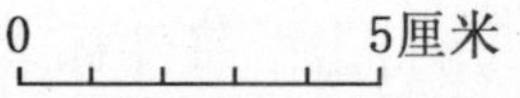

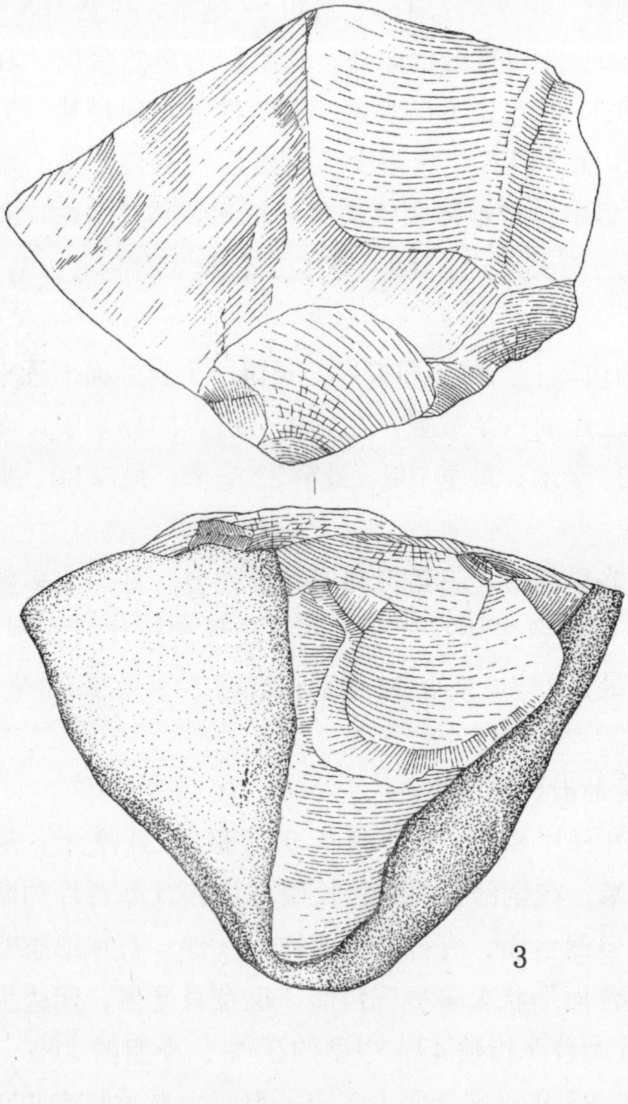

3

图一七　灵峰洞石核

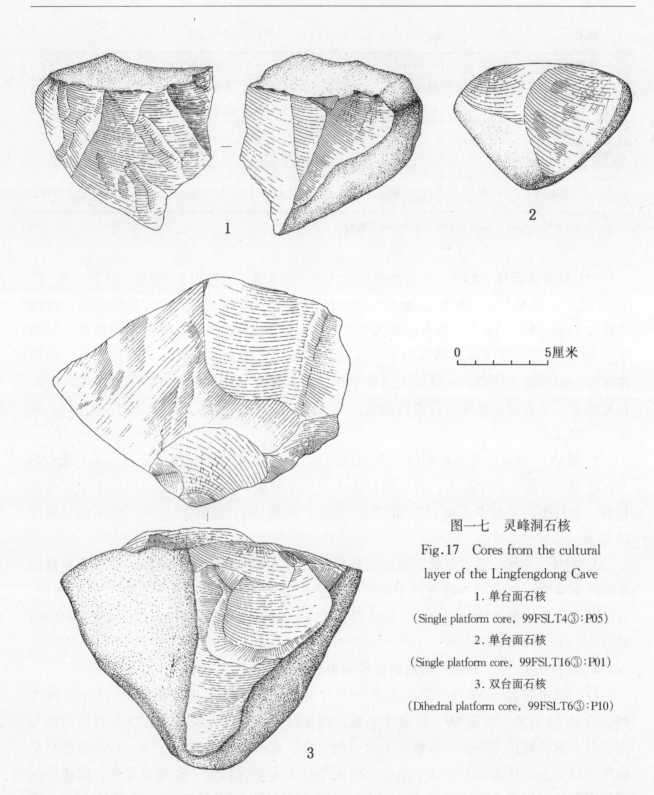

Fig.17　Cores from the cultural layer of the Lingfengdong Cave

1. 单台面石核

（Single platform core，99FSLT4③:P05）

2. 单台面石核

（Single platform core，99FSLT16③:P01）

3. 双台面石核

（Dihedral platform core，99FSLT6③:P10）

平，均不见疤痕。打击点多数清楚，半锥体较凸的和不清楚的各占其半。放射线多不甚清楚。石料质地差，节理发育等是造成破裂面人工特征不明显的原因。从石片的背面观察，绝大多数保留了全部自然面，只有少数标本背面留有打击点和石片疤。只有一个石片疤的标本有8件，三个石片疤的标本仅一件。个别标本石片疤和自然面相交形成纵脊或横脊。上述石片背面诸特点说明都是从石核上最初打下的石片。另外，部分石片可能经过使用，故在两侧留有连贯的或不连贯的细疤。石片的形态或长方形，或梯形，或不规则，有的石片局部遗有零星打击痕迹。标本99FSLT11③:P09，石英砂岩。自然台面，是长、宽、厚比差最大的长型石片，背面全为自然面。长77、宽22、厚25毫米（图一八，1；彩版七，1）。标本99FSLT4③:P01，砂岩。打击台面，背面全为自然面，远端及两侧均见使用痕迹。长78、宽67、厚34毫米（图一八，2；彩版七，2）。标本99FSLT17③:P05，砂岩。自然台面，台面后缘有一个粗大打击点，背面有一个打击面与自然面相交形成的横脊。长43、宽57、厚15毫米（图一八，3；彩版七，3）。标本99FSLT6③:P06，石英岩。自然台面，背面全为自然面。长58、宽77、厚22毫米（图一八，4；彩版八，1）。标本99FSLT6③:P04，砂岩。自然台面，台面后缘有一个深凹打击点。长58、宽78、厚21毫米（图一八，5；彩版八，2）。标本99FSLT4③:P02，石英岩。自然台面，背面全为自然面，远端及右侧遗有打击痕迹。长60、宽46、厚14毫米（图一八，6；彩版八，3）。标本04FSL③:P21，砂岩。半边石片，打击台面，台面后缘遗有一个打击点，背面打击面与自然面相交形成一个横脊，远端及左侧见不规则打击痕。长81、宽48、厚17毫米（图一八，7；彩版九，1）。标本99FSLT5③:P09，砂岩。半边石片，自然台面，背面全为打击面，远端及右侧均见使用痕迹。长61、宽40、厚13毫米（图一八，8；彩版九，2）。标本04FSL③:P07，石英岩。半边石片，打击台面，背面全为自然面，远端及左侧被打成陡直的平边。长48、宽41、厚22毫米（图一八，9；彩版九，3）。

（2）锐棱砸击石片　2件。均为宽型石片，台面后斜，自然台面与背面相连处有一缓折棱，背面全为自然面，破裂面近端有较粗的打击点、不显的半锥体和较清楚的放射线。标本99FSLT17③:P01，砂岩。远端及两侧均见打击痕迹。长58、宽86、厚16毫米（图一九，1；彩版一〇，1）。标本99FSLT4③:P09，石英砂岩。半边石片。长39、宽58、厚12毫米（图一九，2；彩版一〇，2）。

（二）石器　16件。类型有石锤、刮削器、砍砸器和雕刻器（?）四类。

在十六件石器中有石锤2件，刮削器10件，砍砸器3件，雕刻器（?）1件。其中以石片为毛坯的7件，以砾石为毛坯的5件，以断块为毛坯的4件，各占石器总数

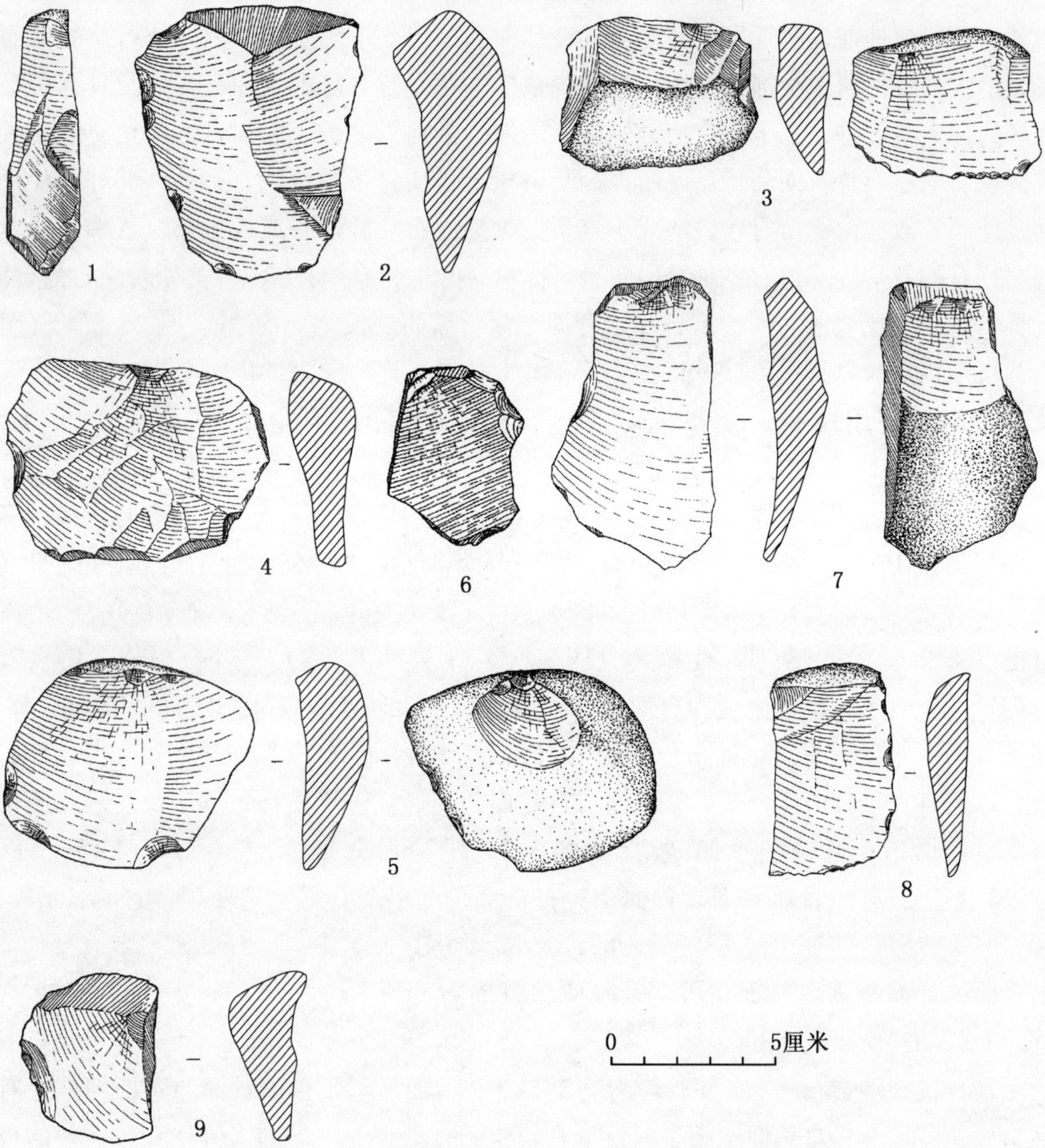

图一八　灵峰洞锤击石片

Fig. 18　Flakes by hammer Percussion from the cultural layer of the Lingfengdong Cave

1. 石片（Flake，99FSLT11③:P09）　2. 石片（Flake，99FSLT4③:P01）　3. 石片（Flake，99FSLT17③:P05）4. 石片（Flake，99FSLT6③:P06）　5. 石片（Flake，99FSLT6③:P04）　6. 石片（Flake，99FSLT4③:P02）　7. 石片（Flake，04FSL③:P21）　8. 石片（Flake，99FSLT5③:P09）　9. 石片（Flake，04FSL③:P07）

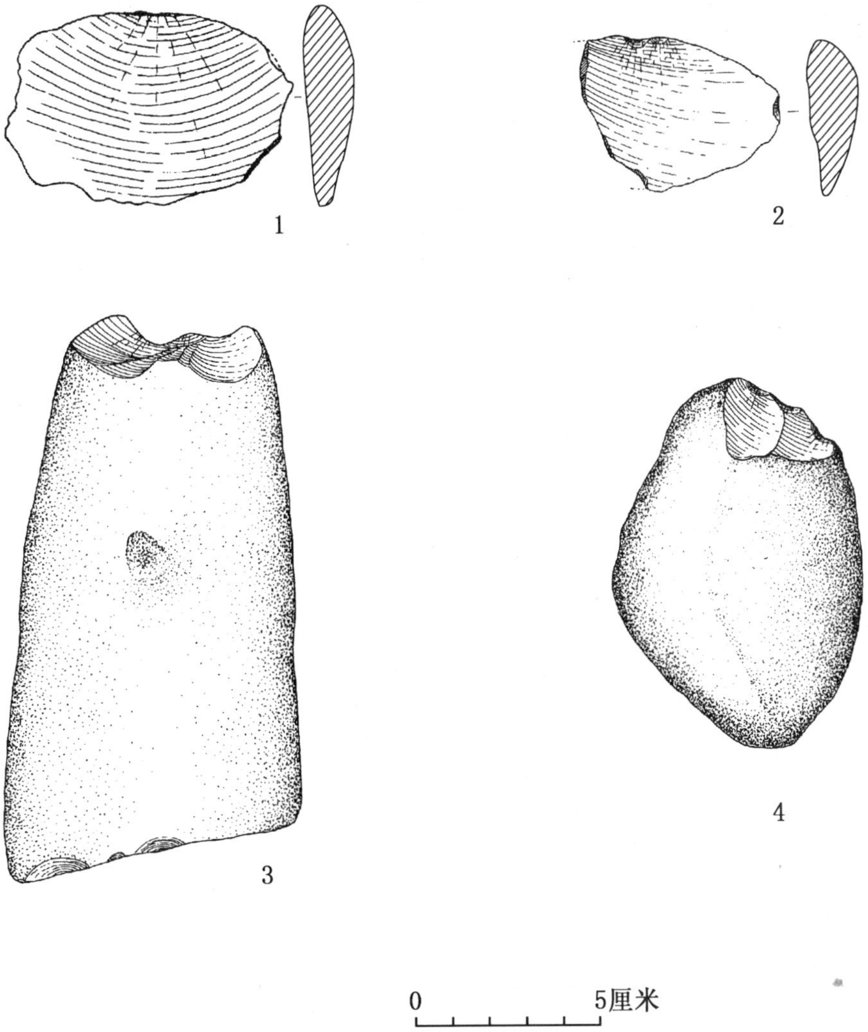

图一九　灵峰洞石片和石锤

Fig.19　Flakes and hammer stones from the cultural layer of the Lingfengdong Cave

1. 锐棱砸击石片（Flake by edge crushing，99FSLT17③:P01）　2. 锐棱砸击石片（Flake by edge crushing，99FSLT4③:P09）　3. 石锤（Hammer stone，99FSLT6③:P02）　4. 石锤（Hammer stone，99FSLT13③:P01）

43.8%，31.2%，25%。倘若将石锤排除在石器之外，则石片石器多于砾石石器（7:5)。

1. 石锤　2件。采用的原材均为石英砂岩。在砾石的一端有一个较短的破损面，可见集中的打击点，并遗有几块平的片疤，疤痕都较细，显然是在打片时留下的痕迹。标本99FSLT6③:P02，砂岩。在长条形砾石较窄的一端遗有锤击所形成的短窄而不规则的痕迹（图一九，3）。稍宽的一端断口可与标本99FSLT6③:P01（砍砸器）拼合。从该件砍砸器器身与石锤相接的部位观察，一些疤痕并未波及石锤相应部位，说明这件石锤用废后，它的另一截继续被加工利用。此外，在石锤的背面（即砾石的隆起面）遗有一个砸击点集中的坑疤，说明曾经被作为石砧使用。长149、宽80、厚42毫米。此件标本和上述的砍砸器合拼后的尺寸为长245、宽97、厚46毫米（图二〇；彩版一〇，3、一一，1）。标本99FSLT13③:P01，在砾石一端的两面均遗有锤击所形成的碎疤（图一九，4；彩版一一，2）。

2.刮削器 10件。用锤击石片加工而成的6件，以断块为毛坯的4件。刮削器的进一步加工都用锤击法，其中单向加工的7件，复向加工的3件。在单向加工的标本中，向破裂面的4件，向背面的3件。修疤多单层，浅宽，个别为深宽型，刃缘多呈波纹状，刃口位于左侧的略多于右侧的。此外，加工痕迹位于远端宽边的、远端窄边的和左侧窄边的各一件。刮削器的加工均粗糙，加工痕迹多只占长边的一部分，整个长边有加工痕迹的仅一件。标本最长116、最短41毫米；最宽84、最窄38毫米；最厚34、最薄12毫米。刃角最大88°，最小41°，平均62.3°。器型按刃部形状可分为单边直刃、单边凸刃、单边凹刃、单端凸刃和双直刃刮削器。

（1）单直刃刮削器 5件。器形各不相同。标本99FSLT7③:P01，砂岩。刃部在长型石片的左侧，向破裂面加工刃口，刃角54°。长52、宽73、厚19毫米（图二一，1；彩版一一，3）。标本99FSLT5③:P01，硅质岩。在宽型石片的远端向破裂面加工刃口，刃口背缘遗有细疤，刃角73°。长60、宽115、厚28毫米（图二一，2；彩版一二，1）。标本99FSLT17③:P04，石英砂岩，在断块的一个长边上向背面加工刃口，刃角41°。长73、宽76、厚36毫米（图二一，3；彩版一二，2）。标本04FSL③:P03，辉绿岩，在断块的一个长边上复向加工刃口，刃角54°。长44、宽65、厚24毫米（图二一，4）。标本04FSL③:P04，玢岩，在石片的左侧复向加工刃口，刃角41°。长74、宽56、厚21毫米（图二一，5；彩版一二，3）。

（2）单边凸刃刮削器 1件。标本04FSL③:P05，脉石英。在断块的一个长边上复向加工刃口，刃角72°。长42、宽84、厚27毫米（图二一，6；彩版一三，1）。

（3）单边凹刃刮削器 2件。刃口都位于石片的边侧。标本99FSLT6③:P03，硅质岩，在石片的左侧向破裂面加工刃口，刃角50°。长52、宽42、厚17毫米（图二一，7；彩版一三，2）。标本99FSLT6③:P18，石英砂岩。在石片的右侧向背面加工刃口，刃角

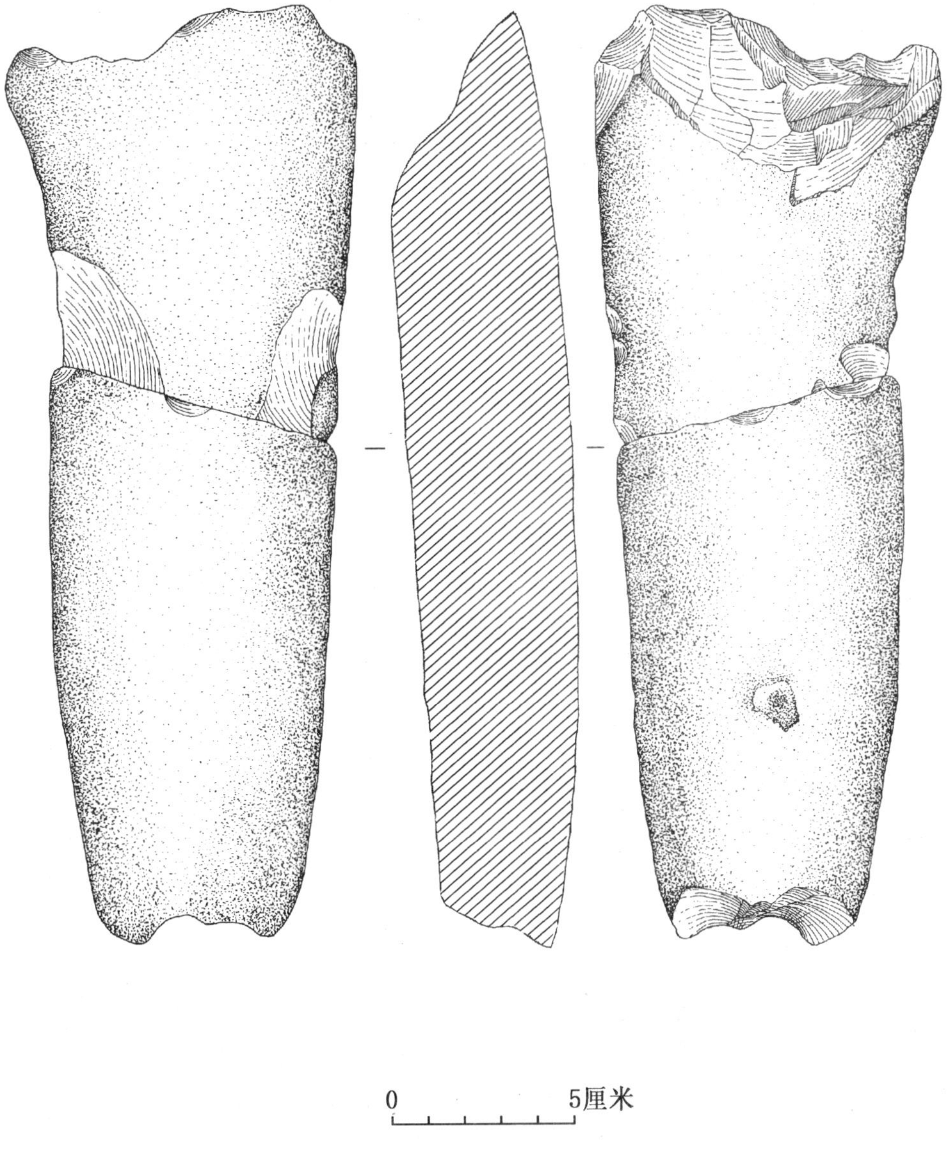

图二〇　灵峰洞石锤

Fig.20　Hammer stone from the cultural layer of the Lingfengdong Cave

石锤与砍砸器拼合后现状（Hammer stone incorporated with chopper，99FSLT6③:P01、99FSLT6③:P02）

54°。长 51、宽 68、厚 12 毫米（图二一，8；彩版一三，3）。

（4）单端凸刃刮削器　1 件。标本 04FSL③:P22，石英砂岩。由宽型石片从左右两侧修窄，再在窄的远端向破裂面加工刃部，刃角 88°。长 63、宽 51、厚 20 毫米（图二

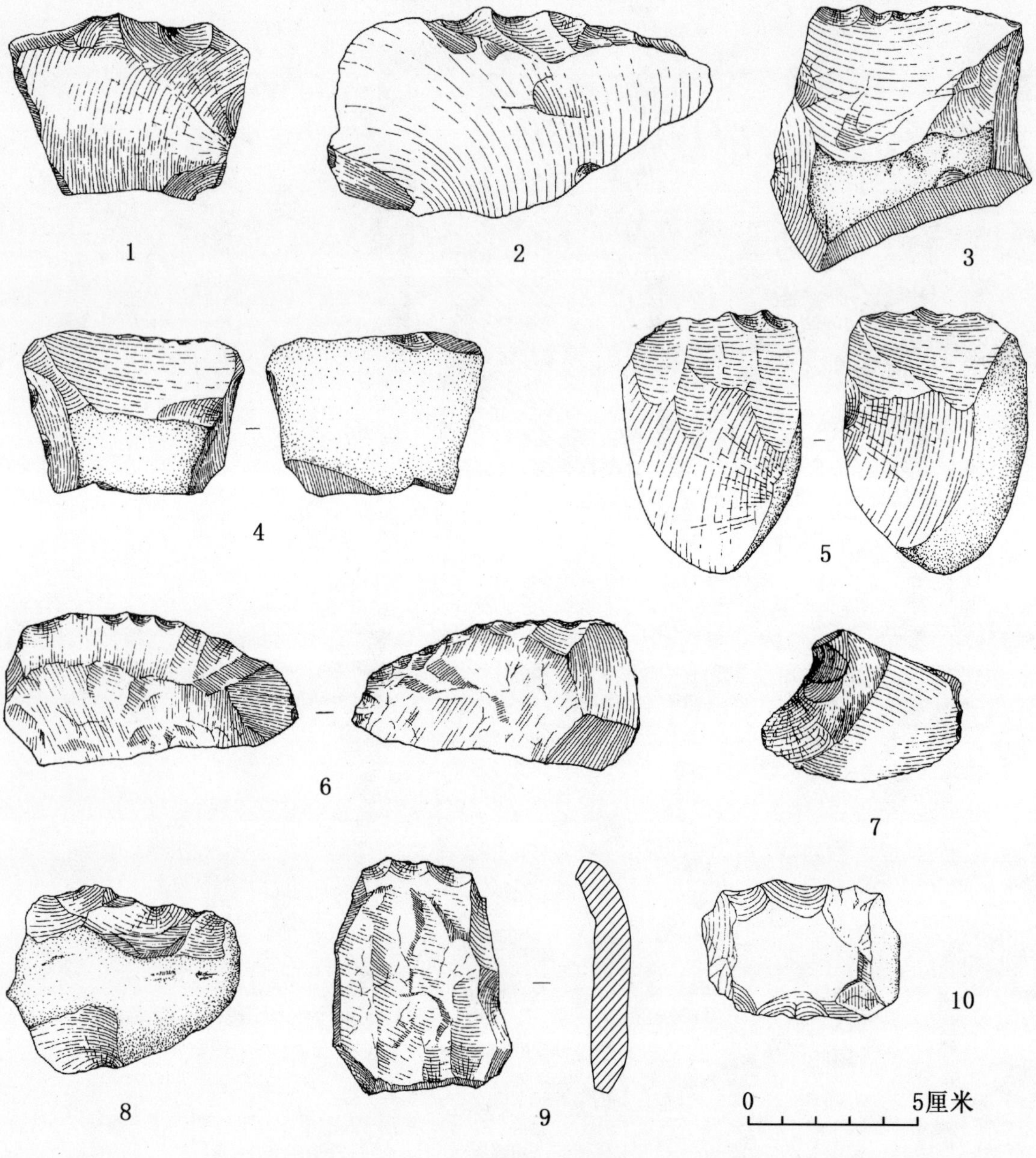

图二一　灵峰洞刮削器

Fig.21　Scrapers from the cultural layer of the Lingfengdong Cave

1. 单直刃刮削器（Single-edge straight scraper，99FSLT7③:P01）　2. 单直刃刮削器（Single-edge straight scraper，99FSLT5③:P01）　3. 单直刃刮削器（Single-edge straight scraper，99FSLT17③:P04）　4. 单直刃刮削器（Single-edge straight fringe scraper，04FSL③:P03）　5. 单直刃刮削器（Single-edge straight fringe scraper，04FSL③:P04）　6. 单边凸刃刮削器（Single-edge convex scraper，04FSL③:P05）　7. 单边凹刃刮削器（Single-edge concave scraper，99FSLT6③:P03）　8. 单边凹刃刮削器（Single-edge concave scraper，99FSLT6③:P18）　9. 单端凸刃刮削器（Single-edge end scraper，04FSL③:P22）　10. 双直刃刮削器（Double straight edges scraper，99FSLT5③:P02）

一，9；彩版一四，1）。

（5）双直刃刮削器　1件。标本99FSLT5③:P02，脉石英。在断块的两个长边上向背面加工刃口，刃角60°。长38、宽59、厚23毫米（图二一，10；彩版一四，2）。

3. 砍砸器　3件。均用砂岩作毛坯，分单端直刃、单边凸刃和单端凹刃砍砸器。

（1）单端直刃砍砸器　1件。标本99FSLT6③:P05，直接在砾石的一端两面加工刃口，其中一面有多层叠压的修疤，刃角69°。长107、宽112、厚58毫米（图二二，1；彩版一四，3）。

（2）单边凸刃砍砸器　1件。标本04FSL③:P01，把长条形砾石截断后先打出一个大面，然后再在较薄的长边上单向朝破裂面加工刃口，刃角82°。长122、宽133、厚80毫米（图二二，2；彩版一五，1）。

（3）单端凹刃砍砸器　1件。标本99FSLT6③:P01，刃口位于砾石的一端，单向加工，有多层叠压的修疤，器身遗有散漫的坑疤，表明作砸击石锤用过。刃角80°。长114、宽97、厚46毫米。它与另一件石锤（99SGT6③:P02）可拼合，是原地埋藏的有力证据（图二二，3；彩版一五，2）。

4. 雕刻器（?）　1件。标本99FSLT6③:16，石英砂岩。采用半边石片加工而成。标本的远端可见类似平面雕刻器的打击痕迹，但纵向的打击不清楚。刃角68°。长71、宽37、厚22毫米（图二二，4；彩版一五，3）。

二、灵峰洞石制品的一般性质

灵峰洞文化层中出土的石制品仅99件，其中断块相当多，占石制品的30.3%，石器很少。因此，根据这有限的石制品要准确地认识其文化特点是困难的，但仍可概略地看到其一般性质，大体可归纳为以下几点：

（一）石器都是大、中型的，在十件刮削器中有七件长度在65～84毫米之间，有一件长度为116毫米。另外的两件长度分别为45毫米和58毫米。三件砍砸器的长度都超过100毫米。

（二）制作石器的原料主要是石英砂岩，其次是砂岩，另有少量石英岩、脉石英、硅质岩、辉绿岩和玢岩。这些石料可能来自渔塘溪高阶地砾石层中。

（三）打片主要采用锤击法，偶尔也用锐棱砸击法。用锤击法生产的石片，无论是石核或是石片，都看不到预先处理的痕迹。石核台面除一件为打击台面外，其余全部是自然台面。石核上的片疤很少，且厚度大，反映出石核的利用率很低。另外，从断块的数量大也说明这个组合具有原材料消耗大和产品率不高的特点。石片以自然台面居多，

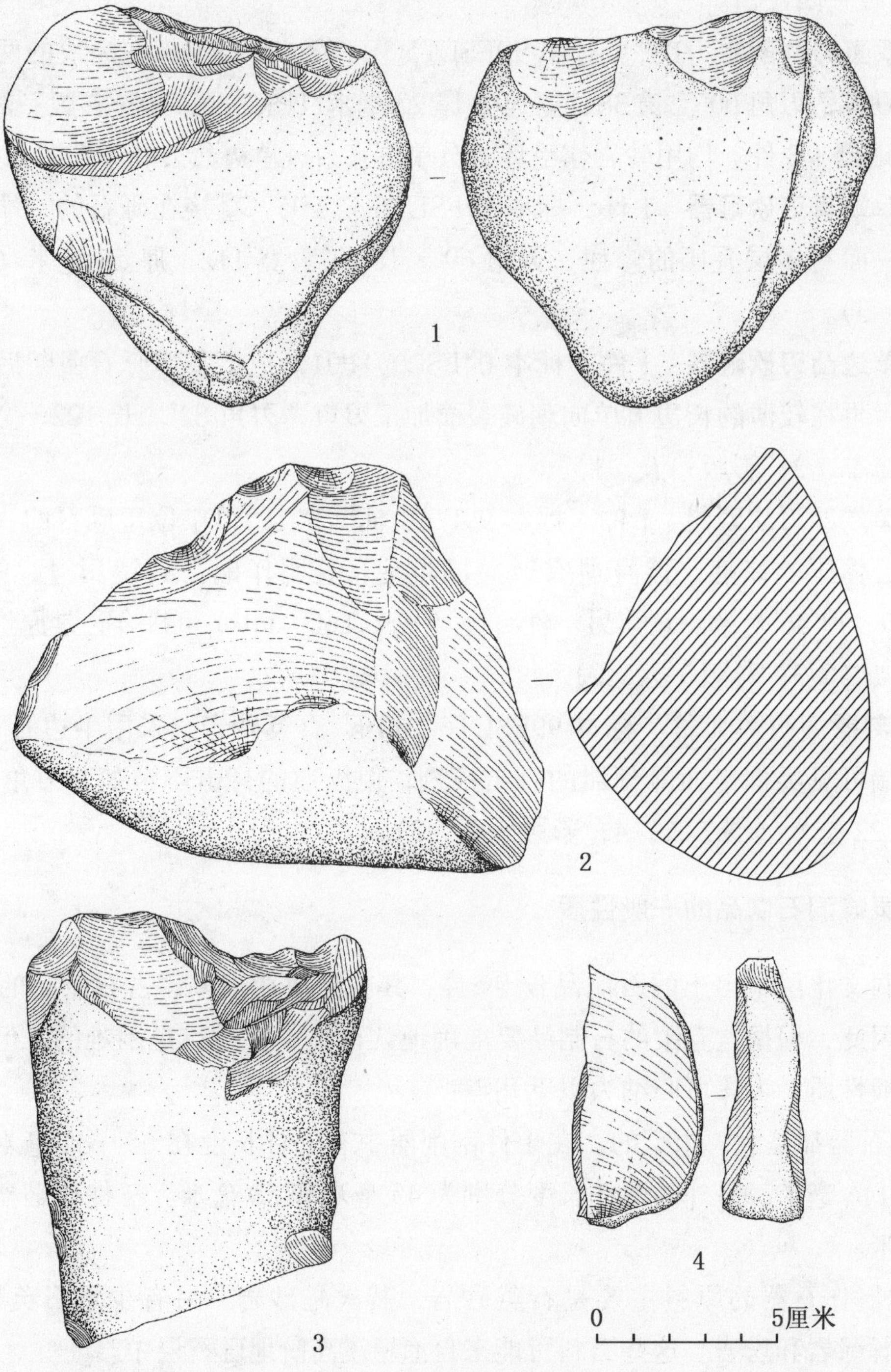

图二二　灵峰洞砍砸器和雕刻器（?）

Fig.22　Choppers and burin from the cultural layer of the Lingfengdong Cave

1.单端直刃砍砸器（End chopper，99FSLT6③:P05）　2.单边凸刃砍砸器（Convex chopper，04FSL③:P01）　3.单端凹刃砍砸器（Concave chopper，99FSLT6③:P01）　4.雕刻器（?）（Burin（?），99FSLT6③:P16）

约占75%；台面上有片疤的仅一件。长型石片略多于宽型石片，但大多数长宽比差不大，长宽指数为89，长大于宽超过一倍的标本只有一件。石核和石片都没有相对规则的形状。这种情况的出现原因之一可能与原料的质地较粗、节理较发育，容易产生沿节理面等不正常断裂有关。

（四）在石制品中，有两件锐棱砸击石片，且都是宽型的石片。

（五）石器类型单调，只有两个类型：刮削器和砍砸器，雕刻器并不典型。石器的毛坯，片状的稍多于块状的，但不同类型的石器对毛坯的选择有一定的倾向性。如刮削器以石片毛坯为主，兼有块状毛坯做的。另从石片石器看，当时人对毛坯有明显的选择性，多选取质较优，形态较规则的石片而用之。砍砸器则以块状做毛坯，质地较差。

（六）在石器中，基本上是单刃石器，双刃石器只有一件；从端刃和边刃量上看，端刃占有较大比例。三件砍砸器有两件是单端刃，另一件的刃口在砾石的长边上。

（七）修理石器都采用锤击法，以单向为主，复向加工的占少数。向背面加工的和向破裂面加工的大致相等。刮削器的修理部位一般没有占满一个长边，往往只占长边的一部分。修理工作比较简单、粗糙，绝大多数标本上仅见单层修疤，且数量只有3～5个，疤痕以浅宽型居多，只有个别为深宽型。刃角有锐有钝，数量大体相当。刃角变异较大，最钝的刃角为88°，最锐的41°，平均刃角65.9°。

总之，灵峰洞的石制品显得粗糙、原始，似乎与当时所处的旧石器时代早期之末的石工业发展水平不相称。尽管灵峰洞出土的石制品数量有限，但却有某些复杂性，从石制品总体看来，与南方砾石石器文化比较接近①②③。灵峰洞石制品中，刮削器多于砍砸器，石片石器多于砾石石器，这些与南方其他地点石制品组合有所差别。众所周知，南方砾石石器传统以砍砸器和砾石石器为主，兼有重型石器（如手斧、手镐和石球等），但灵峰洞缺如。砾石石器地点在我国南方东部大多数地点出自旷野类型遗址④⑤⑥。值得注意的是，灵峰洞文化层出土有两件锐棱砸击石片，是否表明它与台湾的长滨文化有一定联系，有待深入研究。

关于灵峰洞文化层的地质时代问题，由于出土的哺乳动物化石比较破碎，种类较少，缺乏典型的种类，很难用来判断其地质年代。但是，在动物群中，由于存在中国犀

---

① 王幼平，1997：更新世环境与中国南方旧石器文化发展。北京大学出版社，北京。
② 房迎山等，2001：安徽宁国毛竹山发现的旧石器早期遗存。人类学学报，20（2），115～124。
③ 袁家荣，1998：湖南旧石器的埋藏地层。跋涉集。北京图书馆出版社，北京。
④ 房迎三等，2001：安徽宁国毛竹山发现的旧石器早期遗存。人类学学报，20（2），115～124。
⑤ 吴汝康等主编，1989：中国远古人类。科学出版社，北京。
⑥ 张森水，1987：中国旧石器文化。天津科学技术出版社，天津。

(*Rhinoceros sinensis*)和华南巨貘(*Megatapirus augustus*),可以不难确定地层年代不会超出更新世范围。从地层中的沉积物成分看,可以与中国南方的黄色堆积物对比。另外,我国华南地区的洞穴中,凡是堆积物已经钙化了的,其时代也不会太晚。为了更有效地确定地层年代,我们从上钙板层的上、中、下部分别采三个样本交由南京师范大学年代测试中心测试,最后所作的铀系法年代结果为:185 ka.BP,246 ka.BP,262 ka.BP。

根据年代测定结果,并结合哺乳动物化石和地层情况,可以认定灵峰洞洞内富含钙质的沉积物应属中更新世晚期,年龄约为250~1800 ka.BP之间。

第二节 灵峰洞文化层的埋藏

根据对地层、文化遗物和哺乳动物化石的观察表明,在灵峰洞遗址被废弃之后,文化遗物和哺乳动物化石并未受到任何位移,依然保留在原地,并受到了较长时间的风化之后才被流水携带的物质覆盖起来。几乎所有的石制品和动物骨骼的表面,都存在比较严重的腐蚀和破坏现象。以石英石砂岩和砂岩为主要原料的石制品,多数经过长期风化后,其表面均具有一层容易脱落的石皮。动物骨骼的骨表层也都荡然不存,充分说明所遭受的风化程度相当高,这从动物化石或单个牙齿以及破碎骨骼的表面痕迹上得到证实。骨骼的破坏和崩裂多顺着骨纤维方向,动物牙齿上的珐琅质与齿质间发生的脱离现象,也证明主要不是流水的破坏而是风化造成的。按照 Gifford, D. P. 等人的划分,可定为重级风化①。

出自灵峰洞文化层的石制品和动物骨骼表面,常常附着钙质物,这是一种在停滞状态下钙质充分沉淀的结果,同样说明遗物和化石均未受到任何搬运作用的影响,故灵峰洞文化层遗物和化石都属于原地埋藏类型②。

另一个重要现象是,动物骨骼大多存在被啮齿类啃咬的痕迹。在骨骼上啮齿类的啃咬痕迹通常比较细小,可以确定稍大的痕迹是竹鼠啃咬的,较小的痕迹则是鼠类啃咬的。啮齿类啃咬的痕迹都再次经过风化,所以痕迹显得不甚清楚。

在文化层被覆盖之前,啮齿类动物曾一度活跃于洞内,并对遗留下来的动物骨骼进行啃咬。啮齿类动物化石的保存情况是:头骨都已腐烂,肢骨比较完整,下颌常带有齿列,这证实了啮齿类也未曾受到流水的搬运。

---

① Gifford, D. P. and Cruz, S., Taphonomy speciment, Lake Turkana. Nat. Geo. Soc. 1982 (3): 419-427.

② 尤玉柱,1989:史前考古埋藏学概论。文物出版社,北京。

覆盖文化遗物和化石的物质是一种在缓慢流水作用下的产物，据观察，洞内沉积物主要源于附近侏罗纪长石石英岩。当流水携带风化了的粉砂和黏土，沿着灵峰洞东北侧岩壁的一个小型支洞溢入洞内，掩埋了暴露于地表的文化遗物和动物骨骼，形成钙板母质，这些霏细的粉砂质黏土在钙质的胶结下形成了很薄的层理，局部出现纹泥构造。根据对骨骼排列方向的测定，流水是从洞的东北侧一个小的支洞注入洞内的，由于流量较小，才产生沉积物的薄层理或纹泥构造。当水流偶尔稍大时，其夹带的物质中则会含有少量的石英砂粒夹于黏土之中。可以断定，后来的流水对被遗弃在原地的文化遗物和动物骨骼并没有造成多大的破坏作用。

随着洞壁和支洞缓慢流水携带的富含碳酸钙作用下，最后才逐渐形成胶结良好的上下钙板层。洞内东南侧的一个支洞，是文化层形成之后发育的，显然时代较晚。在较大流水作用下，后期的水流冲蚀了部分下钙板层，并掏空了部分钟乳石钙板，造成发掘前所见到的文化层呈悬空状态，这部分空间由宋代及以后的近期堆积物所充填。

第三章　船帆洞遗迹、遗物及文化层埋藏

第一节　船帆洞下文化层的遗迹与遗物

船帆洞于1999年首次发掘的重要收获是揭露出两个文化层，即下文化层和上文化层。下文化层所在的地层为1999年划分的第6层和第7层（即现在划分的12～17层）；上文化层出自1999年划分的第5层（即现在划分的8～11层）中。

下文化层的遗迹和遗物：遗迹有人工石铺地面、排水沟槽、踩踏面和凿石坑等。遗物主要为石制品。与文化遗物伴生的哺乳动物化石共12种，另有爬行类化石2种。

一、船帆洞下文化层的遗迹

（一）石铺地面

石铺地面是下文化层揭露出的最重要的考古遗迹之一。

石铺地面位于船帆洞洞口内侧第二地层单元第16层（原发掘区第7层）的底部。1999年发掘时所揭露的石铺地面面积为：南北长22、东西宽4.8～8米，面积约120平方米。根据迹象判断，石铺地面可能存在的范围为南北长22.4、纵深9米，面积约超过200平方米，但因晚期流水的破坏，部分边缘存在残缺现象。从平面上看，铺石的范围大致呈一“凸”字形伸向洞口，突出部分南北宽4.4、东西揭露长5米，洞口因有塌落的巨石堵塞，尚有一米多的长度未清理。石铺地面的中部大约有6平方米不见铺石（图二三；彩版一六～二七、三一）。

石铺地面上的铺石多数为石灰岩，其次为石英岩、石英砂岩和砂岩，脉石英、硅质岩、镜铁矿和辉绿岩仅占少数。铺石的大小不一，最大的长550、宽380毫米；最小的长20、宽26毫米。铺石的长轴方向参差不一。铺石的表面大致平齐，但略有起伏。铺石全部为单层，局部地段铺石与洞底面的钙板层或基岩取平。从晚期被破坏的断面上可

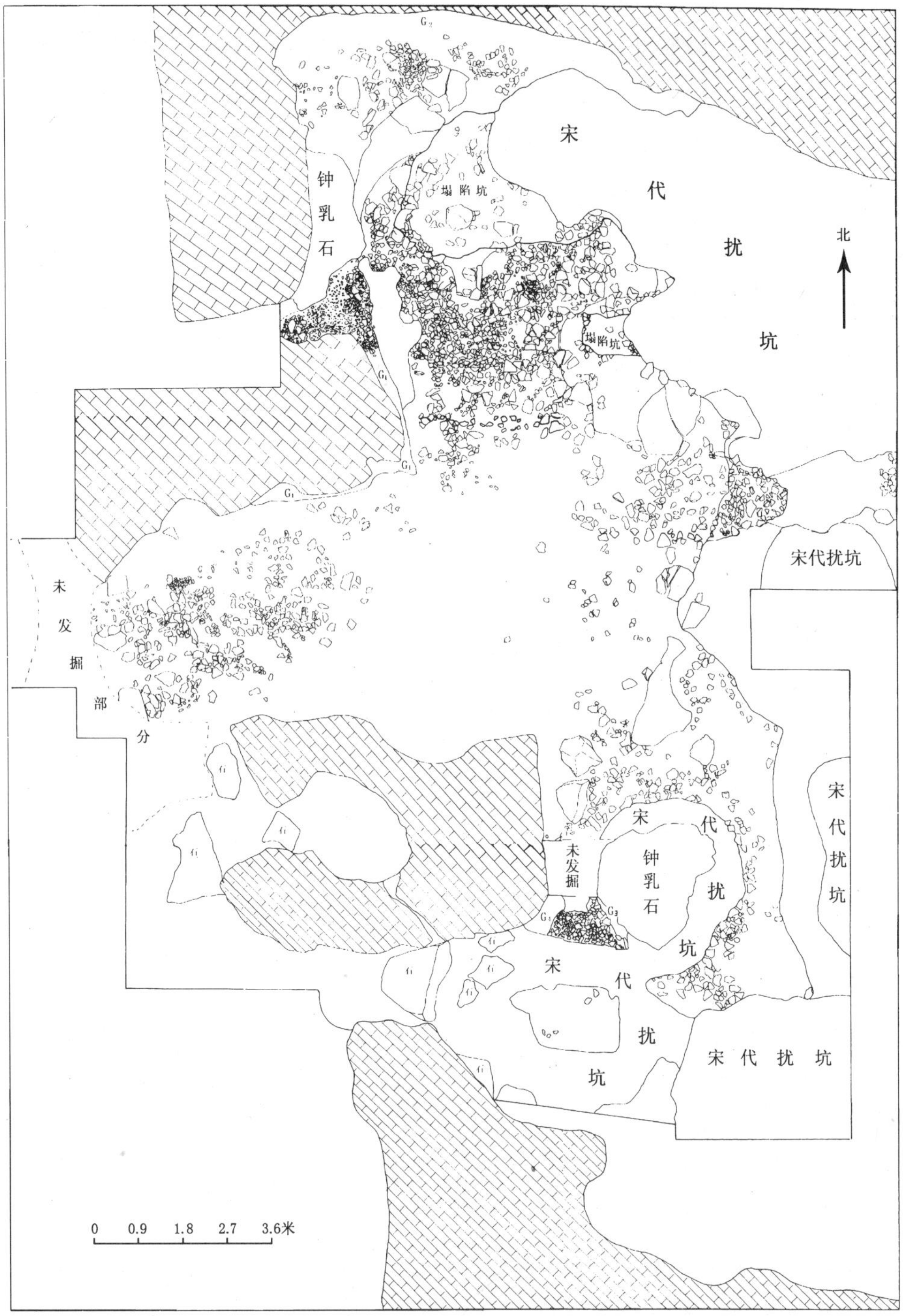

图二三　船帆洞下文化层遗迹平面图

Fig.23　Vestigial ichnography in the lower cultural layer of the Chuanfandong Cave

以看到，多数地段的铺石直接铺在原洞底的钙板层之上。铺石大多经过长期风化而呈黑褐色或灰黑色，其表面有强烈溶蚀现象。从沉积学的角度分析，倘若作为被搬运的砾石看待，这些砾石或岩块应具备有定向性和分选性特征，但是并不存在这种现象，故排除砾石和岩块经水流搬运的可能性。另一重要现象是：砾石或岩块不与石灰岩壁接触，两者的距离大约在 50～80 厘米之间，也可否定流水作用因素。据梁诗经等人测量，洞内石铺地面高于洞外古地表 1.5～2 米①。

船帆洞西北部向洞口凸出的部位地面稍高，虽也有铺石，但石料相对较小，且排列密集，表面凹凸不平。在北侧和东北侧，各有一个不规则的自然坍塌面，至今依然有一些铺石保留在陷坑中。

作者曾对六个探方（99FSCH T 1～T6）进行砾石和岩块长轴方向的测量和统计，结果如表四：

表四　　99FSCHT1～T6 铺石长轴方向测量表（铺石总数：363 件）

Tab.4　　Major axis of pebble on surface of Chuanfandong Lower Cultural Layer

向限	长轴方向，度数	数量
ND	1－30	71
	31－60	53
	61－90	81
SD	91－120	48
	121－150	56
	151－180	54
SW	181－210	71
	211－240	53
	241－270	81
NW	271－300	48
	301－330	56
	331－360	54

岩石性质	数量	岩石百分比
石灰岩	320	88.3%
砂岩	31	8.4%
石英砂岩	4	1.1%
石英		

注：表中的统计数字为每块铺石长轴两端两个方向的数字。

铺石长轴的测量是按两端两个方向进行的，统计时则按每 30 度为一个单位，共有十二个数目，并呈对称关系。从以上统计可以看出，各个方向大致相当，其中北东东－南

① 梁诗经、陈泽林、黄泉祯，2001：福建三明万寿岩船帆洞砾石层成因。福建地质，(1)：1～6。

南西241～27°方向的数量最多（81），而北西西－南南东271～300°方向最少（48件）。铺石的岩性以石灰岩为主（320件），占总数的88.3%，其次是砂岩（31件），占8.4%，石英砂岩（8件）和脉石英（4件）各占总数的2.2%和1.1%。

表五　　99FSCHT1～T6铺石砾石磨圆度统计表（铺石总数：363件）

Tab.5　　Statistics of pebble on surface in Chuanfandong Cave

砾石磨圆度	数　量
Ⅴ级：　棱角状	73
Ⅳ级：　次棱角状	209
Ⅲ级：　磨圆度中等	70
Ⅱ级：　磨圆度较好	10
Ⅰ级：　磨圆度良好	1

铺石的倾斜方向多数与长轴方向垂直，少部分与长轴方向相同。倾角为零度的约占35%，1～3°的占50%，大于3°的仅占15%，说明绝大多数铺石的排放较平。铺石的磨圆度以次棱角状数量最多，约占57%，棱角状和磨圆度中等的数量大致相同，各占20%，而磨圆度较好和好的不及3%（表五）。根据观察，磨圆度较好和好的，都是制作石制品的原料或石制品，大多是采自河滩上的石英岩砾石。

对铺石长轴方向、倾角以及成分磨圆度的分析说明，船帆洞洞内单层的铺石不具备定向性，不是流水作用所能形成的，而是人类有意铺成的（图二四）。

2004年2～4月的抢救性发掘时，在原石铺地面南侧以东4米处的探方中，发现约3平方米的石铺地面，可能原来此处和上述的石铺地面相连，只是后来的破坏而分开。该探方揭露的石铺地面采用的砾石较大且扁平，并将平的一面朝上，有棱角的一面朝下，其表面显得十分平整。据计算，石铺地面原有的面积超过200平方米。铺石既有石灰岩的，也有石英岩和石英砂岩的，扁平度好的显然是从河滩上拣来的。

（二）踩踏面遗迹和凿坑遗迹

踩踏面位于石铺地面的中部地段，用含石英砂粒的黄绿土铺垫，范围约6×6平方米，无铺石，地面较平，土质坚硬，色呈棕红，略低于石铺地面，与周围的铺石地面无明显界线，推测应是当时洞口内侧的中心活动区，由于是土质地面，所以保存了较为硬结的踩踏面。从遗迹与遗物的关系看，下文化层所出的绝大多数石制品与哺乳动物化石

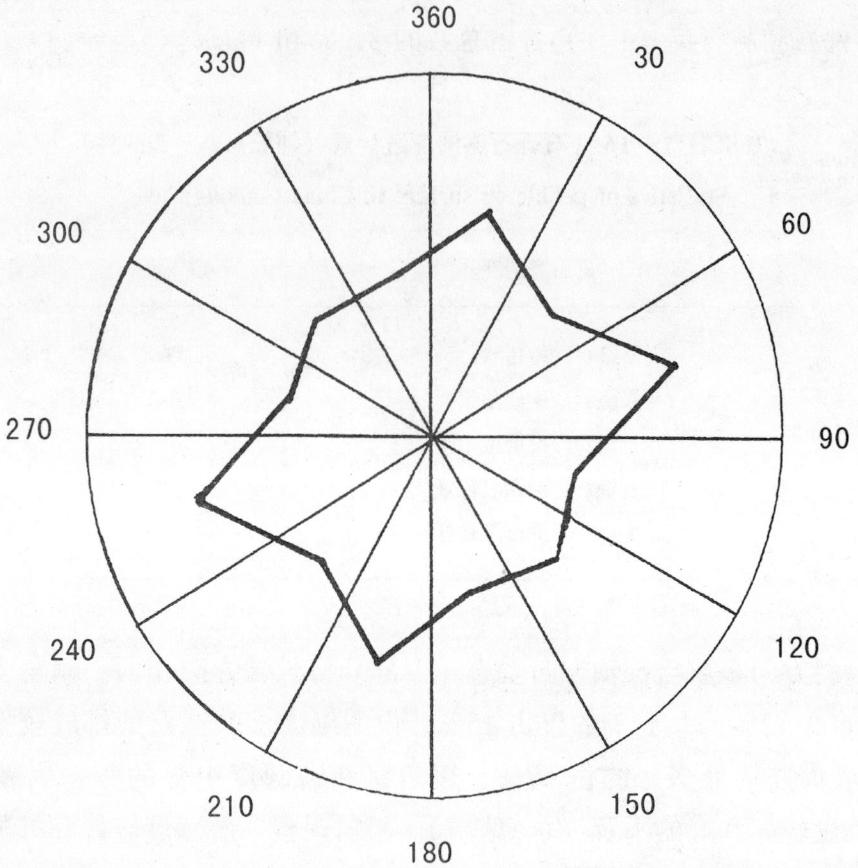

图二四　船帆洞石铺地面（T1～T6）铺石长轴方向象限图

Fig.24　Major axis direction of artifically bid pebbles (T1 - T6) of the Chuanfandong Cave

都是在石铺地面上出土的，并且在中央部位，地上的石制品有分布较为密集的现象。在踩踏面的西侧，有一巨大的坠落石灰岩块，其上有一凹坑，具明显的人工砸击痕迹，凹坑直径25、深8、距石铺地面75厘米高，它的用途恐与砸击坚果等活动有关（彩版二八）。

（三）排水沟槽遗迹

在石铺地面与岩壁交接处，发现有沟槽状遗迹四处，其中一处排水功能比较明确的遗迹位于发掘区西北部，整条沟槽沿岩壁根部环绕，总长8米。平面略呈“]”形，可分三段：北段东西向，向西通往洞外，槽面单层铺石，中段呈南北向，南段向西拐弯，均呈沟槽状。北段的铺石处在两岩间的夹缝地段，西高东低，倾斜8°，平面不规则，其西端延伸部分因土层胶结坚硬而未作发掘，延伸情况不详。揭露部分东西长1.95、南北宽0.7～1.55米。铺石均用较小的灰岩角砾，个别最大的长宽约13～24厘米，绝大多数长宽在2～3、3～5或5～10厘米左右。铺石间积土呈深褐色，有轻度胶结。铺石的东侧直抵钙板，低于钙板5厘米，分界截然。铺石与中段沟槽的交接处有一个平整的斜面。中段与南段沟槽均呈窄条形，一侧以岩壁为沟壁，另一侧以钙板为沟壁，钙板沟壁绝大多数壁面陡直，少数段落壁面微斜，但壁面均较平整。沟口宽6～26厘米，沟底宽4～20厘米，中段沟槽深18厘米，南段沟槽的东端沟深14～17厘米，其余部分沟底清至45厘米深尚不见硬底，说明当时可能是缝隙状漏底的沟槽。沟内填土呈暗褐色，土质致密，除出土个别石器和化石外，未见堆积灰岩角砾现象。沟槽最初的形成，不排除自然力作用的可能，但从北段槽面铺石的人工性质，从沟壁陡直平整的迹象以及沟槽的北端处在洞外进水的夹缝部位看，应是经过修凿加工起排水作用的人工设施。推测洞外季节性雨水经由北端铺石槽面引入沟槽，再由沟槽底部的缝隙排入洞底阴沟。除此之外，尚有三处类似沟槽的遗迹，位于石铺地面的北部与南部，其做法是：在铺砌地面石块时，遇岩壁或大钟乳石处则留出一定的间隙而形成沟槽。这类沟槽可能是为了不使洞壁的滴水直接渗透到石铺地面上（图二五、二六；彩版二九）。

二、船帆洞下文化层出土的石制品

船帆洞下文化层1999～2000年度出土的石制品共303件，出自第二地层单元14层的有8件；出自15层的有295件；另外在下文化层的石铺地面上至今依然保留在原地的石制品有80余件，故下文化层石制品总数近400件。本文对已经取出的303件石制品进行观察、分类、测量、统计，并列于表六。在303件石制品中，原材料主要是砂岩和石英砂岩，另有少量石英岩、硅质岩、变质岩、燧石和页岩。全部原料均为河滩砾石。

石制品包括非石器产品（石核、打击砾石、断块、断片和石片）和石器（石锤、刮削器、砍砸器、尖状器和手镐）两类。现分别叙述如下：

（一）非石器产品

1. 石核　24件。占全部石制品中的7.9%，均出自第二地层单元的第15层。石核分单台面石核和双台面石核两类。它们的大多数为宽、厚大于长度的标本，而且多数是从横轴上剥取石片后所剩下来的石核。从石核的工作面观察，绝大多数打击点集中，半锥体阴痕和放射线都较清楚。

（1）单台面石核　17件。绝大多数为自然台面，形状不规整。最长的132、最短的33毫米；最宽的172、最窄的63毫米；最厚的168、最薄的60毫米。石核上遗留的片

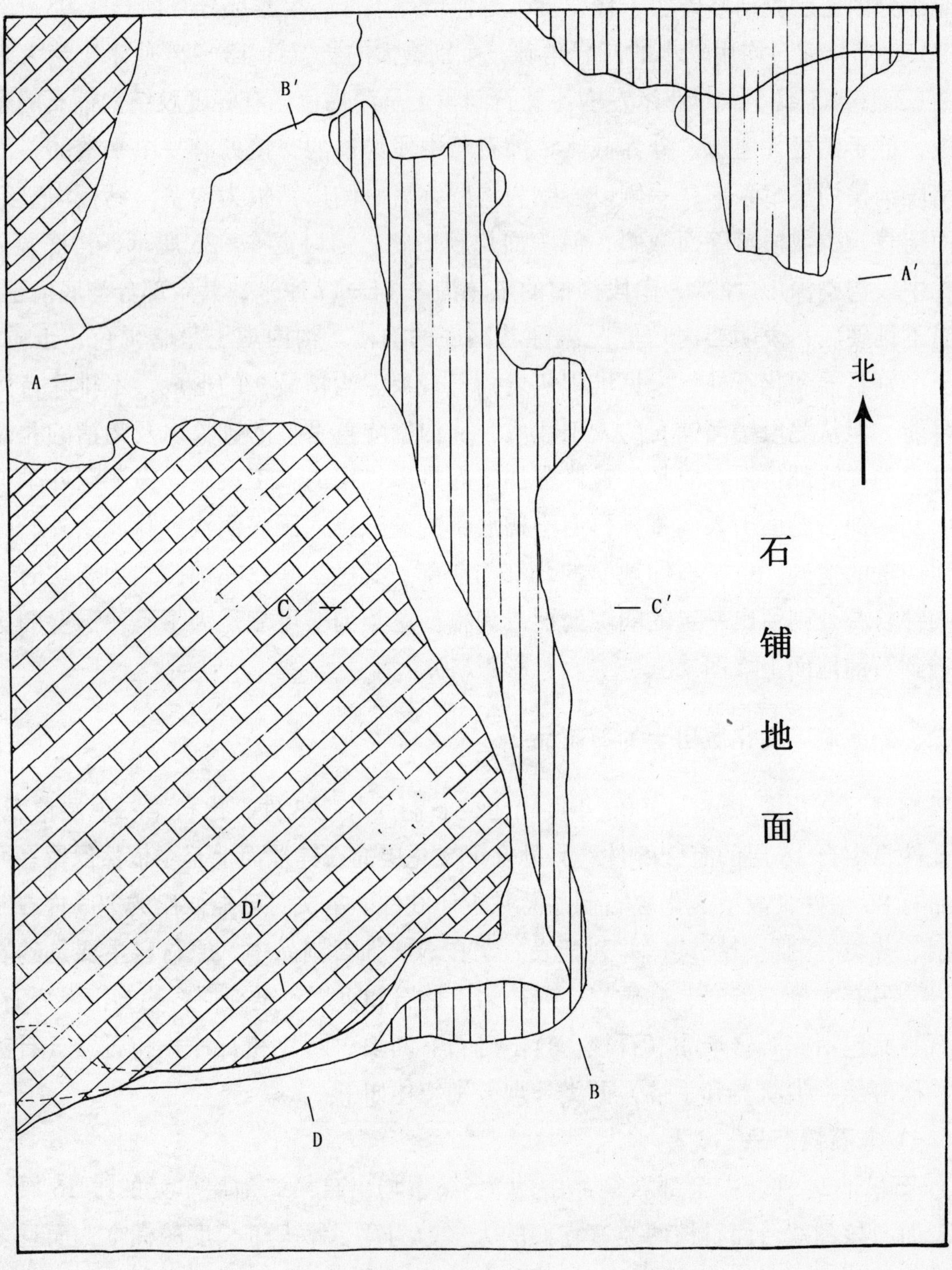

图二五　船帆洞排水沟槽（G1）平面图

Fig.25　Plane map of the waterspout in the Chuanfandong Cave

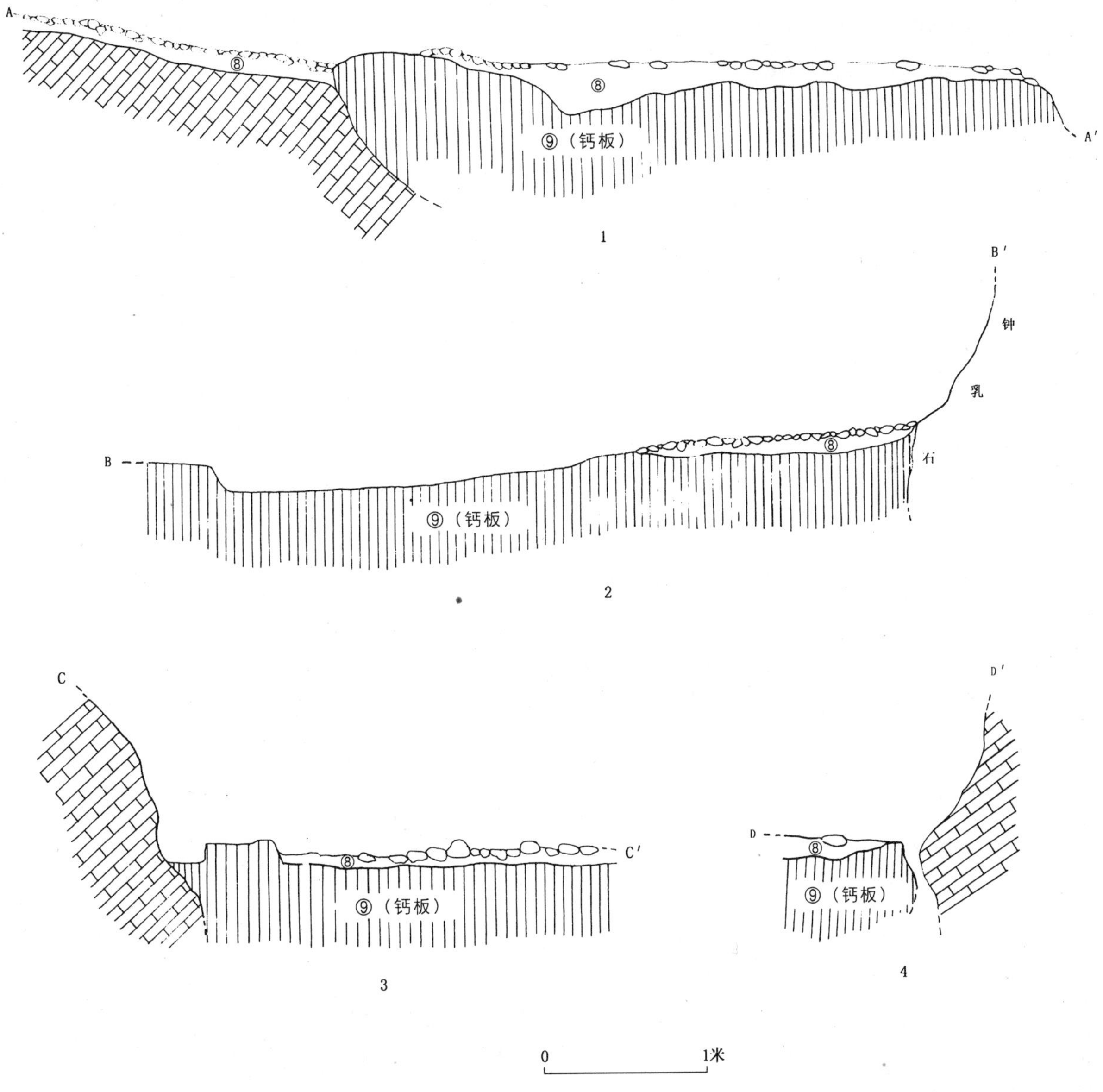

图二六　船帆洞排水沟槽（G1）剖面图

Fig.26　Section of the waterspout（G1）in the Chuanfandong Cave

1.G1 北段纵剖面图（Logitudinal section of north sect，A－A′）　2.G1 中段纵剖面图（Logitudinal section of middle sect，B－B′）　3.G1 中段横剖面图（Transverse section of middle sect，C－C′）　4.G1 南段横剖面图（Transverse section of south sect，D－D′）

表六　　船帆洞下文化层石制品分类、测量与统计

Tab.6　Classification, measurement and statistics of the artifacts from lower cultural layer in Chuanfandong Cave

项目与测量 \ 分类与数量		石核	断块	断片	打击砾石	石片		石锤	刮削器			砍砸器		尖状器		手镐	分项统计	百分比
						锤击	锐棱砸击		单刃	双刃	多刃	单刃	双刃	单尖刃	双尖刃			
原料	石英砂岩	13	56	12		19	1		10	2	4	4		1			122	40.3
	石英岩		8						2			3		1			13	4.3
	硅质岩		4			1											5	1.7
	变质页岩		1	1				2	2								6	1.9
	燧石									1							1	0.3
	砂岩	11	77	10	2	15		4	17	4	7	2	1	3	1	2	156	51.5
	小计	24	146	23	2	35	1	6	31	7	11	8	1	5	1	2		100
毛坯	砾石								1			5	1			2	9	13.6
	石片								26	6	9	2		4	1		48	72.8
	断块											1					1	1.5
	断片								4	1	2			1			8	12.1
	小计	24	146	23	2	35	1	6	31	7	11	8	1	5	1	2		100
加工方式	复向								15	6	6	2	1	1	1		32	48.5
	向腹面								8			1		2			11	16.7
	向背面								8		4	5		1		1	19	28.8
	错向									1	1			1		1	4	6.0
	小计	24	146	23	2	35	1	6	31	7	11	8	1	5	1	2	72/303	100
平均长度（毫米）		74.3	56.3	46.5	54.7	53	110	57.2	62.1	71.3	101	174	93.6	113	134			
平均宽度（毫米）		100.1	59.3	80.5	58.1	58	73.2	72.6	65.1	65.4	119	120	69.4	73	112			
平均厚度（毫米）		106.9	33.1	62.5	22	14.0	44.2	28.7	21.4	28.6	54.9	41.0	31.0	16	62.0			
石片角或台面角（度）		84.2				104.9	84											
侧刃角（度）									73.0	80.5	82.4	79.7	70.0	82.3	80	74.0		
端刃角（度）								90.0	74.9	76.0	83.9	86.4	70.0	77.6	50	65.5		
尖刃角（度）															68－71	65.5		

注：分类统计中分母为石制品总数；分子为石器数量。

疤较少，多数标本只在一端打片，其中有一个工作面的12件，两个工作面的4件，四个工作面的仅1件。台面角最大的124°，最小的47°，平均台面角为83.4°。从总体看，这类石核的厚度较大，片疤很少，利用率相当低。标本99FSCHT6⑦:P02，砂岩。外形略呈扁方形，自然台面，工作面遗有多层片疤。长49、宽75、厚60毫米（图二七，1；彩版三三，1）。标本99FSCHT24⑦:P22，石英砂岩。外形呈锥形，在自然面的周边遗有四个工作面。长109、宽127、厚142毫米（图二七，2；彩版三三，2）。

(2) 双台面石核　7件。外形多不规整，多自然台面，全部打击台面的只一件。台

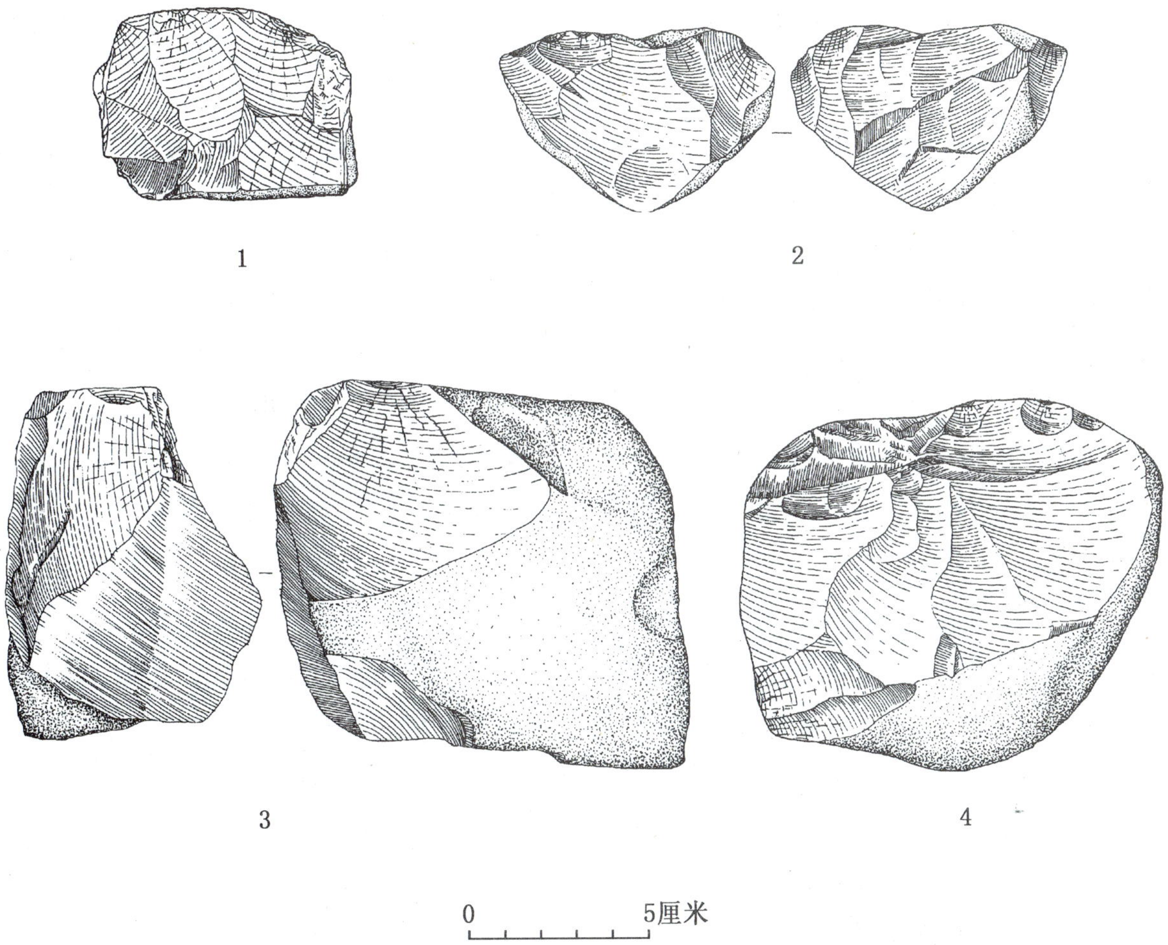

图二七　船帆洞下文化层石核

Fig.27　Cores from the lower cultural layer of the Chuanfandong Cave

1.单台面石核（Single platform core，99FSCHT6⑦:P02）　2.单台面石核（Single platform core，99FSCHT24⑦:P22）
3.双台面石核（Dihedral core，99FSCHT16⑦:P27）　4.双台面石核（Dihedral core，99FSCHT23⑦:P01）

面角最大的99°，最小的73°，平均88.4°。从打击的方向观察，转90°角打片的有5件，两个工作面的有5件，三个工作面的有2件。每件标本的片疤量都在2～4个。石核最长的120、最短的70毫米；最宽的121、最窄的42毫米；最厚的137、最薄的60毫米。标本99FSCHT16⑦:P27和标本99FSCHT23⑦:P01，石英砂岩。两件标本的台面都是呈90°角打片，长、宽、厚分别为96、117、75毫米和79、116、66毫米（图二七，3、4；彩版三三，3、三四，1）。

2. 断块 146件。出自15层的144件，出自14层的2件。每件标本都有一个以上的破裂面，其形态多不规则，多保留较大的自然面，只有一个或两个破裂面的标本数量最多，占67.5%，五个破裂面的4件，六个破裂面的1件。从破裂面上看不到打击点的有118件，只见一个打击点的26件，有两个打击点的6件，三个打击点的1件，说明这些标本有些是打片不成功的标本，更多的是在打片中生产崩裂的岩块。标本最长的320、最短的31毫米；最宽的174、最窄的23毫米；最厚的107、最薄的16毫米。其中有两件标本可拼合（标本99FSCHT24⑦:P21和99FSCHT24⑦:P47），长、宽、厚分别为103、75、66毫米和102、52、64毫米。石英砂岩，拼合后标本长102、宽127、厚66毫米。它们是原地埋藏的重要证据（彩版三四，2）。

3. 断片 23件。反映人工石片主要特征的部分已断损，但可见破裂面，出自15层的22件，出自14层的1件。绝大多数形态不规则，其中背面全为自然面的9件；背面全是打击面的5件。部分标本的边缘留有连续的细小疤痕，表明可能使用过。标本最长124、最短24毫米；最宽114、最窄18毫米；最厚55、最薄9毫米。

4. 打击砾石 2件。均为砂岩砾石，形状扁圆或长条形，磨圆度良好。砾石的一端或两端留有两面对打的痕迹，其打击面呈陡壁状，并遗有鳞片状阶疤。标本99FSCHT7⑦:P08，长50、宽90、厚62毫米（彩版三四，3）。标本99FSCHT17⑥E:P12，长43、宽70、厚63毫米（彩版三五，1）。

5. 石片 36件。占石制品中的11.9%，全部标本出自灰绿色砂质黏土层上部；可再分为锤击石片和锐棱砸击石片两类。

（1）锤击石片 35件。其中半边石片9件。标本最长的85、最短的26毫米；最宽的123、最窄的28毫米；最厚的64、最薄的8毫米。长型石片略多于宽型石片，但绝大多数的石片长宽比差不大，平均长宽指数为106。石片的自然台面者占68%；打击台面者占32%，台面指数（指台面长×宽/石片长×宽×100）在21以上的标本有16件（属大台面），占石片（除半边石片）总数的64%；指数在10～20之间的6件，占24%；台面指数在9以下的3件，占12%。石片角较大，多数在100°以上，其中最大的140°，最小的 67°，平均为 105°。多数石片破裂面上的人工特征明显，打击点比较集中，半锥体较凸的和微凸的数量相当，半锥体不清楚的少数；放射线比较清楚的超过半数，均不见疤痕。从石片的背面观察，全为自然面的有 13 件，全部为片疤的 5 件。以上统计表明，船帆洞下文化层石制品具有原材料消耗大、产片率不高的特点。石片的形态多不规整，多边的居多，少数为三角形或梯形等几何形。在石片中有十八件标本的端部侧边可见连续的细疤或变钝的现象，说明这些石片的很大一部分未经加工就被使用过。标本 99FSCHT14⑦:P01，砂岩。打击台面，背面全为自然面，端侧及两侧均见使用痕迹。长 70、宽 68、厚 22 毫米（图二八，1；彩版三五，2）。标本 99FSCHT16⑦:P02，砂岩。打击台面，背面全为自然面，端侧局部见使用痕。长 83、宽 80、厚 17 毫米（图二八，2；彩版三五，3）。标本 99FSCHT9⑦:P04，砂岩。打击台面，台面后缘有一个打击点，背面保留大部分自然面，左侧见使用痕迹。长 68、宽 71、厚 18 毫米（图二八，3；彩版三六，1）。标本 99FSCHT34⑦:P03，石英砂岩。自然台面。背面全为自然面，端侧见使用痕迹。长 64、宽 119、厚 40 毫米（图二八，4；彩版三六，2）。标本 99FSCHT7⑦:P03，砂岩。自然台面，台面后缘有一个深凹打击点，端侧见使用痕迹。长 72、宽 72、厚 26 毫米（图二九，1；彩版三六，3）。标本 99FSCHT5⑦:P26，自然台面，台面后缘有一个打击点，两侧见零星打击痕迹。长 54、宽 75、厚 32 毫米（图二九，2；彩版三七，1）。标本 99FSCHT5⑦:P22，打击台面背面全为自然面。长 44、宽 38、厚 12 毫米（图二九，3；彩版三七，2）。标本 99FSCHT2⑦:P01，半边石片，自然台面，背面大部分打击面有一条纵脊。长 54、宽 29、厚 15 毫米（图二九，4；彩版三七，3）。标本 99FSCHT4⑦:P26，石英砂岩。打击台面，台面后缘有两个打击点，背面大部分为打击面，有两条纵脊。长 50、宽 36、厚 8 毫米（图二九，5）。

（2）锐棱砸击石片　1 件。标本 99FSCHT8⑦:P12，石英砂岩。自然台面向背面倾斜，石片角 84°，打击点粗大，无半锥体，放射线清楚，破裂面较平整，具有锐棱砸击石片的典型特征。长 53、宽 58、厚 14 毫米（图二九，6；彩版三八，1）。

（二）石器

1. 石锤　6 件。出自 15 层的 5 件，出自 14 层的 1 件。石锤大多数的原材是长扁圆形砾石。在标本的一端或两端的打击面上均留有斜坡状阶疤或陡直的鱼鳞状疤痕，其中单端石锤 2 件，双端石锤 2 件。标本最长 130、最短 98 毫米；最宽 81、最窄 70 毫米；最厚 50、最薄 37 毫米。平均夹角 90°。标本 99FSCHT24⑦:P24，砂岩。一端留有多层阶疤，另一端的一侧可见砸痕（图三〇，1；彩版三八，2）。标本 99FSCHT16⑥E:P45，页岩，扁长条砾石的两端都遗有陡直的、不规则的疤痕（图三〇，2；彩版三八，3）。

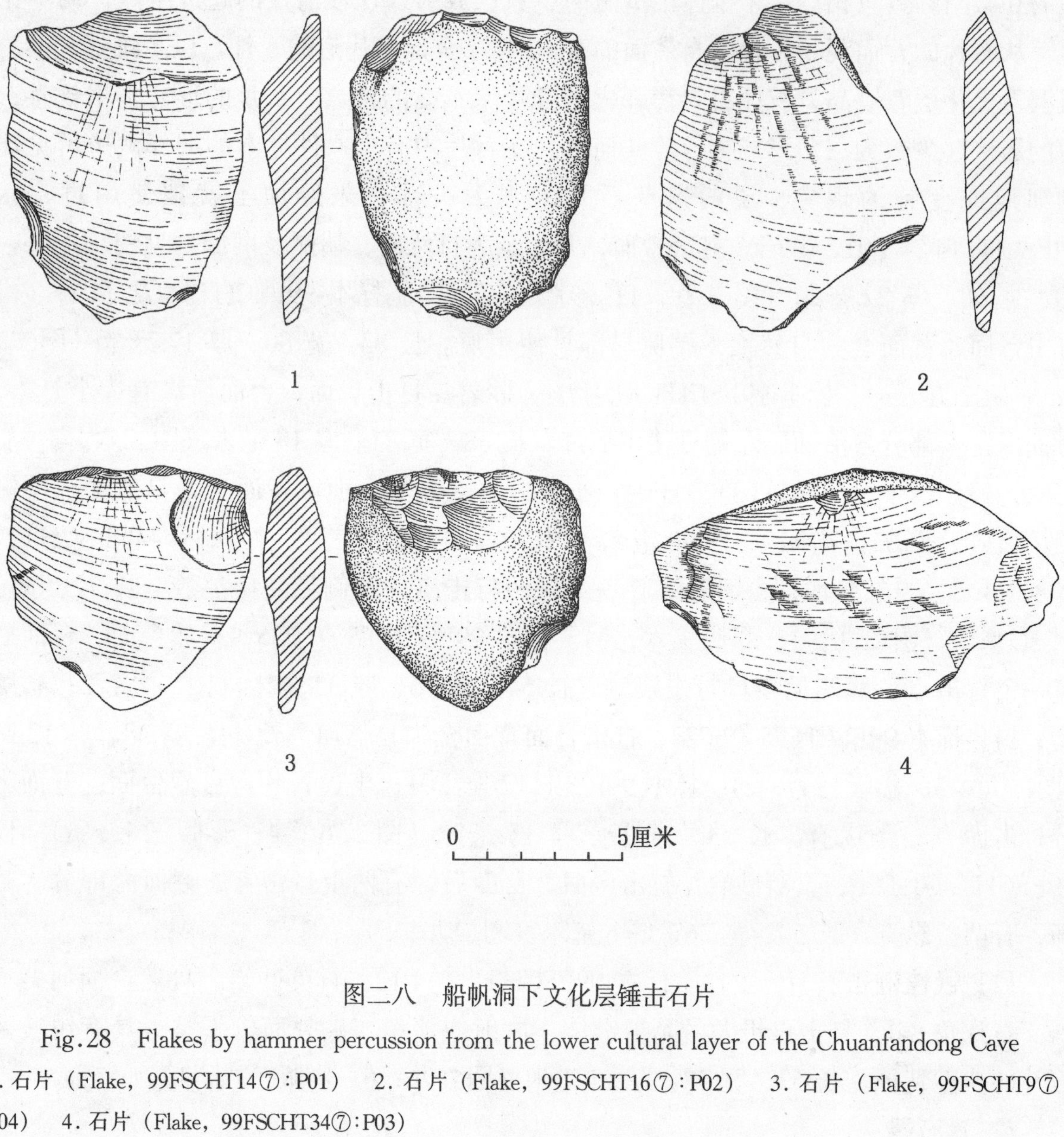

图二八　船帆洞下文化层锤击石片

Fig.28　Flakes by hammer percussion from the lower cultural layer of the Chuanfandong Cave

1. 石片（Flake，99FSCHT14⑦:P01）　2. 石片（Flake，99FSCHT16⑦:P02）　3. 石片（Flake，99FSCHT9⑦:P04）　4. 石片（Flake，99FSCHT34⑦:P03）

2. 刮削器　49 件。其中出自 15 层的 47 件；出自 14 层的 2 件。大多数以锤击石片为毛坯，用锤击法进行第二步加工，形态不规则。加工方式以复向为主，占 48%，次为向背面和向破裂面加工，各占 28% 和 17%，错向加工仅占总数的 6%。修疤多单层，浅而宽，刃缘呈波纹状，一般较钝，锋利者少。根据刃口可分单刃、双刃和多刃。标本最长 115、最短 20 毫米；最宽 129、最窄 20 毫米；最厚 54、最薄 10 毫米。刃角最大 94°，

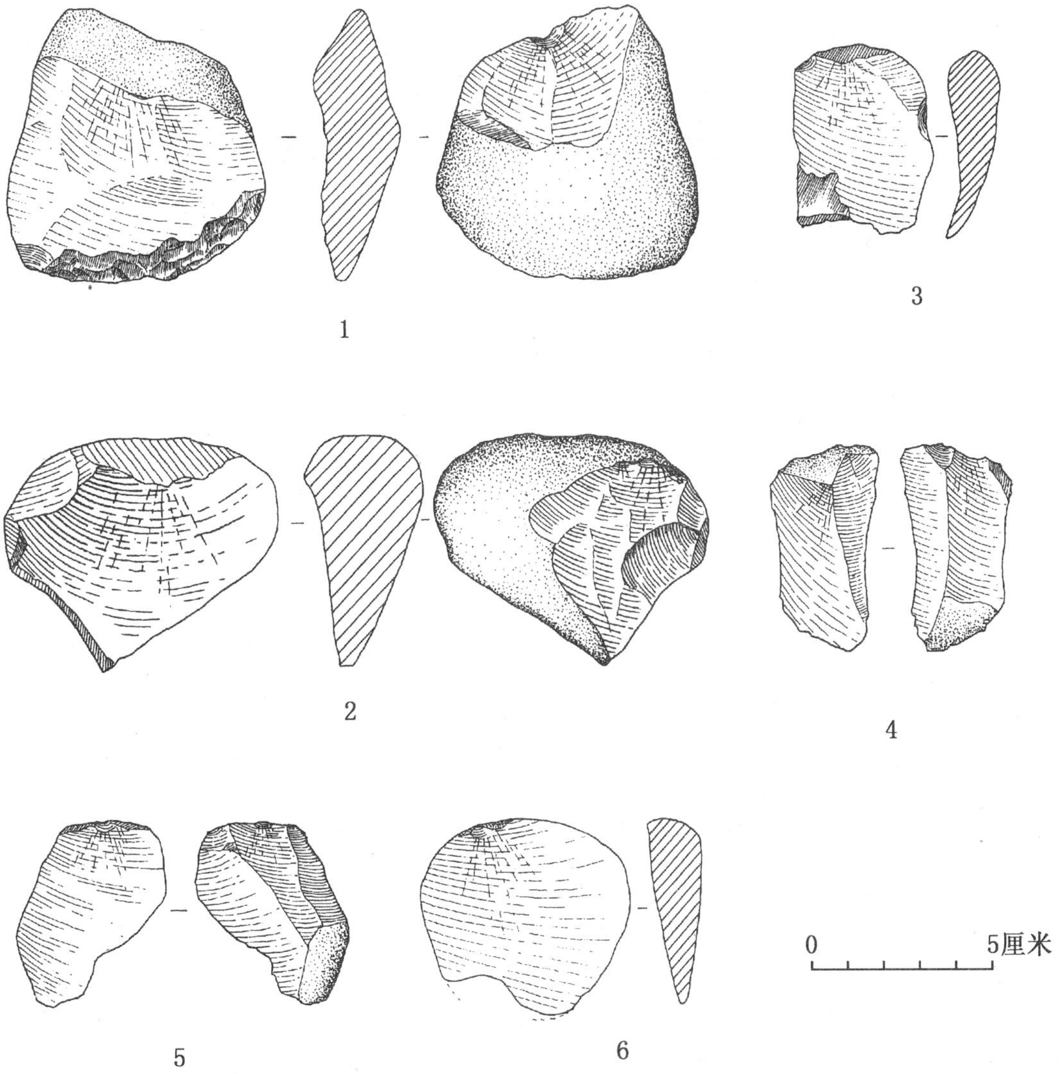

图二九　船帆洞下文化层锤击石片和锐棱砸击石片

Fig.29　Flakes by hammer percussion and flake by edge crushing from the lower cultural layer of the Chuanfandong Cave

1. 石片（Flake，99FSCHT7⑦:P03）　2. 石片（Flake，99FSCHT5⑦:P26）　3. 石片（Flake，99FSCHT5⑦:P22）　4. 石片（Flake，99FSCHT2⑦:P01）　5. 石片（Flake，99FSCHT4⑦:P26）　6. 锐棱砸击石片（Flake by edge crushing，99FSCHT8⑦:P12）

最小 54°，平均 78.6°。

（1）单刃组　31 件。分单直刃、单凸刃和单凹刃三类。

单直刃刮削器　10 件。刃口多位于一个侧边，少数在端部，个别见于端部的后缘。

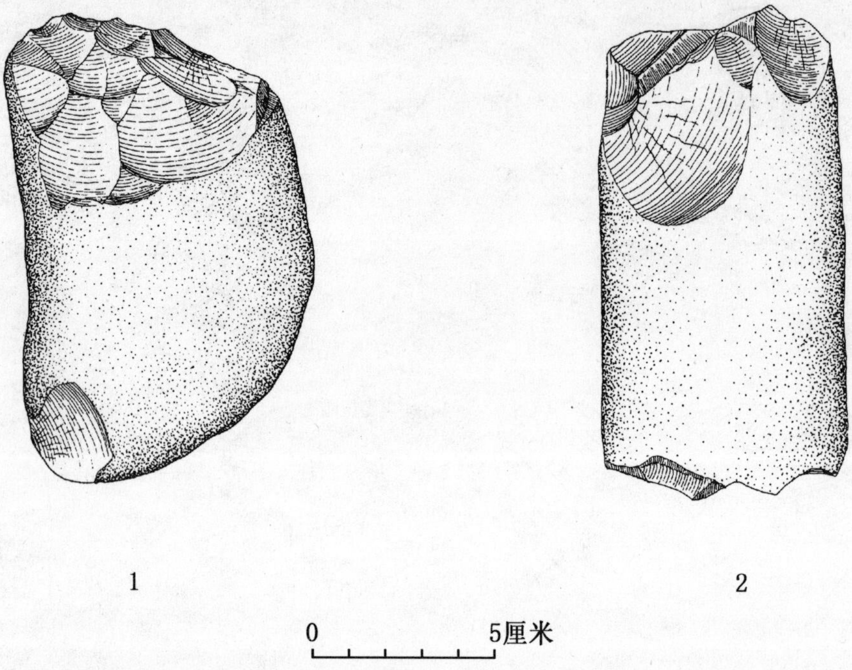

图三〇　船帆洞下文化层石锤

Fig.30　Hammer stone from the lower cultural layer of the Chuanfandong Cave

1. 石锤（Hammer stone，99FSCHT24⑦:P24）　2. 石锤（Hammer stone，99FSCHT16⑥E:P45）

修理工作以向破裂面加工为主，次为复向加工，个别向背面加工，修理工作简单，修疤多单层，以深宽型为主。标本99FSCHT23⑦:P02，砂岩。刃口位于一端，长40毫米，占端部2/3，系向破裂面加工，有三个连续的深宽修疤，刃角74°。长31、宽63、厚22毫米（图三一，1；彩版三九，1）。标本99FSCHT16⑦:P04，砂岩。刃口位于石片边侧，向破裂面加工，两层修疤相叠压，刃角65°。长82、宽107、厚34毫米（图三一，2；彩版三九，2）。标本99FSCHT25⑦:P01，脉石英。刃口位于宽厚石片的远端，向破裂面加工，刃角70°。长56、宽84、厚28毫米（图三一，3；彩版三九，3）。

单凸刃刮削器　18件。其中14层出土1件，15层出土17件。除一件利用较扁平的砾石打制外，其余均以石片或断片为毛坯。刃部位于端部和位于边部的各占一半。以复向加工为主，次为向背面加工，个别向破裂面加工。修理工作在单刃组中是比较好的，有一些加工较细致，甚至可以看到双层修疤的标本。标本99FSCHT8⑦:P03，石英砂

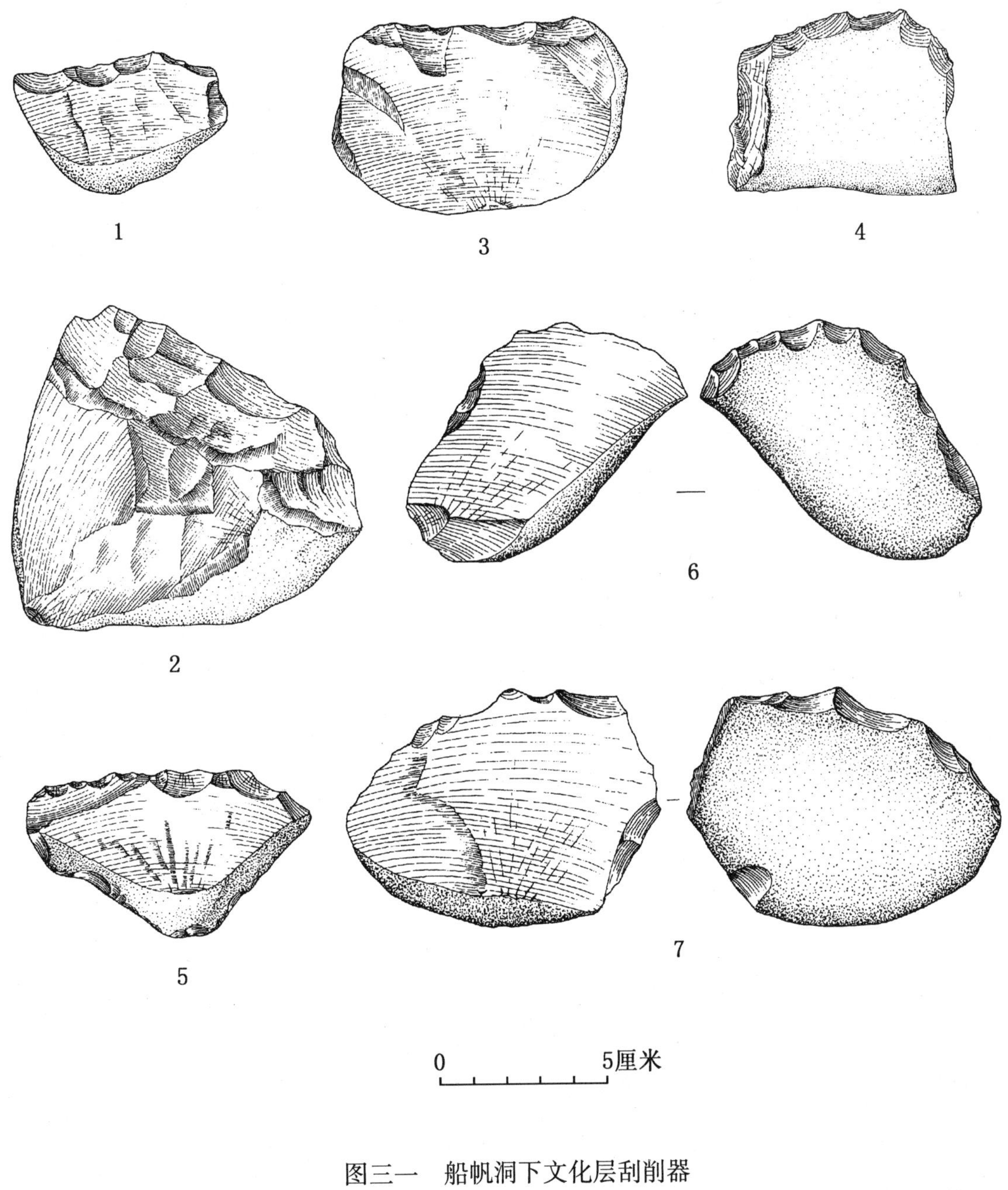

图三一　船帆洞下文化层刮削器

Fig.31　Scrapers from the lower cultural layer of the Chuanfandong Cave

1. 单直刃刮削器（Single-edge straight scraper，99FSCHT23⑦:P02）　2. 单直刃刮削器（Single-edge straight scraper，99FSCHT16⑦:P04）　3. 单直刃刮削器（Single-edge straight scraper，99FSCHT25⑦:P01）　4. 单凸刃刮削器（Single-edge convex scraper，99FSCHT8⑦:P03）　5. 单凸刃刮削器（Single-edge convex scraper，99FSCHT17⑦:P13）　6. 单凸刃刮削器（Single-edge convex scraper，99FSCHT22⑦:P12）　7. 单凸刃刮削器（Single-edge convex scraper，99FSCHT25⑦:P02）

岩。在左侧和顶端的一部分修制成一个弧度较大的凸刃，向背面加工，刃角76°。长55、宽69、厚24毫米（图三一，4；彩版四〇，1）。标本99FST17⑦:P13，砂岩，刃口位于一端，向破裂面加工刃角59°。长48、宽86、厚39毫米（图三一，5；彩版四〇，2）。标本99FSCHT22⑦:P12，石英砂岩。刃口位于一端，复向加工，刃角75°。长51、宽90、厚27毫米（图三一，6；彩版四〇，3）。标本99FSCHT25⑦:P02，石英砂岩。刃口位于侧端，复向加工，刃角80°。长66、宽95、厚31毫米（图三一，7；彩版四一，1）。标本99FSCHT22⑦:P13，砂岩。刃口位于侧端，复向加工，刃角85°。长80、宽114、厚32毫米（图三二，1；彩版四一，2）。标本99FSCHT16⑦:P03，砂岩刃角位于一侧，向背面加工，刃角70°。长95、宽114、厚32毫米（图三二，2；彩版四一，3）。标本99FSCHT14⑦:P02，石英砂岩。刃口位于一侧，向背面加工，刃角72°。长60、宽42、厚14毫米（图三二，3；彩版四二，1）。标本99FSCHT22⑦:P08，砂岩。刃口位于一侧，复向加工，刃角63°。长110、宽80、厚47毫米（图三二，4）。标本99FSCHT17⑦:P11，石英砂岩。刃口位于宽厚石片的一侧，复向加工，刃角85°。长129、宽76、厚54毫米（图三二，5；彩版四二，2）。标本99FSCHT16⑦:P22，石英砂岩。刃口位于砾石的一端，复向加工，刃角90°。长52、宽100、厚33毫米（图三三，1；彩版四二，3）。标本99FSCHT16⑦:P09，砂岩。刃口位于一端，复向加工，刃角85°。长99、宽79、厚43毫米（图三三，2；彩版四三，1）。

单凹刃刮削器 3件。数量少，加工差，刃口凹度不匀称，多呈缺口状，凹刃不甚典型。其中两件向破裂面加工，一件向背面加工，均单层修疤。标本99FSCHT16⑦:P73，砂岩。刃部位于一端，近垂直向背面加工，刃角82°。长30、宽64、厚21毫米（图三三，3；彩版四三，2）。标本99FSCHT9⑦:P07，砂岩。刃部位于一侧，向破裂面加工，刃角75°。长75、宽111、厚32毫米（图三三，4；彩版四三，3）。标本99FSCHT16⑦:P31，石英岩。刃口位于一侧，向破裂面加工，刃角87°。长51、宽71、厚37毫米（图三三，5；彩版四四，1）。

（2）双刃组 7件。可分双直刃、双凸刃、直凸刃和直凹刃四类。

双直刃刮削器 1件。标本99FSCHT9⑦:P09，砂岩。刃口位于远、近两端，复向加工，刃角80°。长53、宽85、厚28毫米（图三三，6；彩版四四，2）。

双凸刃刮削器 2件。标本99FSCHT17⑦:P09，砂岩。复向加工，远端和右侧均修理成缓弧形凸刃，加工粗糙，刃缘曲折，两个刃角都为81°。长55、宽81、厚23毫米（图三三，7；彩版四四，3）。标本99FSSCHT15⑦:5，砂岩。刃口位于远端和左侧，复向加工，端刃角75°，侧刃角85°。长54、宽51、厚16毫米（图三三，8；彩版四五，

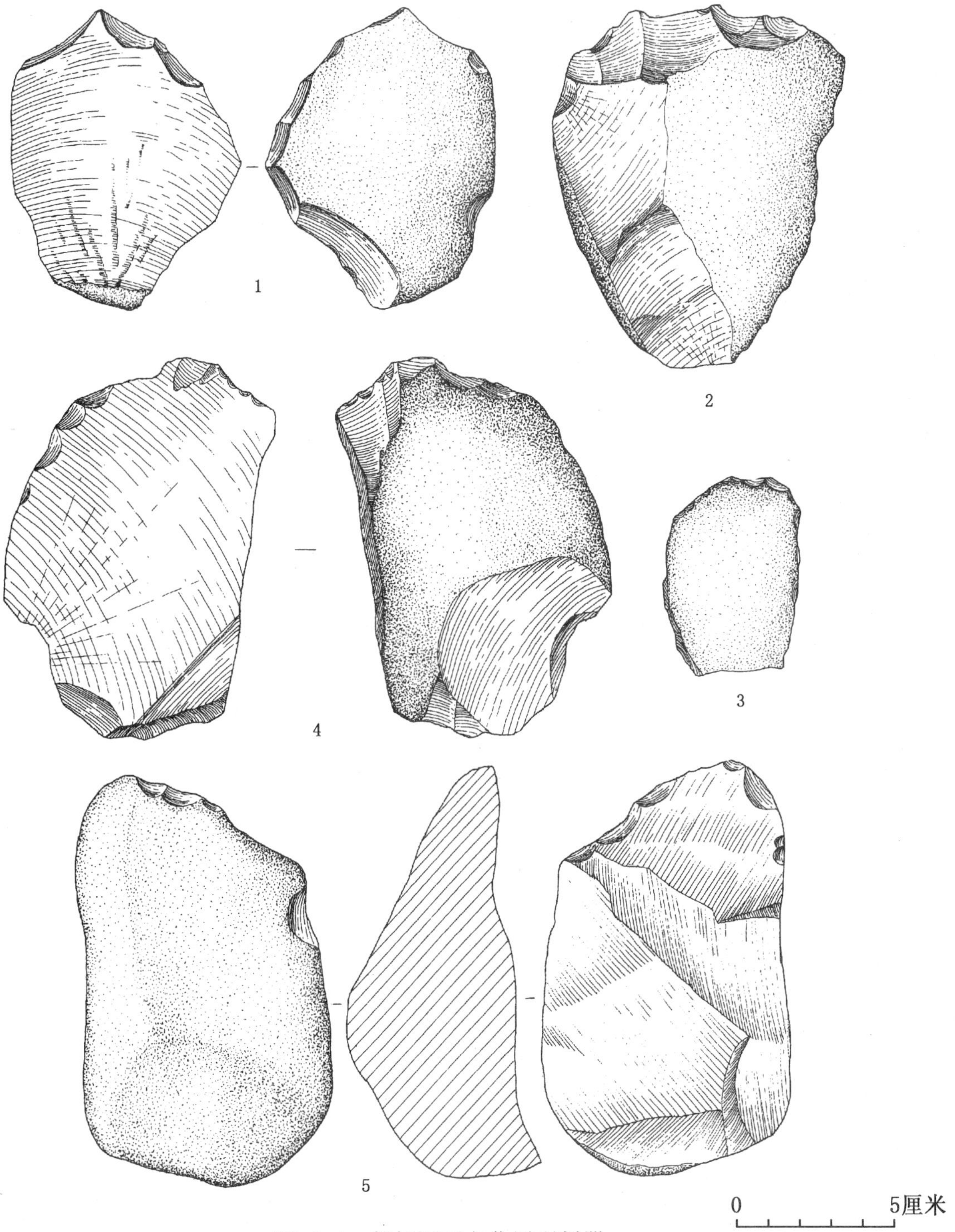

图三二　船帆洞下文化层刮削器

Fig.32　Scrapers from the lower cultural layer of the Chuanfandong Cave

1. 单凸刃刮削器（Single-edge convex scraper，99FSCHT22⑦:P13）　2. 单凸刃刮削器（Single-edge convex scraper，99FSCHT16⑦:P03）　3. 单凸刃刮削器（Single-edge convex scraper，99FSCHT14⑦:P02）　4. 单凸刃刮削器（Single-edge convex scraper，99FSCHT22⑦:P08）　5. 单凸刃刮削器（Single-edge convex scraper，99FSCHT17⑦:P11）

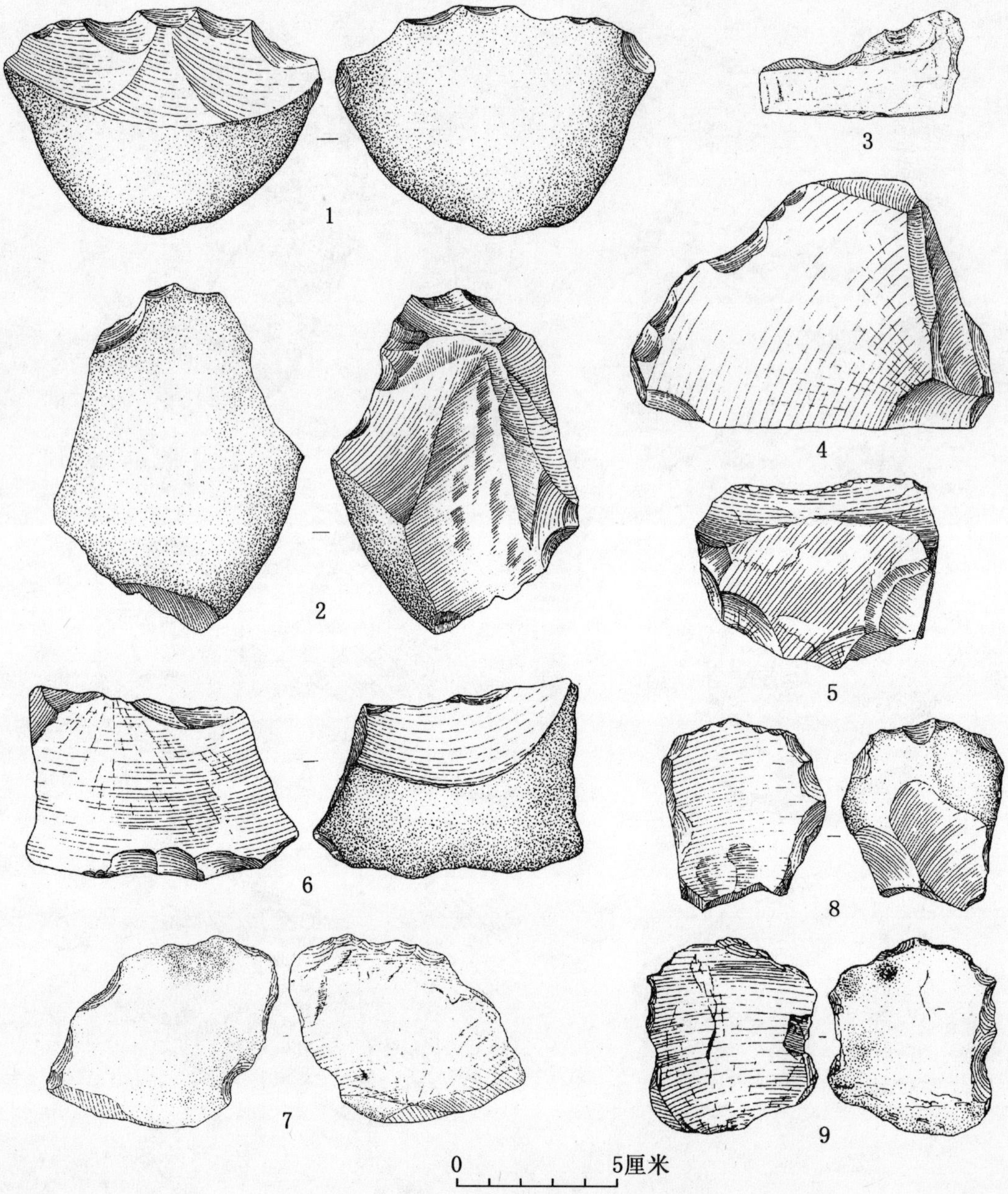

图三三　船帆洞下文化层刮削器

Fig.33　Scrapers from the lower cultural layer of the Chuanfandong Cave

1.单凸刃刮削器（Single-edge convex scraper，99FSCHT16⑦:P22）　2.单凸刃刮削器（Single-edge convex scraper，99FSCHT16⑦:P09）　3.单凹刃刮削器（Single-edge concave scraper，99FSCHT16⑦:P73）　4.单凹刃刮削器（Single-edge concave scraper，99FSCHT9⑦:P07）　5.单凹刃刮削器（Single-edge concave scraper，99FSCHT16⑦:P31）　6.双直刃刮削器（Scraper with double straight edges，99FSCHT9⑦:P09）　7.双凸刃刮削器（Double-edge convex scraper，99FSCHT17⑦:P09）　8.双凸刃刮削器（Double edge convex scraper，99FSCHT15⑦:P05）　9.直凸刃刮削器（Scraper with one straight and one convex edge，99FSCHT6⑦:P11）

1)。

直凸刃刮削器　2件。标本99FSCHT6⑦:P11，燧石。直刃位于左侧，凸刃位于端部，复向加工，刃角85°。长61、宽54、厚22毫米（图三三，9；彩版四五，2)。标本99FSCHT16⑦:P01，石英砂岩，直刃位于左侧，凸刃位于端部，复向加工，侧刃角75°，端刃角79°。长106、宽60、厚20毫米（图三四，1；彩版四五，3)。

直凹刃刮削器　2件。标本99FSCHT4⑦:P25，砂岩。将两侧错向加工，右侧向破裂面加工成凹刃，刃角54°。直刃位于右侧，刃角74°。长55、宽45、厚13毫米（图三四，2；彩版四六，1、2)。标本99FSCHT34⑥E:P10，砂岩。直刃在左侧，凹刃在右侧，复向加工，直刃角70°，凹刃角87°。长70、宽84、厚28毫米（图三四，3；彩版四六，3)。

(3) 多刃刮削器　11件。全部采用片状毛坯加工而成，多为复向修理，其次为向背面加工。修理工作相当粗糙，多单层修疤，刃口钝，缘部曲折，刃角一般在70°以上。按刃数和刃形可分三直刃、两直一凸刃、直凸凹刃、三凸刃、两凸一直刃、两凹一凸刃、两直两凸刃和盘状等八类。

三直刃刮削器　2件。刃口位于端侧或两侧。标本99FSCHT6⑦:P10，砂岩。三刃都是向背面加工，端刃角82°，左侧刃90°，右侧刃83°。长63、宽50、厚27毫米（图三四，4；彩版四七，1)。标本99FSCHT24⑦:P17，石英砂岩。复向加工，修疤多在背面，少数分布于破裂面，端刃角75°，左侧刃角87°，右侧刃角76°。长76、宽84、厚38毫米（图三四，5；彩版四七，2)。

两直一凸刃刮削器　2件。刃口在端侧或两侧。两件标本三个刃口的加工方式均不相同。标本99FSCHT16⑦:P23，石英砂岩。两直刃位于远端和左侧，加工方式分别向背面和破裂面，刃角68°和80°。凸刃在右侧，复向加工，刃角68°。长98、宽68、厚36毫米（图三四，6；彩版四七，3)。标本99FSCHT16⑦:P12，砂岩。直刃在端部和右侧，前者向背面加工，后者复向加工，刃角分别80°和78°，凸刃在左侧，向破裂面加工，刃角80°。长77、宽52、厚23毫米（图三四，7；彩版四八，1)。

直凸凹刃刮削器　2件。均为砂岩。刃口位于端侧和两侧。标本99FSCHT16⑦:P36，直、凸、凹刃分别位于左侧、端侧和右侧，向背面加工，刃角90°、89°和85°。长78、宽73、厚27毫米（图三五，1；彩版四八，2)。标本99FSCHT9⑦:P02，直、凸、凹刃分别位于端侧、左侧和右侧，其中直刃与凹刃向背面加工，刃角分别94°和92°，凸刃为复向加工，刃角为90°。长67、宽61、厚40毫米（图三五，2；彩版四八，3)。

三凸刃刮削器　1件。标本99FSCHT17⑦:P04，砂岩。刃口在端侧和两侧，端侧刃

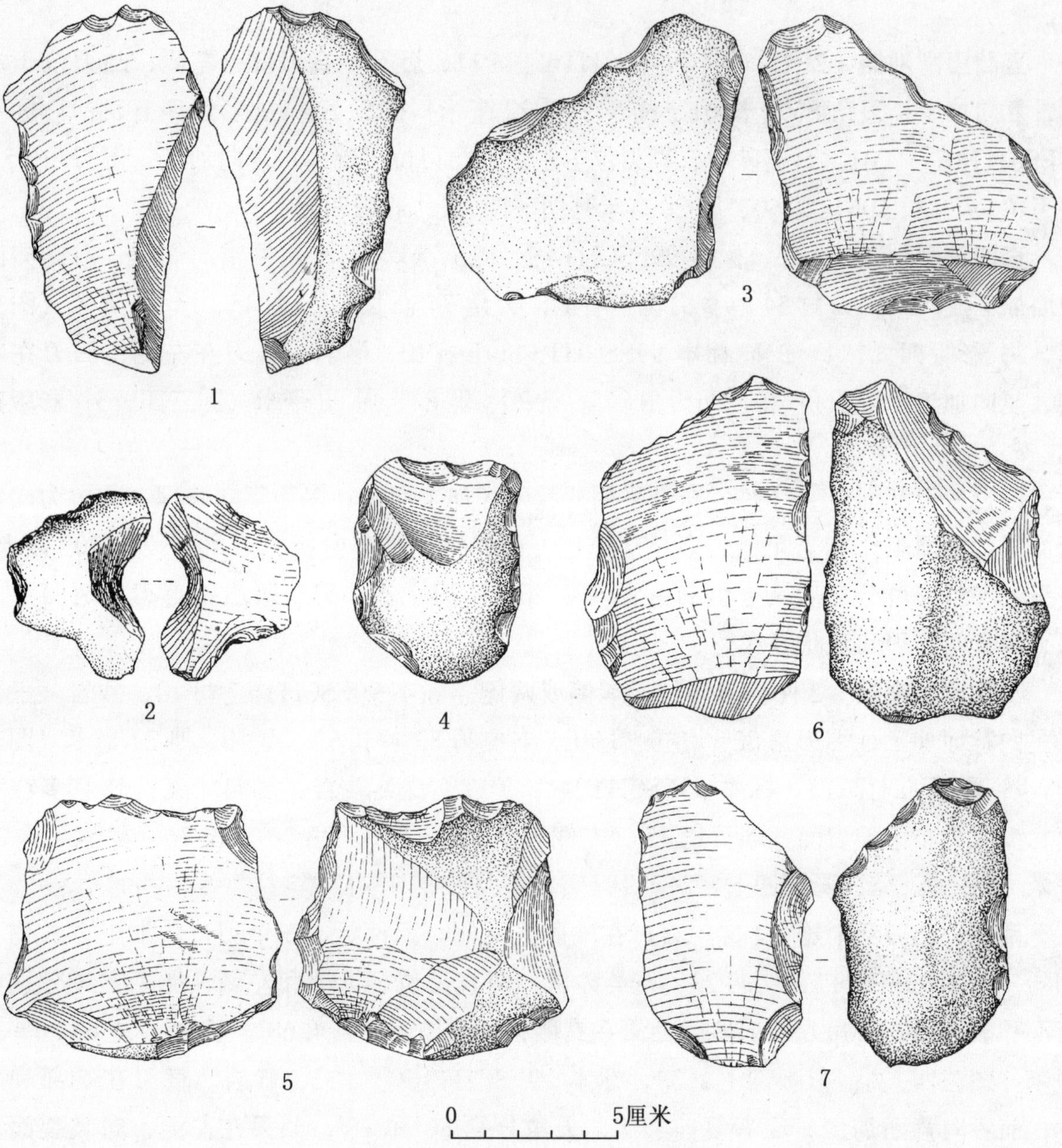

图三四　船帆洞下文化层刮削器

Fig.34　Scrapers from the lower cultural layer of the Chuanfandong Cave

1. 直凸刃刮削器（Scraper with one straight and one convex edge，99FSCHT16⑦:P01）　2. 直凹刃刮削器（Scraper with one straight and one concave edge，99FSCHT4⑦:P25）　3. 直凹刃刮削器（Scraper with one straight and one concave edge，99FSCHT34⑥E:P10）　4. 三直刃刮削器（Three straight edges scraper，99FSCHT6⑦:P10）　5. 三直刃刮削器（Three straight edges scraper，99FSCHT24⑦:P17）　6. 两直一凸刃刮削器（Scraper with two straight and one convex edge，99FSCHT16⑦:P23）　7. 两直一凸刃刮削器（Scraper with two straight and one convex edge，99FSCHT16⑦:P12）

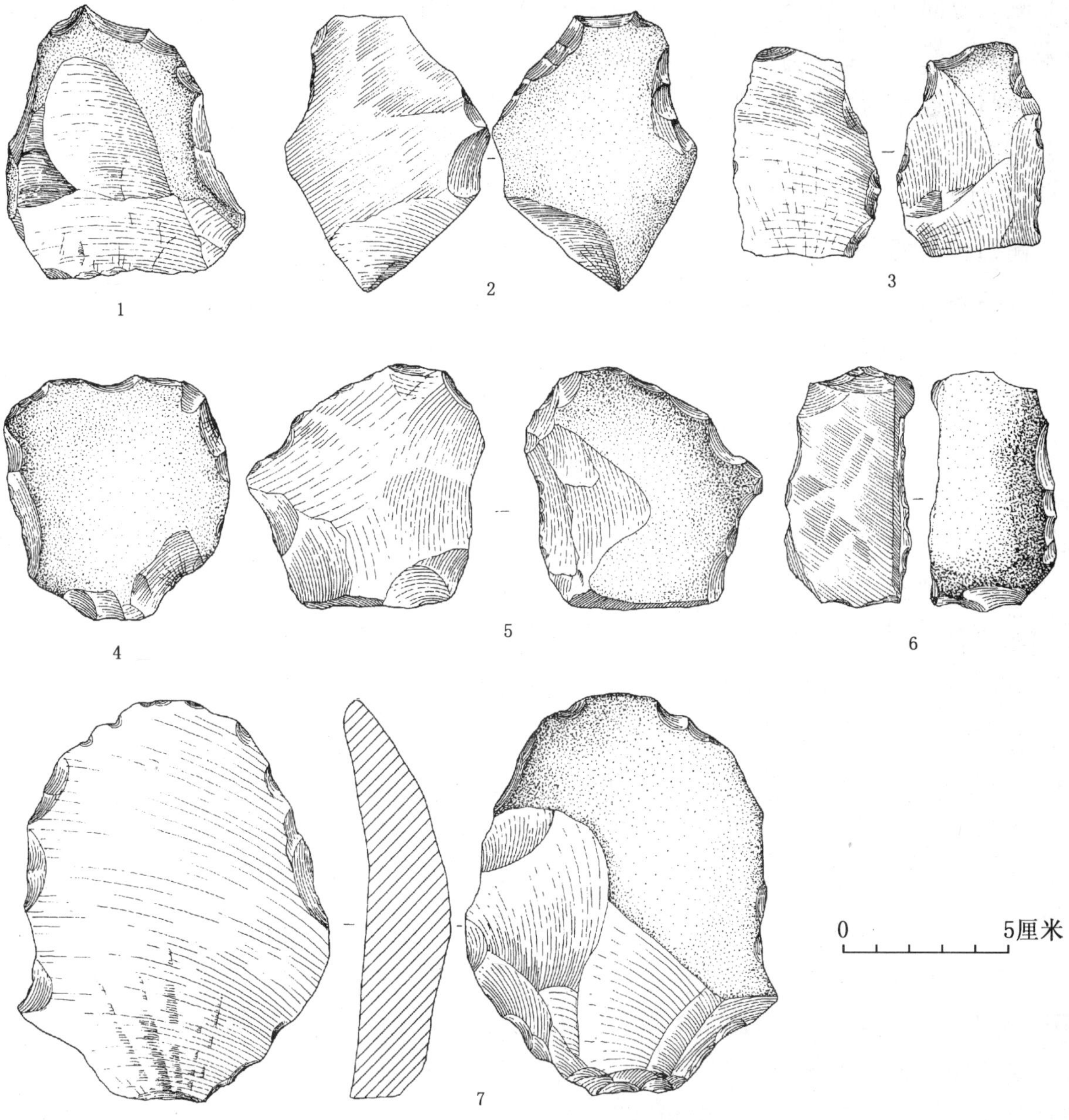

图三五　船帆洞下文化层刮削器

Fig.35　Scrapers from the lower cultural layer of the Chuanfandong Cave

1. 直凸凹刃刮削器（Scraper with one straight, one convex and one concave edge, 99FSCHT16⑦:P36）　2. 直凸凹刃刮削器（Scraper with one straight, one convex and one concave edge, 99FSCHT9⑦:P02）　3. 三凸刃刮削器（Scraper with three convex edges, 99FSCHT17⑦:P04）　4. 两凸一直刃刮削器（Scraper with two convex and one straight edges, 99FSCHT7⑦:P01）　5. 两凹一凸刃刮削器（Scraper with two concave and one convex edges, 99FSCHT6⑦:P03）　6. 两直两凹刃刮削器（Scraper with two straight and two concave edges, 99FSCHT16⑦:P70）　7. 盘状刮削器（Discoidal scraper, 99FSCHT6⑦:P01）

和左侧刃复向加工，刃角80°和75°。右侧刃向背面加工，刃角70°。长60、宽44、厚19毫米（图三五，3）。

两凸一直刃刮削器　1件。标本99FSCHT7⑦:P01，砂岩。三刃都向背面加工，直刃在左侧，刃角69°，凸刃在端侧和右侧，刃角90°。长71、宽67、厚22毫米（图三五，4；彩版四九，1）。

两凹一凸刮削器　1件。标本99FSCHT6⑦:P03，石英砂岩，凸刃在端侧，复向加工，刃角84°，两凹刃在左侧的向背面加工，在右侧的复向加工，刃角90°。长72、宽68、厚32毫米（图三五，5；彩版四九，2）。

两直两凸刃刮削器　1件。标本99FSCHT16⑦:P70，石英砂岩。略呈长方形，直刃位于两个长边，凸刃位于两个短边，远端复向加工，近端向破裂面加工；两侧边错向加工，刃角均钝。两侧刃角88°，两端刃角90°。长69、宽39、厚20毫米（图三五，6；彩版四九，3）。

盘状刮削器　1件。标本99FSCHT6⑦:P01，砂岩。外形略呈椭圆形，复向加工，修疤或浅宽或深宽，疤痕遍布整个边缘，刃角77～90°之间。长115、宽96、厚28毫米（图三五，7；彩版五〇，1）。

3．砍砸器　9件。以砾石为毛坯的6件，以大石片为毛坯的2件，以断块为毛坯的1件，断块的1件。多数刃部有两层或多层修疤，加工方式以向背面修理居多，次为复向，个别向破裂面加工。刃缘多曲折，少数刃口钝。刃角最大90°，最小70°，平均82°。标本最长174、最短86；最宽92、最窄92毫米；最厚79、最薄41毫米。可再分单直刃砍砸器、单凸刃砍砸器、单凹刃砍砸器和凹凸刃砍砸器四类。

（1）单直刃砍砸器　3件。全部直接在砾石的一端加工刃口。标本99FSCHT26⑦:P01，砂岩。向背面（砾石凸面）加工刃口，刃角71°。刃口相对的一端可见砸痕。长88、宽141、厚42毫米（图三六，1；彩版五〇，2）。标本99FSCHT26⑦:P03，砂岩。复向加工，修疤多数在背面，刃角88°，刃口相对的一端也见砸痕。长98、宽93、厚42毫米（图三六，2；彩版五〇，3）。标本99FSCHT14⑦:P07，石英岩。向背面加工，刃角90°。长121、宽126、厚60毫米（图三六，3；彩版五一，1）。

（2）单凸刃砍砸器　4件。所用的毛坯有砾石、断块和石片。标本99FSCHT14⑦:P04，石英砂岩。以厚重石片为毛坯。刃口位于远端，并连接两侧，向背面加工，刃角78°。长105、宽118、厚68毫米（图三六，4；彩版五一，2）。标本99FSCHT15⑦:P07，石英砂岩。以断块为毛坯，刃角在一侧，复向加工，刃角75°。长86、宽141、厚55毫米（图三六，5；彩版五一，3）。标本99FSCHT16⑦:P75，石英砂岩。在砾石的一

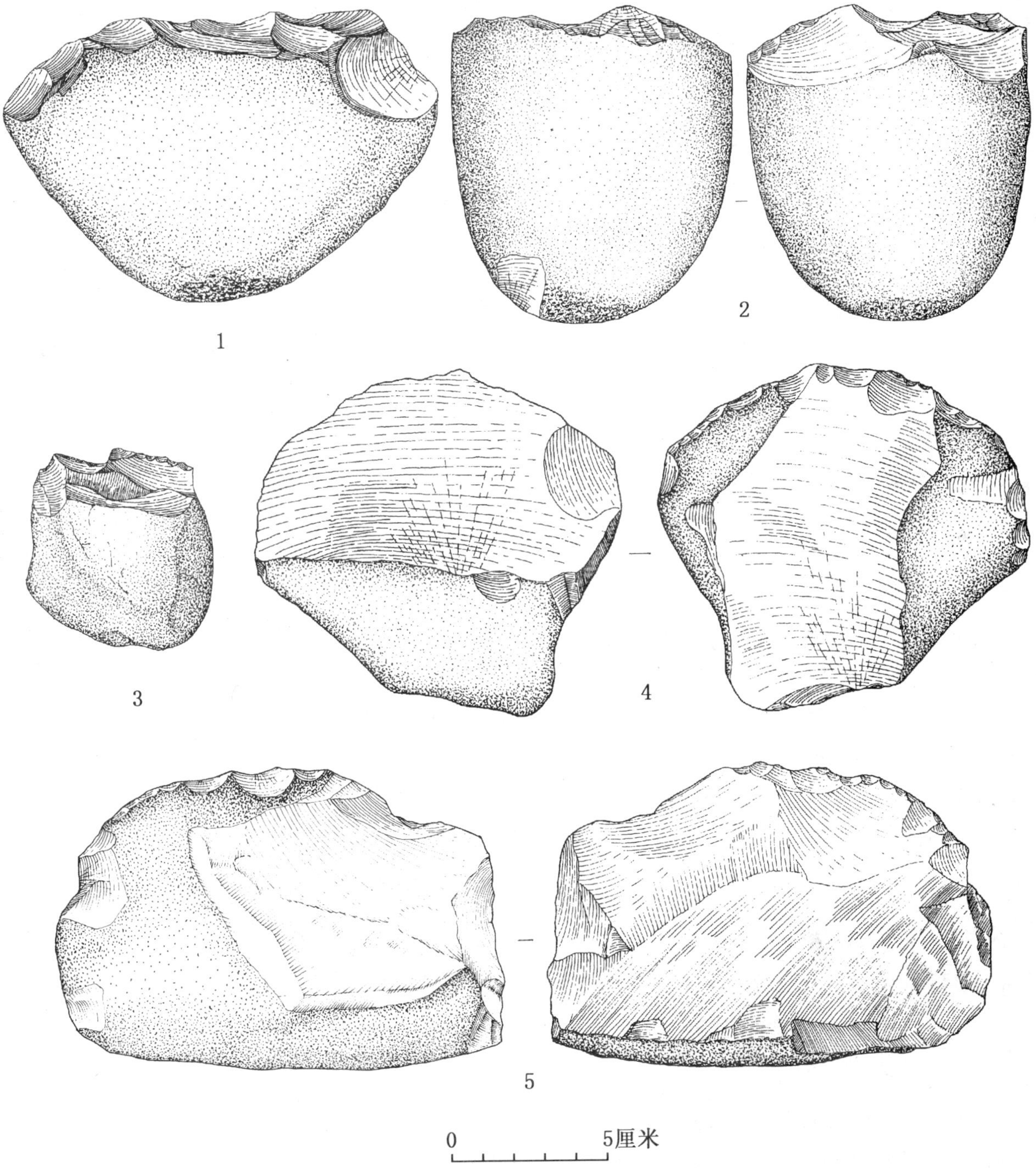

图三六　船帆洞下文化层砍砸器

Fig.36　Choppers from the lower cultural layer of the Chuanfandong Cave

1. 单直刃砍砸器（Straight chopper，99FSCHT26⑦:P01）　2. 单直刃砍砸器（Straight chopper，99FSCHT26⑦:P03）
3. 单直刃砍砸器（Straight chopper，99FSCHT14⑦:P07）　4. 单凸刃砍砸器（Convex chopper，99FSCHT14⑦:P04）
5. 单凸刃砍砸器（Convex chopper，99FSCHT15⑦:P07）

端向背面加工刃口，刃角74°。砾石的另一边有向背面打击的破裂面，锐缘遗有使用的细小疤痕。长96、宽112、厚47毫米（图三七，1；彩版五二，1）。标本99FSCHT16⑦:P32，石英砂岩。以厚重石片为毛坯，刃口在远端，向破裂面加工，刃角88°。长97、宽128、厚46毫米（图三七，2；彩版五二，2）。

（3）单凹刃砍砸器 1件。标本99FSCHT16⑦:P29，石英岩。刃口位于一端，向背面加工，刃角88°。长135、宽91、厚79毫米（图三七，3；彩版五二，3）。

（4）凹凸刃砍砸器 1件。标本99FSCHT16⑦:P76，砂岩。以扁长砂岩砾石为毛坯，复向加工，刃口在一侧，两个刃角均为70°。长174、宽120、厚41毫米（图三七，4；彩版五三，1）。

4．尖状器 6件。均以石片为毛坯，原料砂岩居多，加工相对较好。复向加工为主，其次为向破裂面加工，有锐刃和钝刃之别。标本最长134、最短63毫米；最宽107、最窄44毫米；最厚51、最薄16毫米；平均长96.8、宽70、厚28.5毫米。刃角最大90°，最小41°，平均66.6°。分单尖刃和双尖刃两类。

（1）单尖刃尖状器 5件。均属正尖型。标本99FSCHT14⑦:P03，砂岩向背面加工。左侧大部分有修理痕迹，右侧只在尖端部有两个长修疤，两侧相交成一锐尖，尖刃角84°。长114、宽64、厚32毫米（图三八，1；彩版五三，2）。标本99FSCHT22⑦:P02，石英砂岩，器身略呈圭型，两侧均复向加工，并在前端形成钝尖，尖刃角90°。长93、宽81、厚41毫米（图三八，2；彩版五三，3）。标本99FSCHT16⑦:P13，石英岩，左侧刃复向加工形成长边，右侧未见明显修疤，仅在近尖端部位向破裂面打出一个短边，两侧相交成钝尖，尖刃角68°。长107、宽63、厚34毫米（图三八，3；彩版五四，1）。标本99FSCHT15⑦:P03，砂岩。略呈三角形，两侧刃都向破裂面加工，两边相交成锐尖，尖刃角75°。长64、宽44、厚19毫米（图三八，4；彩版五四，2）。标本99FSCHT34⑥E:P08，砂岩。以长条形石片为毛坯，两侧刃复向加工，主要修疤在破裂面，两侧边相交夹角呈圆尖状，尖刃角41°。长134、宽56、厚29毫米（图三八，5；彩版五四，3）。

（2）双尖刃尖状器 1件。标本99FSCHT8⑦:P02，砂岩。毛坯为薄的石片。窄条形台面被加工成凹刃，与左侧边的凸刃相交成喙状尖刃，两侧边经过修理在远端亦相交成扁圆形尖刃，侧刃复向加工，尖刃角52°，正尖刃角72°。长113、宽74、厚16毫米（图三八，6；彩版五五，1）。

5．手镐 2件。都以砂岩砾石为毛坯，正尖。标本99FSCHT15⑦:P01，加工是在砾石一端较平的一面向较凸的一面沿两个侧边打击，使前端形成薄而锐的尖刃，左右两侧

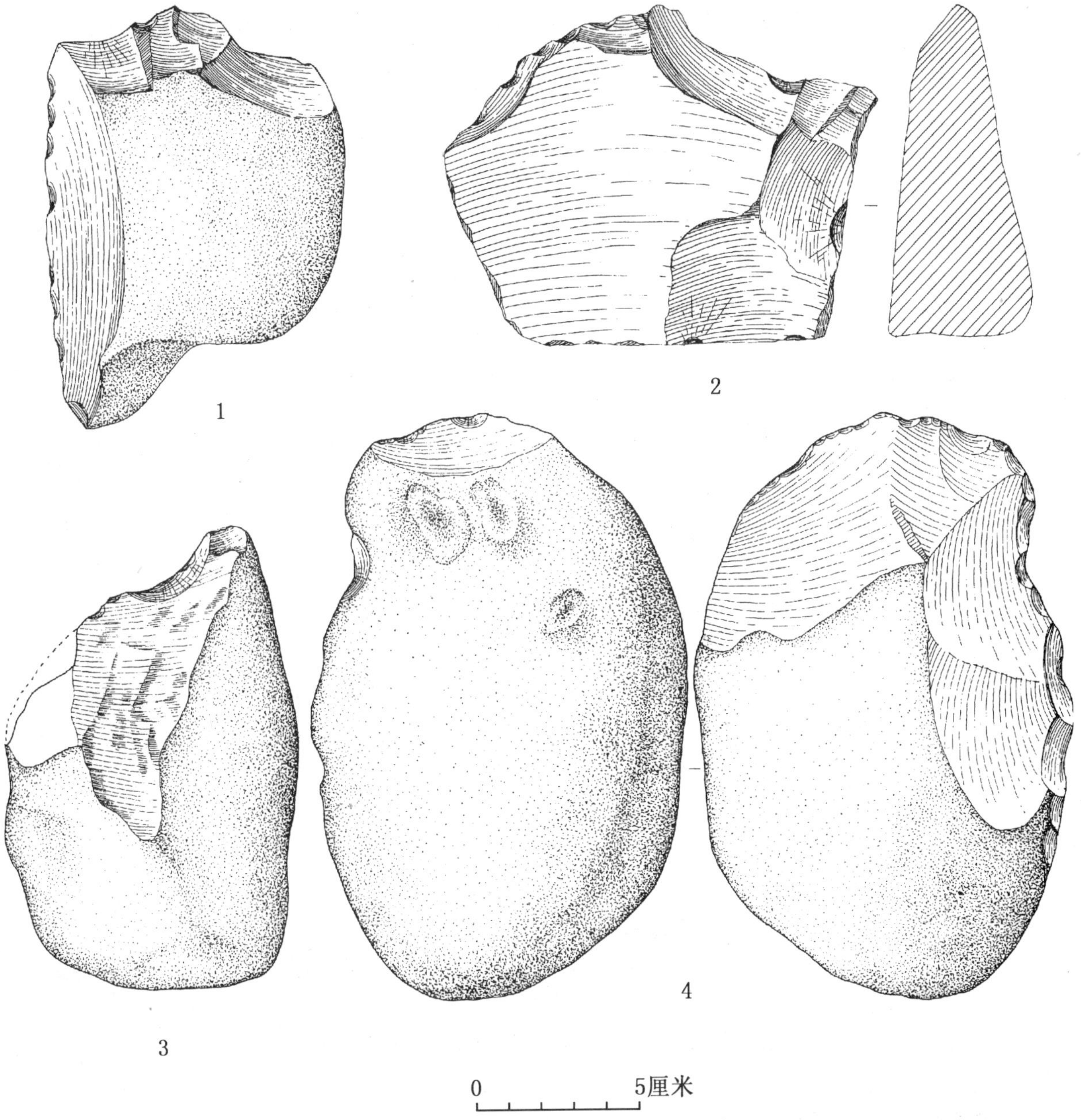

图三七　船帆洞下文化层砍砸器

Fig.37　Choppers from the lower cultural layer of the Chuanfandong Cave

1. 单凸刃砍砸器（Convex chopper，99FSCHT16⑦:P75）　2. 单凸刃砍砸器（Convex chopper，99FSCHT16⑦:P32）　3. 单凹刃砍砸器（Concave chopper，99FSCHT16⑦:P29）　4. 凹凸刃砍砸器（Chopper with one convex and one concave edge，99FSCHT16⑦:P76）

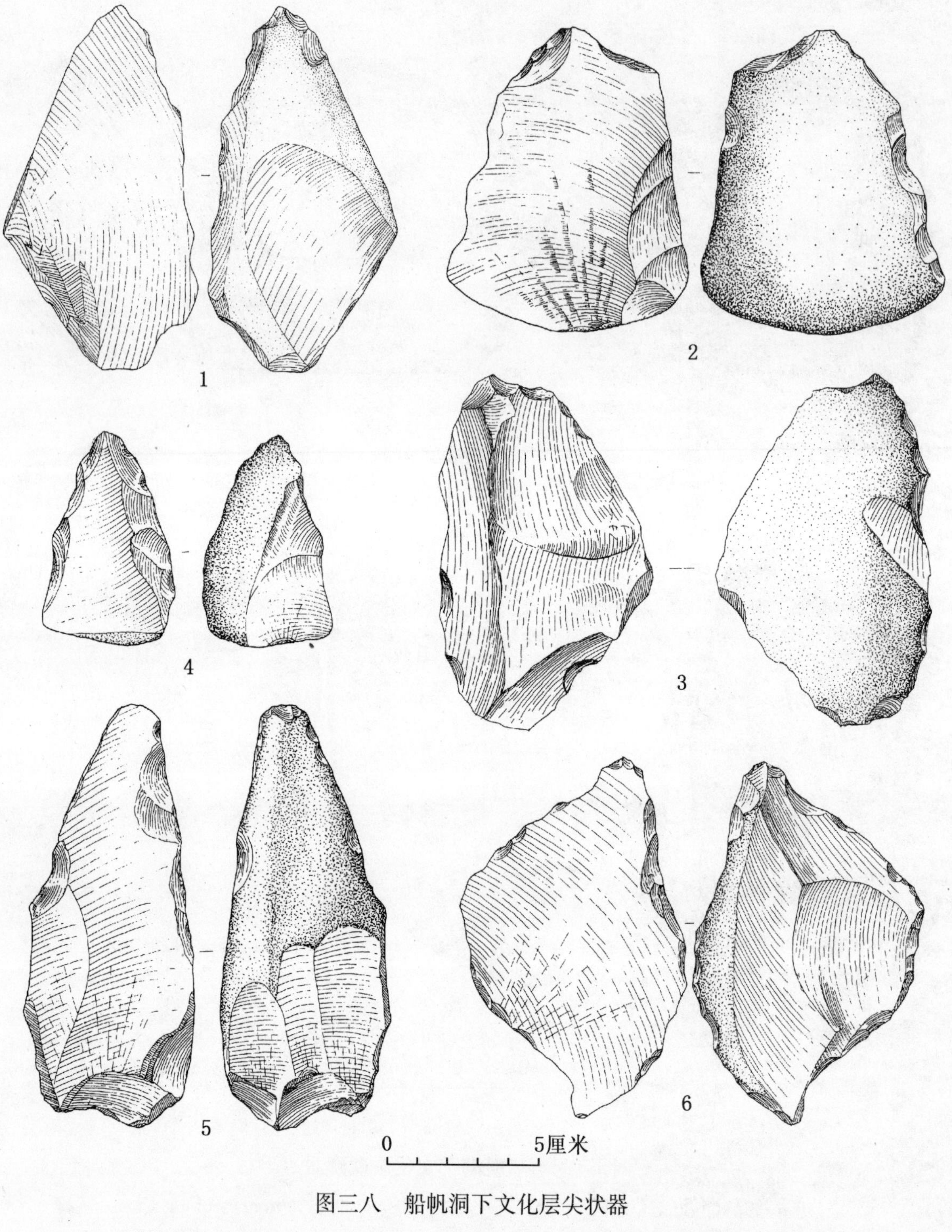

图三八　船帆洞下文化层尖状器

Fig.38　Points from the lower cultural layer of the Chuanfandong Cave

1. 单尖刃尖状器（Single-tip point，99FSCHT14⑦:P03）　2. 单尖刃尖状器（Single-tip point，99FSCHT22⑦:P02）

3. 单尖刃尖状器（Single-tip point，99FSCHT16⑦:P13）　4. 单尖刃尖状器（Single-tip point，99FSCHT15⑦:P03）

5. 单尖刃尖状器（Single-tip point，99FSCHT34⑥E:P08）　6. 双尖刃尖状器（Double-tip point，99FSCHT8⑦:P02）

刃在前端相交，形成薄且锐的尖刃。侧刃角68～90°，尖刃角66°。残长113、宽108、厚51毫米（图三九，1；彩版五五，2）。标本99FSCHT24⑦∶P48，砂岩。在砾石的一端两侧错向加工，形成横断面呈三棱形的锐尖，侧刃角68～70°，尖刃角65°。长153、宽109、厚73毫米（图三九，2；彩版五五，3）。

三、船帆洞下文化层石制品的一般性质

根据以上所述，船帆洞下文化层石制品一般性质可归纳如下：

第一，石制品属中到大型，从分级看，长度在50毫米以下的小型者占20%；51～80毫米的中形者占45%；大于80毫米的大型者占35%。尚未取出的石制品大多为石核，其中最大的石核长度超过200毫米。

第二，原料以砂岩最多，其次是石英砂岩，石英岩、硅质岩、页岩和燧石四种原料少于8%。从石核、石片和断块上保留的自然面高磨圆度看，这些材料均采自阶地的砾石层中。由于以砂岩为材料占有较多比例，因此石片产生率不高，且破裂面多不平整，影响进一步加工。

第三，打片和修理石器采用锤击法，但打片偶尔用锐棱砸击法。对石片的观察表明，打片时大多数采用先在砾石的一端截出一个断面，再以断面作为工作面，沿砾石的横轴方向打片。这种打片方法的不足之处是产生出来的石片多短、宽，除个别外，形状大多不规整，石核的利用率也比较低。

第四，由于石核不经预制，所以产生片时出现大量断块和断片，耗去较多的原料。据统计，断块占石制品总数的48.2%。从另一个角度分析，因遗址距离渔塘溪近，取材方便，这也可能是打片时耗材多的原因之一。

第五，石片石器占石器总数的84.85%，多于砾石石器（占石器总数的15.15%），故它是以石片石器为主的工业。绝大多数轻型石器是用石片做的，重型石器采用断块或砾石做成的占81.8%。

第六，石器类型包括刮削器、砍砸器、尖状器和手镐，刮削器则是主要类型，并出现刮削器修制多样化的特点，其他类型相对较少。

第七，有相当数量的石核、断块和石片有使用痕迹。

第八，石器的加工以复向为主，其次是从破裂面向背面加工，少数由背面向破裂面加工或错向加工。总体看来，船帆洞下文化层石器的加工比较简单，多单层修疤，刃口较钝，刃角多在70°以上。

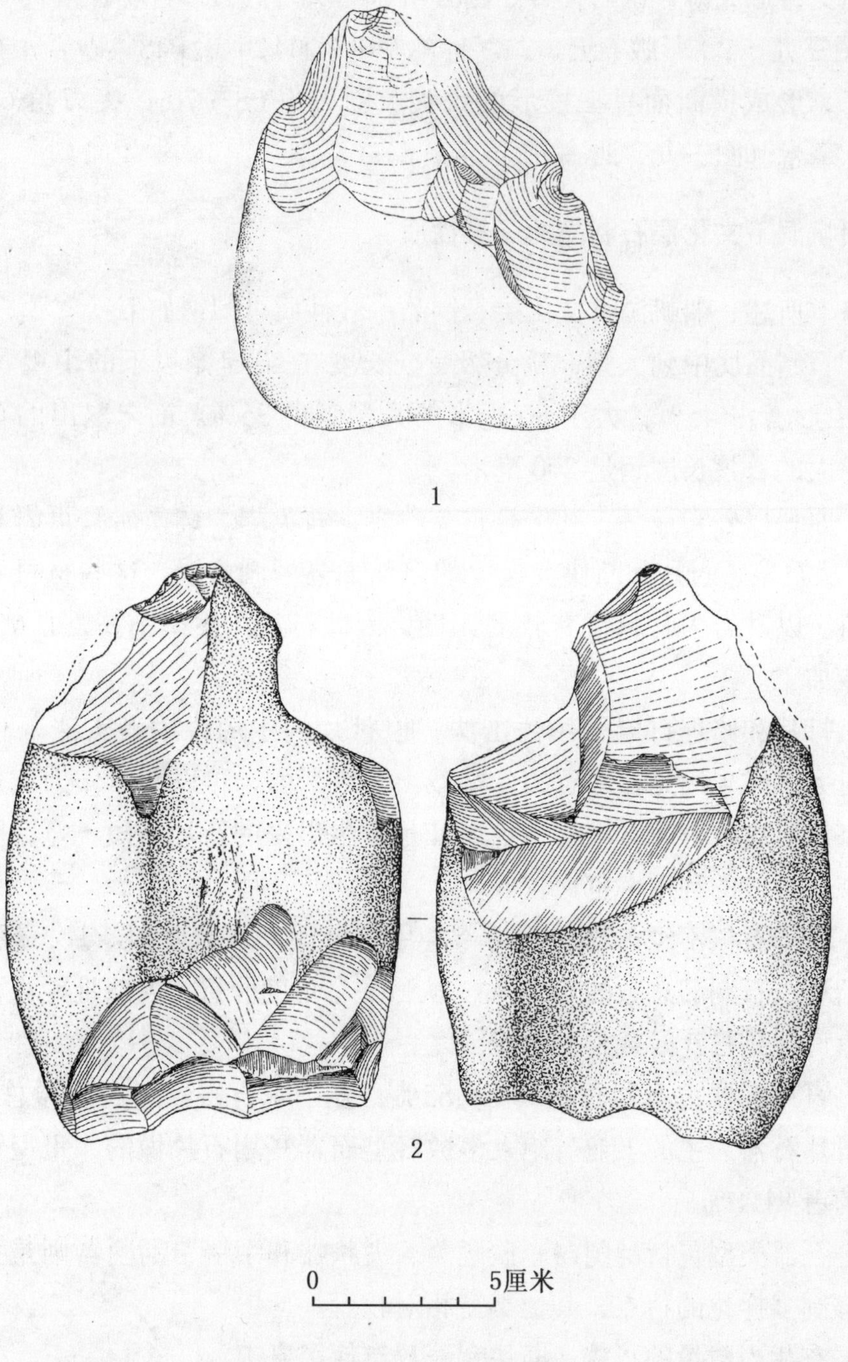

图三九　船帆洞下文化层手镐

Fig.39　Pick from the lower cultural layer of the Chuanfandong Cave

1. 手镐（Pick，99FSCHT15⑦:P01）　2. 手镐（Pick，99FSCHT24⑦:P48）

第二节　船帆洞下文化层的埋藏

2004年发掘时进一步证实了石铺地面从洞口内侧的南部向洞东部延伸，并止于04T7的中间部位，在边部可见因后期流水的破坏略为向下塌陷，并以倾角25°向东倾斜；有几块陷落的原铺面的石块，覆压在钙板之上。这种现象的产生，是在文化层形成以后南侧发育一个新的支洞排出流水冲刷的结果。根据两次发掘判断，原来的石铺地面应从洞口一直延伸至04T7以东。但是在04T7的西侧，也发育有另一个支洞作为排水的通道，从南向北切过，从而破坏了石铺地面的连贯性。据观察，2004年揭露的石铺地面其表面相当平整，铺石之间垫有大量粗砂。对粗砂随机取样100粒进行观察表明：颗粒大小多在2～5毫米之间，成分主要为石英，有少量长石和角闪石。陈子文等在《福建三明船帆洞旧石器遗址》一文中曾提到，在发掘区中部地段这种粗粒砂有较多分布，但在文化层中并不普遍，认为中部地段的粗砂与石铺地面一样不是流水作用造成的，而是人为的。调查说明，这种粗砂粒与邻近渔塘溪河漫滩上的粗砂颗粒十分相似，可以推测这些粗砂是当时生活在船帆洞的人类从河滩中取来的，目的是充填石块间的缝隙，提高石块的稳固性。在04T7中，即石铺地面所在的层位除含有较多的粗砂颗粒外，还混杂有大量腐殖质、植物叶、茎等。显然，石铺地面以及由砂和各种混杂物质组成的黑色腐质土层和灰绿色砂质黏土层，是人类参与的结果，应当是那时人类的活动地面。

船帆洞下文化层的石制品，主要原料为砂岩和石英岩，和石铺地面的石料一样，表面都具有一层褐色、黑褐色的铁锰质薄膜或锈斑。这种薄膜或锈斑，是在较长时期潮湿环境下由水中富含铁、锰质浸染造成的，说明石铺地面在被废弃后，曾经在空气中暴露相当长的时间。

对船帆洞洞内沉积物研究表明，洞内的两套较早堆积物是由洞的东南侧几处支洞一度作为山上的排水通道而形成的沉积物，这可从两套堆积物的分布、产状和物质成分得到证实。早期两套堆积物（即第三地层单元和第四地层单元）形成之后，洞内曾有一个较长的停积时期，并在堆积物的表层逐渐形成钙板。从形成起到这时，船帆洞还是一个封闭的尚未暴露的洞穴，直至晚更新世早期之末，一次大规模的坍塌，才出现洞口。

当人类利用船帆洞作为居所时，钙板层则是当时的洞内表面。但是，由于船帆洞距离后面群山较近，山前不断扩大和垫高的洪积扇，使地表水沿着山前南流并威胁船帆洞洞口，当有较大降水时，地表水必然漫灌进洞。溢进洞内的泥砂和岩体的裂隙，使洞内十分潮湿，人类居住时不得不用砾石和石灰岩块作铺垫，用粗砂作填充。

一个重要的现象是：豪猪、竹鼠和其他啮齿类动物曾在洞内活动过一段时期，这从文化层中含有大量的但已破碎的啮齿类骨骼得到证明。大型骨骼的破坏与啮齿类的啃咬有关。对土样过筛发现，不少啮齿类骨骼已被腐蚀破坏成碎渣，有的竟呈粉末状，同样说明包括啮齿类的骨骼在内也曾长时间暴露并极度风化。

根据文化层富含腐殖质和大量植物叶茎推测：当时居住洞内的主人曾经在石铺地面上垫过干草。鬣狗粪化石的存在，可能表明在人类离开洞穴不再作为居住所后，曾有一度时间被鬣狗占据，故在一些骨骼的表面存在被鬣狗啃咬过的痕迹。

文化层以及之上的堆积物，质地比较纯净，地层产状从洞外向洞内倾斜，洞口较厚，向洞内逐渐较薄，分布的范围略为超出石铺地面，也是洞外地表水向洞内漫灌形成沉积。

第三节　船帆洞上文化层的遗物

船帆洞上文化层遗物主要分布在洞口内侧的南部地段和洞口岩棚地段。在洞内，出土的遗物相对集中在99FSCHT4、T5、T10、T11 、T17和T18的范围内。1999年发掘T18时，曾发现含有较多的烧土、灰烬和炭屑。

船帆洞上文化层出土的遗物包括石制品79件、骨角器3件、若干刻划骨片以及大量烧石、烧土、灰烬等；伴生的哺乳动物化石10种，爬行类化石1种（彩版三〇）。

在七十九件石制品中，利用砂岩为原料的有45件；以石英砂岩为原料的有31件；泥岩、硅质岩和镜铁矿各1件。可分为非石器产品和石器两类。七十九件石制品的分类、测量与统计可见表七。

表七　　船帆洞上文化层石制品的分类、测量与统计表

Tab.7　Classification, measurement and statistics of the artifacts from Upper Cultural Layer in Chuanfandong Cave

分类与数量 / 项目与测量		石核	断块	断片	石片		打击砾石	刮削器			砍砸器	石锤	石钻	分项统计	百分比%
					砸击	锐棱砸击		单刃	双刃	多刃					
原料	石英砂岩	6	18	4	1		1					1		31	39.2
	砂岩	4	14	4	5	1		3	1	1	4	7	1	45	56.9
	泥岩				1									1	1.3
	硅质岩		1											1	1.3
	镜铁矿石		1											1	1.3

续表七

分类与数量 项目与测量		石核	断块	断片	石片		打击砾石	刮削器			砍砸器	石锤	石钻	分项统计	百分比%
					砸击	锐棱砸击		单刃	双刃	多刃					
毛坯	砾石										3	1	1	5	45.5
	石核										1			1	9.1
	石片							2	1	1				4	36.3
	断片							1						1	9.1
加工方式	复向							1						1	11.1
	向破裂面							2	1					3	33.3
	向背面										4			4	44.5
	错向									1				1	11.1
平均长度		64.8	85.9	48.4	53.3	59	125	91.3	74	49	107	139.7	180		
平均宽度		104	73.4	59.9	56.9	95	111	59.0	11	72	93.8	74.6	131		
平均厚度		81.8	40.4	17.0	18.1	13	51	24.0	24	19	51.9	44.6	45		
石片角与台面角		83.2			107.6	87									
侧刃角								65	65	76					
端刃角								67	70	58					
累计		10	34	8	7	1	1	3	1	1	4	8	1	11/79	100

注：部分石制品未在统计之列。分类统计中分母为石制品总数，分子为石器数量。

一、船帆洞上文化层出土的石制品

船帆洞上文化层出土的石制品共 79 件。出土于第二地层单元 8、9 层的 1 件，出土于第二地层单元 10、11 层的 78 件。采用的原料大体与下文化层相似。非石器产品包括石核、断块、断片、打击砾石和石片。石器包括石锤、刮削器、砍砸器和石砧。

（一）非石器产品

1. 石核 10 件。占石制品总数 12.7%，分锤击石核和锐棱砸击石核两类。

（1）锤击石核 9 件。分单台面石核、双台面石核和交互打击石核三类。

单台面石核 5 件。大多数是在砾石的一端进行单向打片，形态多不规整，全为自然台面。标本最长的 101、最短的 32 毫米；最宽的 126、最窄的 67 毫米；最厚的 122、最薄 48 毫米。扁长条石英砂岩砾石，都在砾石的一端向两面打片，标本最长 189、最短 137 毫米；最宽 126、最窄 79 毫米；最厚 112、最薄 52 毫米。工作面片疤数都很少，打击点集中，半锥体阴痕浅或不显，放射线清楚。台面角最大 97°，最小 72°，平均 82.4°。

标本 99FSCHT5⑤B:P16，石英砂岩。长型砾石的半截，宽、厚都大于长，工作面可见二次打击痕迹，表明曾两度利用，台面角 80°。长 101、宽 115、厚 122 毫米（图四〇，1；彩版五六，1）。标本 99FSCHT5⑤B:P02，砂岩。在扁平砾石一端打片，在台面的前缘局部可见连续细疤，台面角 75°。长 33、宽 126、厚 108 毫米（图四〇，2；彩版五六，2）。

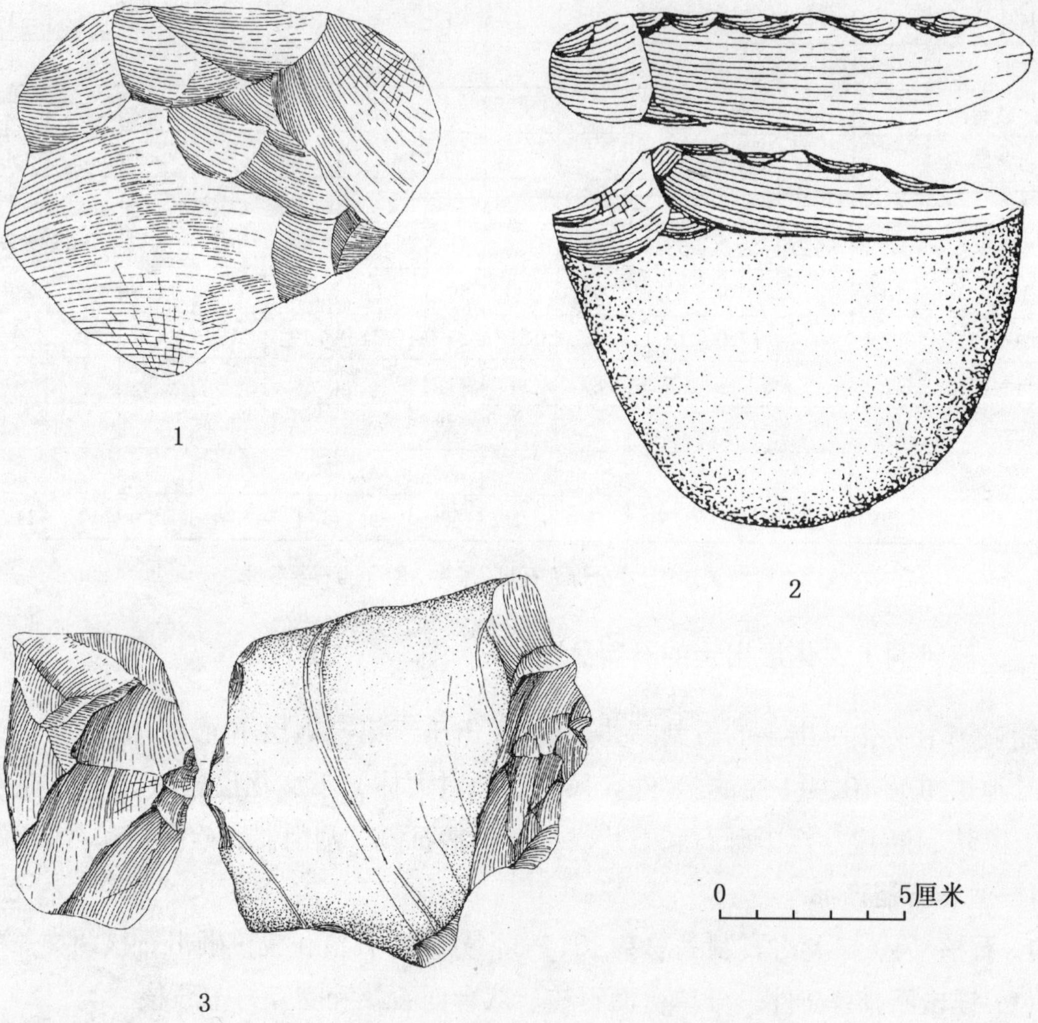

图四〇 船帆洞上文化层石核

Fig.40 Cores from the upper cultural layer of the Chuanfandong Cave

1. 单台面石核（Single platform core，99FSCHT5⑤B:P16） 2. 单台面石核（Single platform core，99FSCHT5⑤B:P02） 3. 双台面石核（Dihedral platform core，99FSCHT18⑤B:P02）

双台面石核　1件。标本99FSCHT18⑤B:P02，砂岩。以扁长条砾石的一端为工作面，作对向剥片，台面角94°。长55、宽103、厚114毫米（图四〇，3；彩版五六，3）。

交互打击石核　3件。原料均为扁长条石英砂岩砾石，都在砾石的一端向两面打片。标本最长189、最短137毫米；最宽126、最窄79毫米；最厚68、最薄31毫米。台面角最大72°，最小58°，平均66.6°。在其一端的两面进行交互打击以生产石片，台面角58～72°。标本99FSCHT5⑤B:P32，砾石一端的两面各遗有一个大的片疤，台面角58°。长189、宽126、厚68毫米（图四一，1；彩版五七，1）。标本99FSCHT4⑤B:P03，一端有交互打击剥片痕迹外，也在一侧单向剥片，台面角59～84°。长143、宽79、厚55毫米（图四一，2；彩版五七，2）。

（2）锐棱砸击石核　1件。标本99FSCHT10⑤B:P04，砂岩。扁圆形，在石核纵轴的顶端可见粗大的打击点和清晰的放射线，核体上留有椭圆形的大石片疤，台面角100°。长122、宽110、厚52毫米（图四一，3；彩版五七，3）。

2．断块　34件。形状多不规整，多数保留较大的自然面，只有一个或两个破裂面的标本占半数，未见五个以上破裂面的标本，从破裂面上观察，看不到打击点的有18件，只见到一个打击点的有8件，两个打击点的5件，三个打击点的3件，说明这些是在产片过程中崩裂的岩块或打片不成功的标本。标本最长的170、最短的33毫米；最宽的170、最窄的26毫米；最厚的80、最薄的14毫米。

3．断片　8件。形态多不规整，背面全为自然面的6件，未见背面全为打击面的标本。个别标本边缘遗有连续细疤。标本最长71、最短20毫米；最宽107、最窄29毫米；最厚32、最薄7毫米。

4．石片　8件。分锤击石片和锐棱砸击石片两类。

（1）锤击石片　7件。在石片中，长、宽比差不大，大多为自然台面，形态不规整，台面形态多呈窄长条形。标本最长的85、最短的26毫米；最宽的96、最窄的25毫米；最厚的29、最薄的11毫米。石片角最大114°，最小102°，平均107.6°。一般打击点和半锥体较清楚，石片背面未见全为自然面的，但片疤数不多。标本99FSCHT11⑤B:P18，砂岩。自然台面，远端见连续细小疤痕，可能曾被利用，石片角101°。长64、宽57、厚15毫米（图四二，1；彩版五八，1）。标本99FSCHT18⑤B:P05，砂岩。自然台面，台面后缘有一个粗大的打击点，远端见连续细小疤痕，可能曾被使用过，石片角102°。长91、宽95、厚29毫米（图四二，2；彩版五八，2）。标本99FSCHT12⑤B:P03，砂岩。自然台面呈不规则窄条形，台面角114°。长50、宽81、厚16毫米（图四二，3；彩版五八，3）。标本99FSCHT17⑤B:P01，砂岩。自然台面，石片背面遗有石

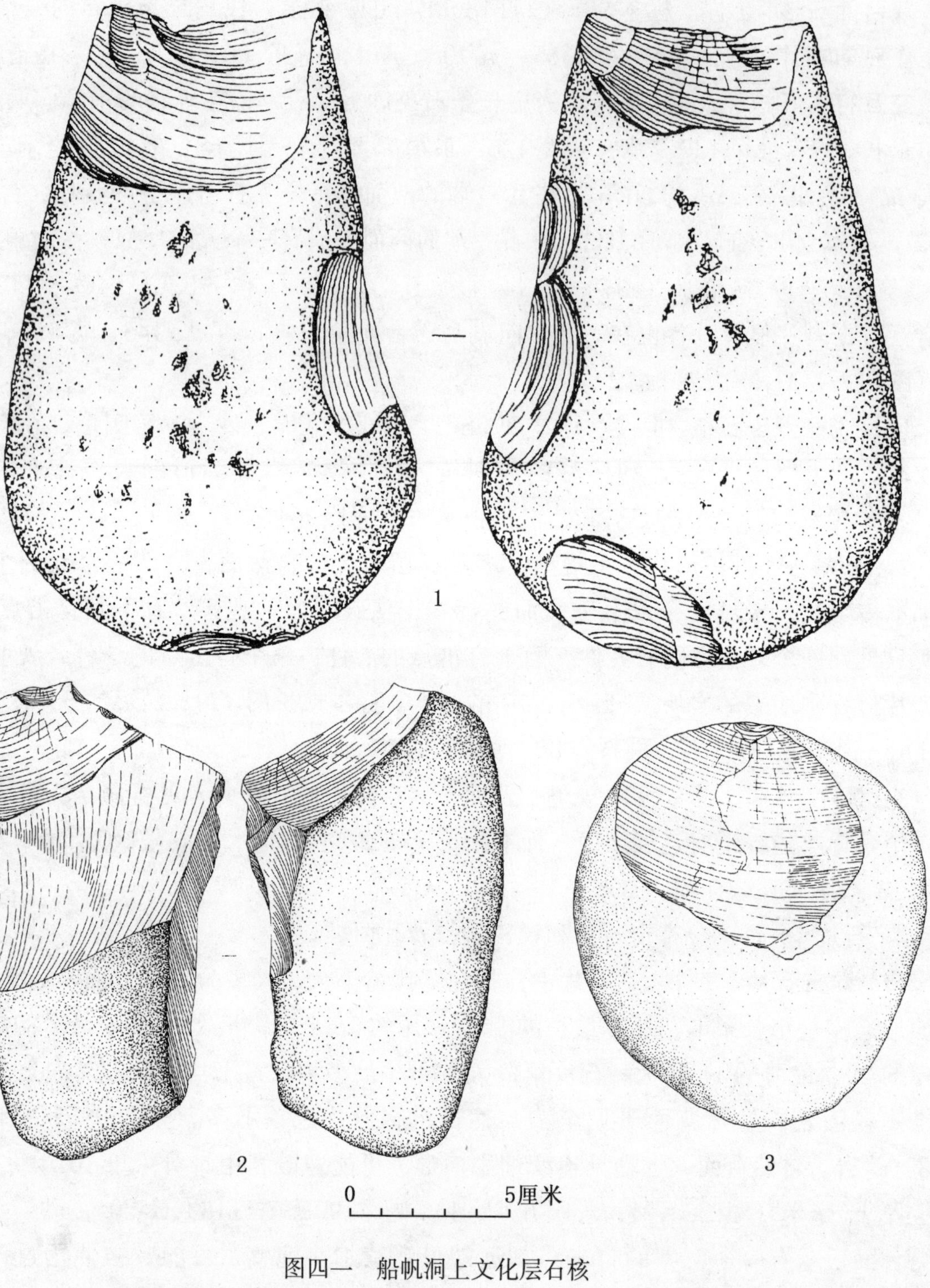

图四一 船帆洞上文化层石核

Fig.41 Cores from the upper cultural layer of the Chuanfandong Cave

1.交互打击石核（Core by alternate flaking，99FSCHT5⑤B：P32） 2.交互打击石核（Core by alternate flaking，99FSCHT4⑤B：P03） 3.锐棱砸击石核（Core by edge crushing，99FSCHT10⑤B：P04）

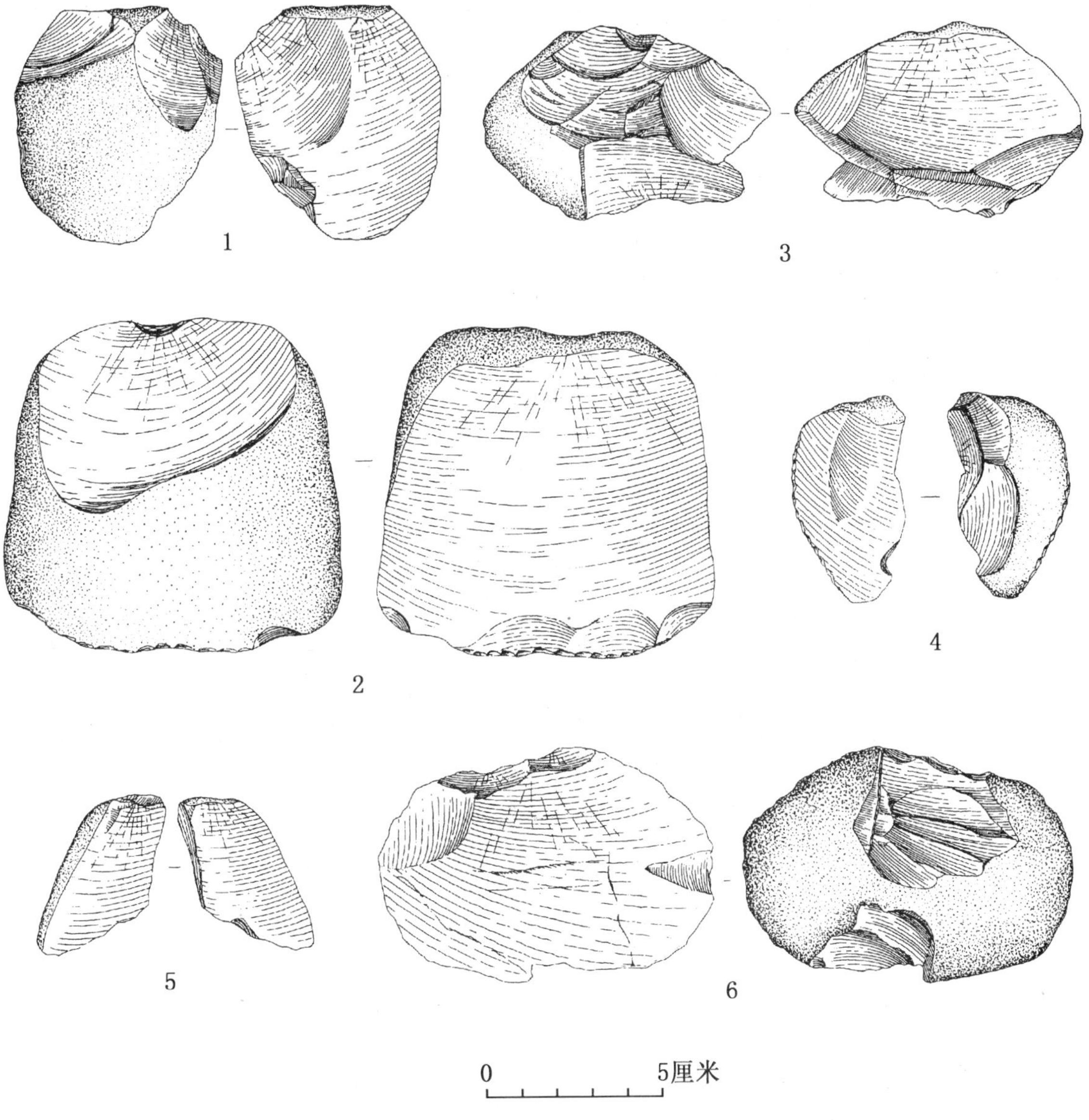

图四二　船帆洞上文化层锤击石片和锐棱砸击石片

Fig.42　Flakes by hammer percussion and flake by edge crushing from the upper cultural layer of the Chuanfandong Cave

1.石片（Flake，99FSCHT11⑤B:P18）　2.石片（Flake，99FSCHT18⑤B:P05）　3.石片（Flake，99FSCHT12⑤B:P03）　4.石片（Flake，99FSCHT17⑤B:P01）　5.石片（Flake，99FSCHT3⑤B:P17）　6.锐棱砸击石片（Flake by edge crushing，99FSCHT5⑤B:P33）

核阴痕以及由一侧向背面打击的小片疤，左侧见连续细小疤痕，石片角110°。长51、宽33、厚15毫米（图四二，4；彩版五九，1）。标本99FSCHT3⑤B∶P17，砂岩，半边石片，自然台面窄小，台面后缘有一个打击点，背面全为打击面，台面角108°。长45、宽25、厚11毫米（图四二，5；彩版五九，2）。

（2）锐棱砸击石片 1件。标本99FSCHT5⑤B∶P33，砂岩。线状台面，打击点宽大，台面后缘有一个宽大打击点和不规则疤痕，石片角87°。长64、宽94、厚13毫米（图四二，6；彩版五九，3）。

（3）打击砾石 1件。标本99SST4⑤B∶P02，在扁长条形石英砂岩砾石的一端有一个陡直的工作面，其边缘一周均有打击痕迹，工作面显得凹凸不平，遗有多块细碎的片疤，与石核有一些不同。相对的一端以及一个宽面上分布有砸击形成的散漫的坑疤，其端部的砸击痕迹较为集中。长125、宽111、厚51毫米（图四三，1；彩版六〇，1）。

（二）石器 包括石锤、刮削器、砍砸器和石砧四种。

1. 石锤 8件。除一件是利用断块外，其余均为砾石。以砂岩为原料的有7件，以石英砂岩为原料的1件。石锤是作为生产石片时的手握工具，故需要有一定硬度的砾石。标本的一端或两端均具有陡直状或不规则倾斜面的破损面。部分标本打击端的相对一端以及砾石的宽面上，可见砸击痕迹。标本最长220、最短67毫米；最宽102、最窄65毫米；最厚56、最薄28毫米。锤击端夹角最大140°，最小65°，平均91.7°。标本99FSCHT11⑤B∶P19，砂岩。两端锤击石锤，器身两个宽面均见坑疤，其中一面坑疤分布范围较大。长136、宽64、厚50毫米（图四三，2；彩版六〇，2）。标本99FSCHT2⑤A∶P01，砂岩。单端锤击石锤，以长条形断块为毛坯，一端倾斜破损面上布满不规则碎疤痕。长129、宽55、厚46毫米（图四三，3；彩版六〇，3）。

2. 刮削器 5件。全部利用石片作毛坯再行加工。其中从背面向破裂面加工的三件，复向加工和错向加工的各1件。标本最长104、最短49毫米；最宽108、最窄49毫米；最厚31、最薄13毫米。刃角最大80°、最小58°，平均68°。可分为单直刃刮削器、单凸刃刮削器、双凸刃刮削器和多刃刮削器四类。

（1）单直刃刮削器 2件。其中一件为单边刮削器，另一件为单端刃刮削器。标本99FSCHT18⑤B∶P10，单边刮削器，以长型石片为毛坯，刃口位于左侧，破裂面上不规则的浅宽细疤占满整个长边，刃角65°。长49、宽95、厚28毫米（图四四，1）。标本99FSCHT11⑤B∶P04，以半边石片为毛坯。刃口位于一端，向破裂面加工，刃角60°。长105、宽54、厚13毫米（图四四，2；彩版六一，1）。

（2）单凸刃刮削器 1件。标本99FSCHT11⑤B∶P03，砂岩。刃口位于石片远端，

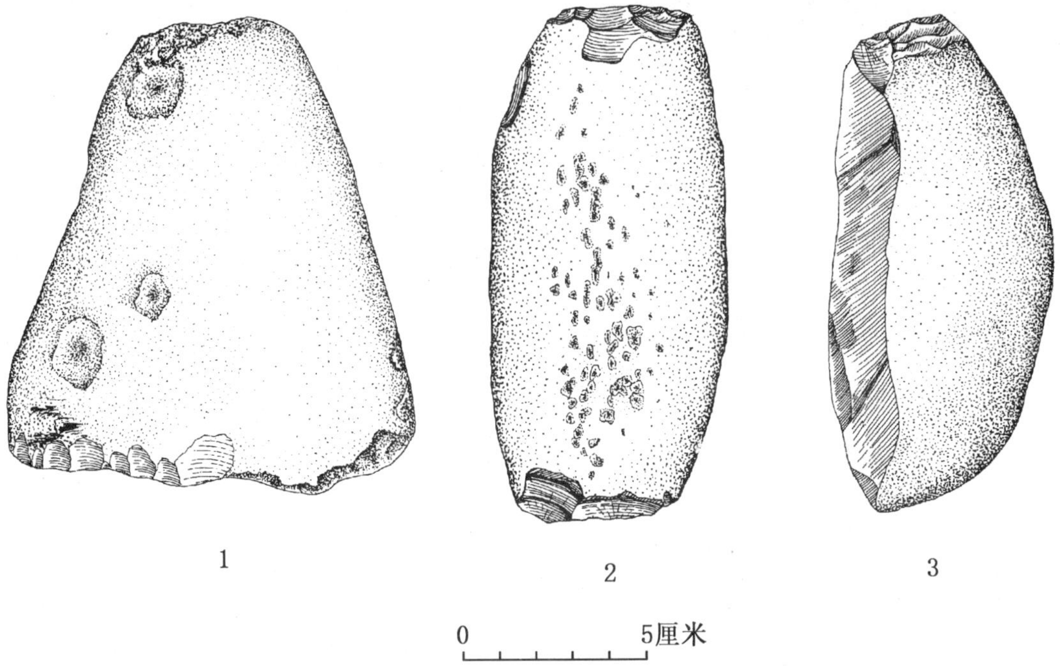

图四三　船帆洞上文化层打击砾石和石锤

Fig.43　Struck gravel and hammer stones from the upper cultural layer of the Chuanfandong Cave

1.打击砾石（Stroked gravel，99FSCHT4⑤B：P02）　2.石锤（Hammer stone，99FSCHT11⑤B：P19）　3.石锤（Hammer stone，99FSCHT2⑤A：P01）

复向加工，刃角74°。长74、宽72、厚13毫米（图四四，3；彩版六一，2）。

（3）双凸刃刮削器　1件。标本99FSCHT18⑤B：P09，砂岩。刃口位于半边石片的远端和一侧，向破裂面加工，侧刃角65°，端刃角70°。长108、宽72、厚24毫米（图四四，4；彩版六一，3）。

（4）两凹一凸刃刮削器　1件。标本99FSCHT12⑤B：P04，石英砂岩。标本的近端向背面加工成一凹刃，遗有深宽型修疤，且可见上下两层叠压，刃角80°。另一个凹刃在左侧，向破裂面加工，刃角72°。远端和右侧被修理成一个凸刃，刃角58°。长49、宽72、厚19毫米（图四四，5；彩版六二，1）。

纵观上文化层的刮削器，多数刃缘不甚平齐，且较钝，厚薄差异也大，加工简单、粗糙，少有进一步细加工者。

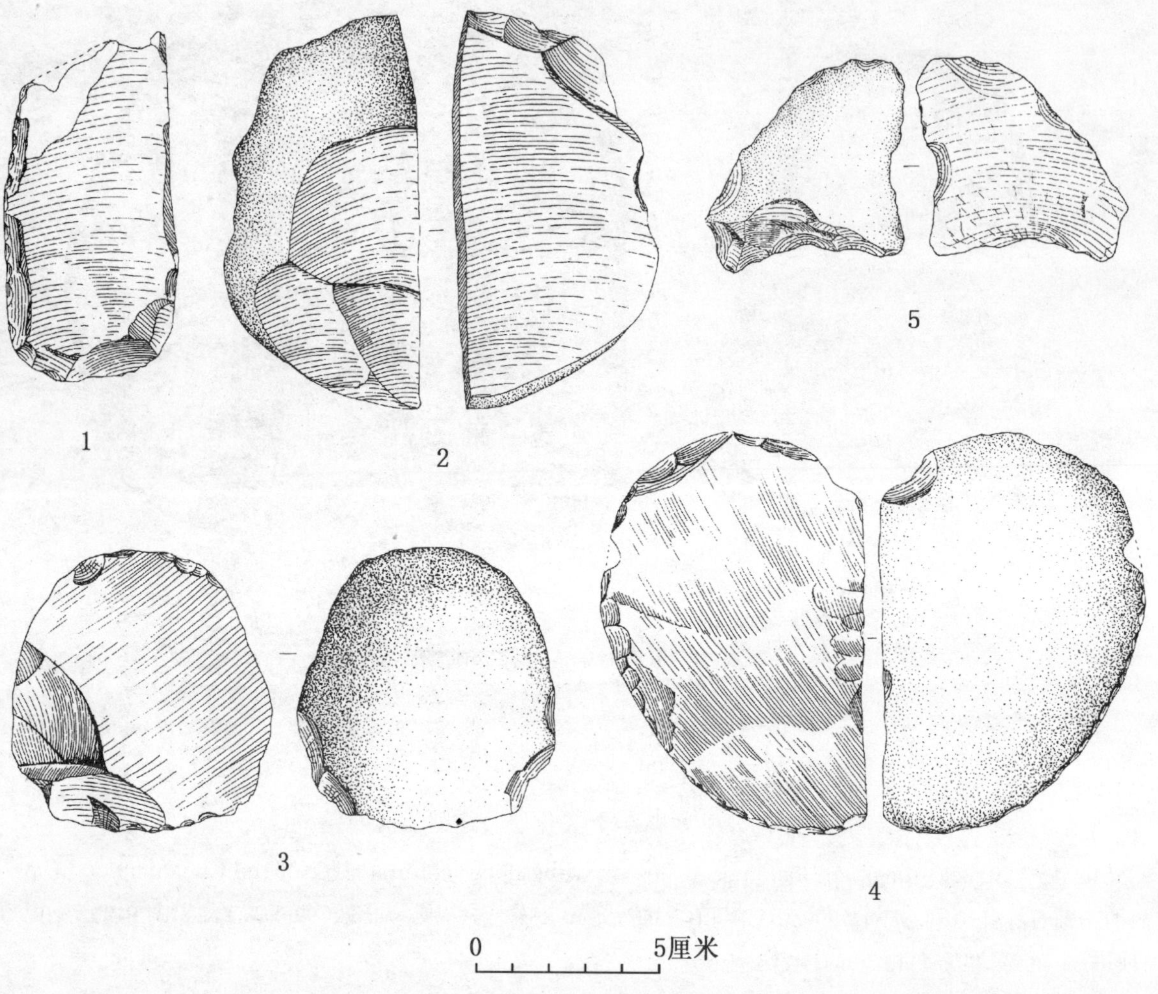

图四四 船帆洞上文化层刮削器

Fig.44 Scrapers from the upper cultural layer of the Chuanfandong Cave

1. 单直刃刮削器（Single-edge straight scraper，99FSCHT18⑤B:P10） 2. 单直刃刮削器（Single-edge straight scraper，99FSCHT11⑤B:P04） 3. 单凸刃刮削器（Single-edge convex scraper，99FSCHT11⑤B:P03） 4. 双凸刃刮削器（Double edge convex scraper，99FSCHT18⑤B:P09） 5. 两凹一凸刃刮削器（Scraper with two concave and one convex edge，99FSCHT12⑤B:P04）

3. 砍砸器 4 件。其中一件用石核作毛坯，三件用砾石作毛坯。标本最长 141、最短 80 毫米；最宽 104、最窄 84 毫米；最厚 57、最薄 46 毫米。依刃口的数量和形态可分单直刃砍砸器和单凸刃砍砸器两种。

(1) 单直刃砍砸器 1 件。标本 99FSCHT5⑤B:P03，毛坯为砂岩砾石，外形略呈梯形，从背面观（砾石隆起面），刃部位于右侧的下缘，右侧面有多层叠压的修疤，形成一个较陡的斜面，刃缘较平齐，刃角96°。与刃口相对的边和相邻的一边遗有明显的砸击痕迹，可能是使用的结果。长84、宽85、厚46毫米（图四五，1；彩版六二，2）。

（2）单凸刃砍砸器 3件。均在砂岩砾石的一端向背面（即砾石隆起面）加工刃口，第一层修疤大而浅宽，互相叠压，最后的修疤仅在刃缘打出较小的疤痕。标本99FSCHT5⑤B:P01，刃角75°。长112、宽102、厚57毫米（图四五，2；彩版六二，3）。标本99FSCHT3⑤B:P02，刃角80°。长141、宽104、厚47毫米（图四五，3）。标本99FSCHT11⑤B:P07，刃角79°。长95、宽84、厚55毫米（图四五，4；彩版六三，1）。

4．石砧 1件。标本99FSCHT11⑤B:P11，残，由砂岩加工而成。研磨面特征与石磨盘稍有不同，暂称石砧，但其功能应和通常的石砧有别。长180、宽131、厚45毫米（图四五，5；彩版六三，2）。

二、船帆洞上文化层出土的骨、角器

船帆洞上文化层的骨、角器均出土于第二地层单元的第8层下部，包括骨锥、角铲以及带切割痕迹的鹿角饰和刻划骨片。

（一）骨锥 1件。标本99FSCHT10⑤P13，由中等体型哺乳动物的管状骨经磨制而成。器物表面呈淡黄色，器身大部分磨光，局部保留刮削痕迹，下部断残。骨锥保留长54、最大径10毫米。横断面呈圆形（图四六，1；彩版六三，3）。

（二）角铲 1件。标本99FSCHT12⑤B:P05，由鹿角制成，上部断残。该角铲成器过程大体如下：先从鹿角主干上剁下一段并打裂成片，再将角片的裂面磨制，使其呈约35°的斜刃。残长69、宽24、厚7毫米（图四六，2；彩版六四，1、2）。

（三）带切割痕迹的鹿角饰 1件。标本99FSCHT5⑤B:P14，梅花鹿的叉角角尖。在标本下端遗有切割形成的较规则的凹槽。凹槽从左向右逐渐变浅，凹槽最深处1.6毫米，槽口宽1.6毫米，槽壁上部稍陡，下部较斜，横断面略呈“V”字形。从标本大小和槽壁较光滑来看，有可能是一件装饰品。残长42、最大横径13毫米（图四六，3；彩版六四，3）。

我国南、北方旧石器时代遗址中，骨、角器和具刻划痕迹的骨片迭有发现，但数量并不很多，对其研究尚存在一定困难。在北方，以辽宁小孤山遗址发现的骨、角器最为典型；南方则以贵州猫猫洞为最多[①]。贵州发现的骨角器包括磨制骨锥5件，骨刀1件，

① 曹泽田，1982：猫猫洞旧石器之研究。古脊椎动物与古人类，20（2），155～164。

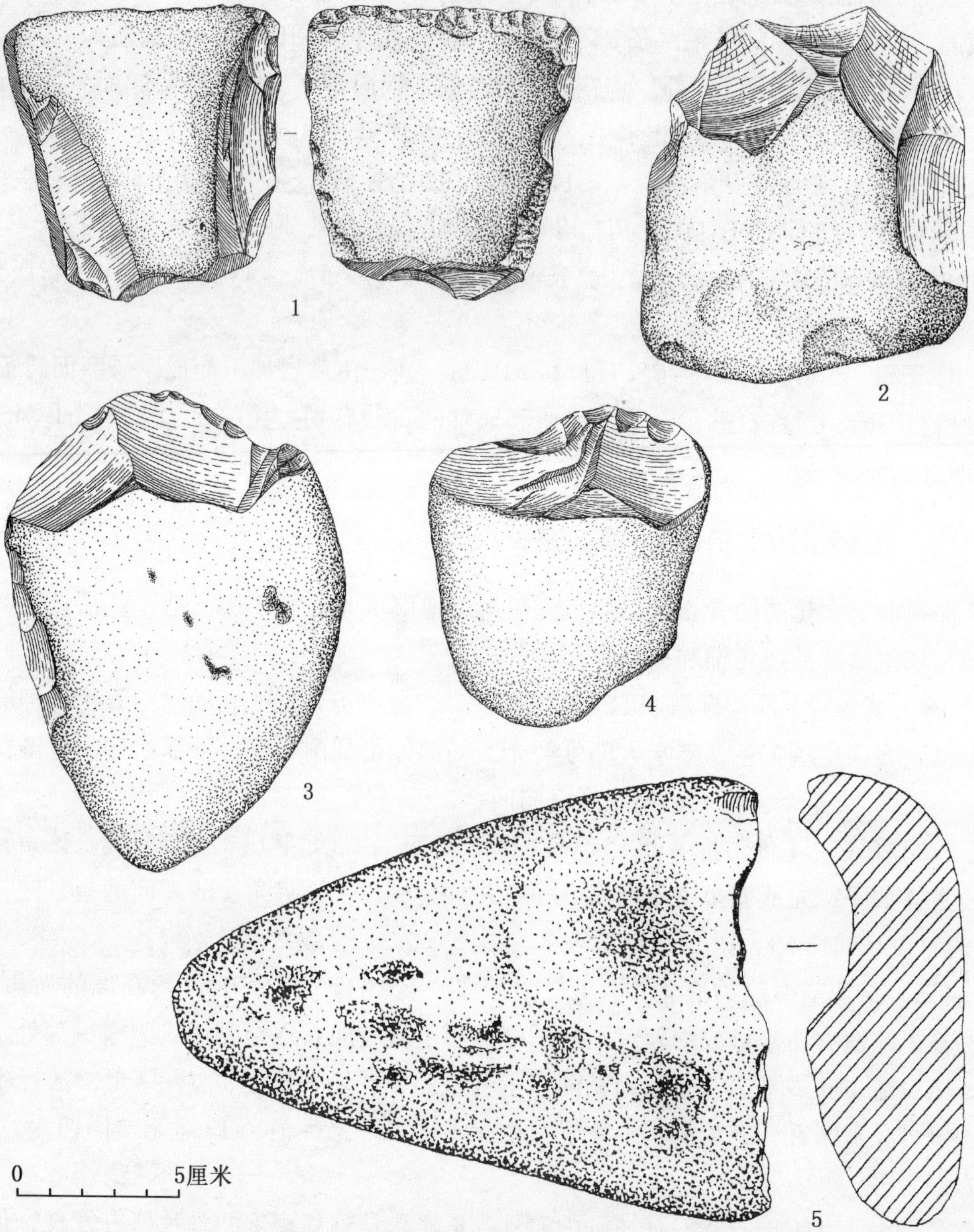

图四五　船帆洞上文化层砍砸器和石砧

Fig.45　Chopper and stone drill from the upper cultural layer of the Chuanfandong Cave

1. 单直刃砍砸器（Straight chopper，99FSCHT5⑤B:P03）　2. 单凸刃砍砸器（Convex chopper，99FSCHT5⑤B:P01）
3. 单凸刃砍砸器（Convex chopper，99FSCHT3⑤B:P02）　4. 单凸刃砍砸器（Convex chopper，99FSCHT11⑤B:P07）
5. 石砧（Stone anvil，99FSCHT11⑤B:P11）

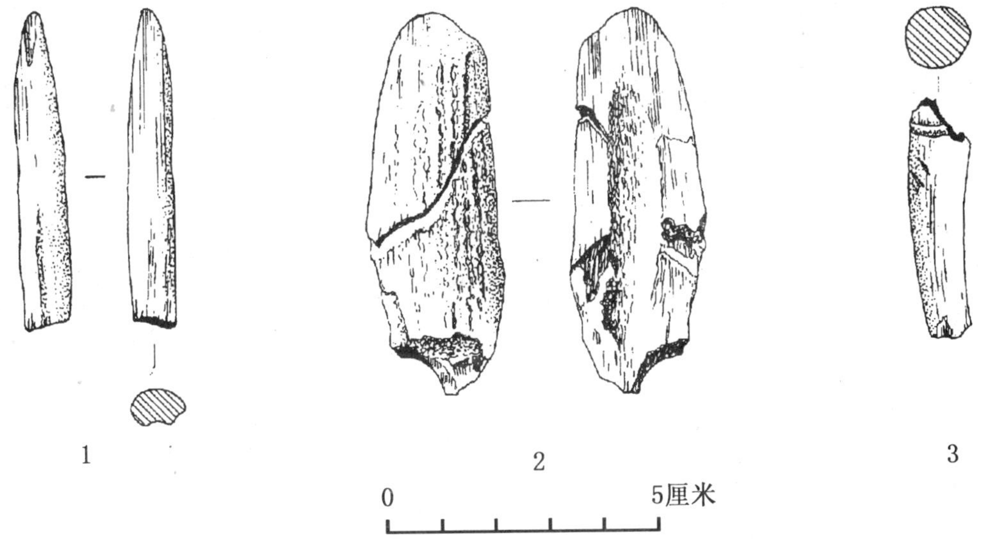

图四六　船帆洞上文化层骨锥、角铲和带切割痕迹的鹿角饰件

Fig.46　Bone awl, antler spade and carving antler ornament from the upper cultural layer of the Chuanfandong Cave

1. 骨锥（Bone awl，99FSCHT10⑤B:P13）　2. 角铲（Antler spade，99FSCHT12⑤B:P05）　3. 带切割痕迹的鹿角饰件（Carving antler ornament，99FSCHT5⑤B:P14）

角铲6件。骨锥和骨刀系由骨片制成，角铲采用鹿角加工。

据研究，船帆洞上文化层的骨角器，其加工程序与猫猫洞的骨角器大致相仿，都经过打琢、刮削和磨制三个步骤，说明在文化上存在某些共同性，但猫猫洞的骨、角器加工技术显示出较高的水平和文化的进步性。

三、船帆洞上文化层石制品的一般性质

（一）制作石制品的原料多采用河滩砾石，砾石磨圆度良好，但岩石类别较单调，主要为砂岩和石英砂岩，个别采用硅质岩和镜铁矿。从选材上看，质地较坚硬，但较粗糙，并非制作石制品的理想石料。

（二）主要采用锤击法，偶尔用锐棱砸击法，石片背面多遗有自然面，未见有预制台面的石核，产片率和石核的利用率都很低。

（三）石片形状多不规整，大小不一，宽片较多，未见长薄石片者。

（四）石器类型少，加工相对简单粗糙，未见细致加工者。石器中以刮削器修理最好，以从背面向破裂面加工的居多，复向和错向加工的较少。刃缘较平齐，单层修疤，不见重复加工痕迹。

（五）砍砸器基本上是在砾石的一端或一侧，由较平的一面向隆起的一面打制，器型较大，刃缘钝。

（六）从制作石器的水平看，似乎不如下文化层的加工，但因存在骨角器，故其文化面貌要比下文化层的进步得多。

第四节　船帆洞上文化层的埋藏

船帆洞上文化层遗物埋藏在黄褐色砂质黏土层和淡褐色黏土层中，前者含有较多的、大小不等的石灰岩角砾，后者比较纯净、致密，也是出土文化遗物的主要层位。该层的分布只局限在洞内靠近洞口的南侧部位和洞口的岩棚地段。黄褐色砂质黏土的分布范围要大于淡褐色黏土层。此层中除夹杂石灰岩角砾外，还含有一定量砂粒，石制品和哺乳动物化石也明显减少。石灰岩角砾和砂粒的存在表明曾有一次明显的降水和洞顶的崩塌过程。在此之前，洞内曾一度处于堆积的停滞时期，这从淡褐色黏土中含有大量烧土、灰烬、炭屑和烧骨可以得到佐证。出土的烧土、灰烬、炭屑和烧骨保存良好，且哺乳动物骨骼和牙齿未受到较长时间的风化和腐蚀。动物骨骼表面依然保留比较新鲜的骨表质，清洗之后还具有油脂光泽感。石制品表面没有像下文化层的石制品那样受到深度风化，说明上文化层的遗物在遗弃之后被褐色黏土及时掩埋起来。

从出土的遗物分布情况看，当时人类生活和活动主要在洞内靠近洞口的南侧处。根据发掘揭露的地层看，洞内深处存在较厚的晚期堆积物，说明在人类居住时期洞内存在沟豁和流水；在靠近洞口的北侧，有较厚的黏土沉积层，表明洞内深处潮湿环境不宜居住。有迹象表明，当时人类在船帆洞生活的时间并不太长，所以被遗弃的遗物有限。另一方面，洞外北侧山坡洪积扇的不断扩大，使洞外地表水流渗进洞口，其携带的较细碎屑物质最终把上文化层的遗物覆盖起来。

对出土的哺乳动物骨骼化石观察说明，鹿类化石占有很大比例，因为出土有大量鹿角尖，这些鹿角尖的表面大多有砍砸痕迹或刻划痕迹。骨骼表面被啮齿类动物啃咬的现象不多，也没有任何鬣狗啃咬或活动的迹象，也是骨骼得以较好保留的原因之一。

当船帆洞上文化层遗物被覆盖之后，洞口顶部曾有一次规模较大的崩塌，巨大的岩块掉落，覆压了上文化层，并将洞口封堵起来。至此，船帆洞结束旧石器时代人类活动的历史，船帆洞洞内的上、下文化层也因此得以保存至今。

第四章　船帆洞 3 号支洞的石制品及其埋藏

第一节　船帆洞 3 号支洞的石制品

船帆洞东壁早期发育的一个支洞，编号为船帆洞 3 号支洞（FSCH3）。该洞又与几个小支洞相连，呈窄长条形，东、西两端出口均朝南，与船帆洞主洞相通。该支洞东西长 12.5、宽 1.2～2.8 米，埋于近代杂土之下，覆于石灰岩之上的是一套富含哺乳动物化石的地层：岩性包括下部灰绿色砂质黏土，中部深棕色、深黄色黏土互层和上部钙板层，厚 150 厘米，地层产状 NW 320∠8°，出土的化石保存良好，石化程度较高，并有较多带齿列的牙床。

2004 年 10 月，在第二期保护工程施工前的准备工作期间，对船帆洞 3 号支洞作了较全面清理，从船帆洞第三地层单元上部的深棕色砂质黏土中，出土石制品 20 件（表八），包括石核 3 件，断块 3 件，断片 1 件，锤击石片 5 件，砍砸器 2 件，刮削器 5 件和石钻 1 件。另有若干刻划骨骼以及大量哺乳动物化石。从初步观察得知，船帆洞 3 号支洞的地层与靠近洞口剖面的第 17～21 层相当，时代上早于船帆洞上、下文化层。

一、石制品

船帆洞 3 号支洞出土的石制品 20 件，全部出自船帆洞 3 号支洞剖面的第 5 层。分非石器产品和石器两类。石制品的原料以石英岩最多，次为砂岩和石英砂岩，另有脉石英、硅质岩、玢岩和辉绿岩。

（一）非石器产品

1. 石核　3 件。以棕红色铁质石英岩为原料的 1 件，以砂岩为原料的 2 件，都是从河滩捡来的磨圆度很好的砾石。石核有单台面和双台面之分，且都在砾石的一端打片。

其中两件遗有3~5片的痕迹，石片疤较小，破裂面不甚平整，可能是岩石比较坚硬的缘故。

标本04FSCH3⑤:P015，石英砂岩。工作面在一端，核体上遗有八个片疤。从遗留的片疤看，多长大于宽。与工作面相对的一端则是原砾石面。长78、宽68、厚35毫米。

标本04FSCH3⑤:P001，砂岩砾石。磨圆度极好，外形呈卵圆形，在较小的一端有砸断的痕迹，疤面很不平齐，可能是岩石性质之故。长90、宽70、厚66毫米（图四七，1）

标本04FSCH3⑤:P002，原料石英岩，砾石的一面较平，一面较凸，从较平一面向突出一面打片，有三个片疤，片疤大，破裂面较平整。长58、宽62、厚21毫米（图四七，2）。

2. 断块 3件。细砂岩2件，脉石英1件。

断块不规则，其上可见打击点，应是打片时的崩块。最长83、最短18毫米。

3. 断片 1件。石英岩。片状，弧形，是因质地缘故打片时破裂的。

4. 石片 5件。

标本04FSCH3⑤:P021，砸击石片，原料为深灰色石英砂岩，石片的两端都有因砸击遗留的痕迹。从破裂面观察，其上有多块剥片的痕迹，而背面则全为原砾石面。石片边缘锋利，似有使用痕迹。长75、宽62、厚25毫米。

标本04FSCH3⑤:P010，玢岩。平面近桃叶状，破裂面较平整，打击点、放射线均清楚。背面遗有片疤。长47、宽43、厚7毫米（图四七，3）。

标本04FSCH3⑤:P014，锤击石片，淡黄色石英岩。破裂面上的打击点大，放射线、阴痕清楚，背面全为剥片的痕迹，不见原砾石面。长46、宽26、厚13毫米（图四七，4）。

（二）石器 8件。可分刮削器、砍砸器和石钻三类。

1. 刮削器 5件。其中单直刃刮削器1件，单凸刃刮削器4件。

（1）单直刃刮削器 1件。标本04FSCH3⑤:P017，玢岩。以断块为毛坯，从断块较薄一侧的上部，由背面向破裂面敲去两个大片而成的凸刃。刃角70°。长75、宽47、厚20毫米。除疤痕外，背面均为原砾石面（图四七，5；彩版六五，1）。

（2）单凸刃刮削器 4件。

标本04FSCH3⑤:P008，石英岩。在左侧边缘上，全部有加工痕迹，细疤叠压，似经精心修理过，刃缘锋利，刃角65°。长80、宽45、厚20毫米（图四七，6；彩版六五，2）。

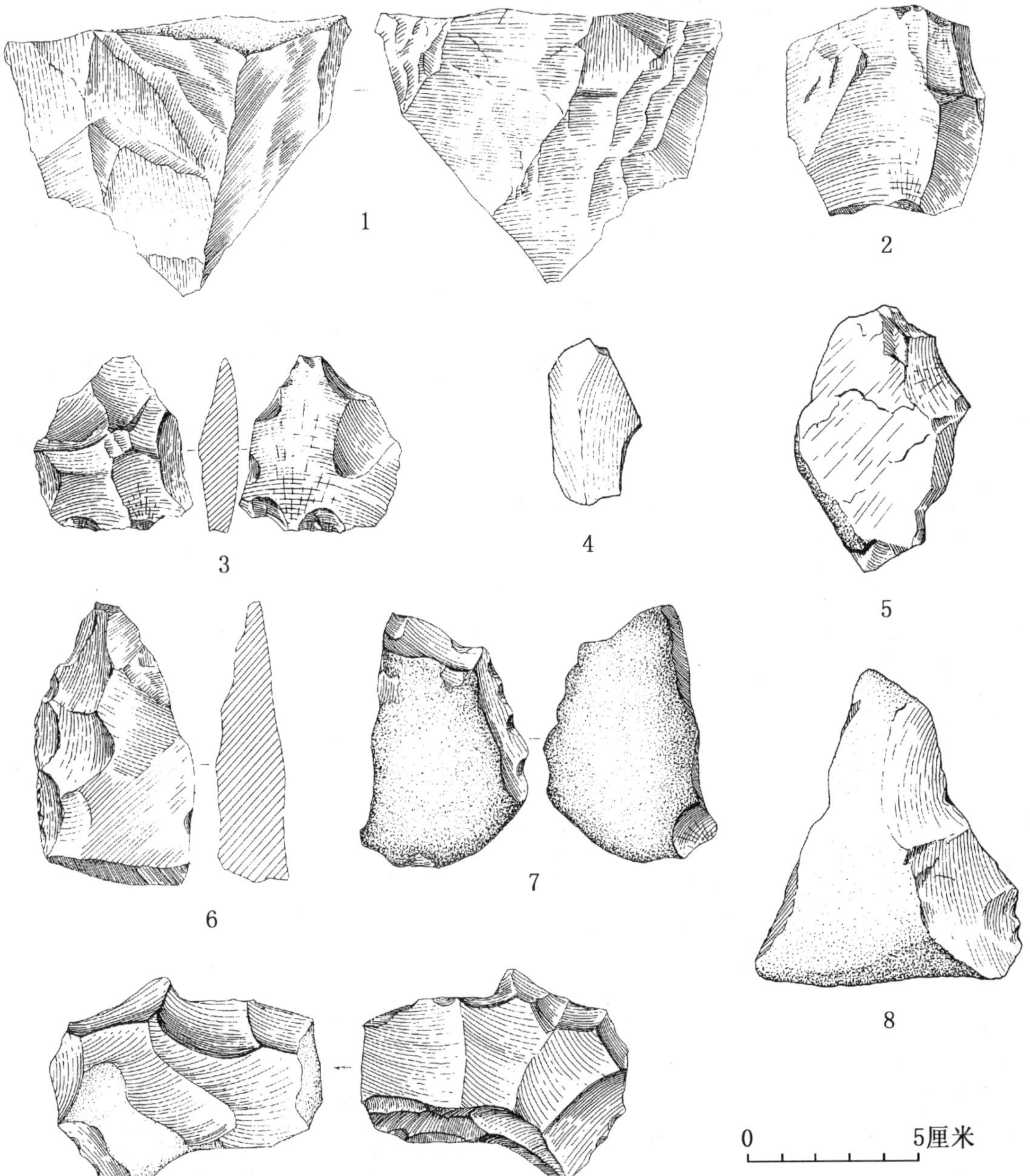

图四七　船帆洞3号支洞石核、石片、刮削器、砍砸器和石钻

Fig.47　Cores, Flakes, Scrapers, Chopper and stone drill from the No.3 Tunnel of the Chuanfandong Cave

1.单台面石核（Single platform core, 04FSCH3⑤:P001）　2.双台面石核（Dinedral platform core, 04FSCH3⑤:P002）　3.石片（Flake, 04FSCH3⑤:P010）　4.石片（Flake, 04FSCH3⑤:P014）　5.单直刃刮削器（Single-edge straight scraper, 04FSCH3⑤:P017）　6.单凸刃刮削器（Single-edge convex scraper, 04FSCH3⑤:P008）　7.单凸刃刮削器（Single-edge convex scraper, 04FSCH3⑤:P005）　8.单凹刃砍砸器（Single-edge concave chopper, 04FSCH3⑤:P016）　9.石钻（Stone drill, 04FSCH3⑤:P012）

标本04FSCH3⑤:P005，玢岩，毛坯是一件小的扁平砾石，在一端先砸去一小块，后再在稍大的一块沿一侧加工成一突出的刃，较锋利。刃角75°。长70、宽50、厚25毫米（图四七，7；彩版六五，3）。

标本04FSCH3⑤:P009，石英岩，是最小的一件，向背面加工。长57、宽32、厚6、刃口长28毫米。

2.砍砸器 2件。均属单凹刃砍砸器。

标本04FSCH3⑤:P018，细砂岩。以较大的扁平砾石为毛坯在较长的一边前部交互打击而成，刃缘略凹且钝，器物属大型。长103、宽125、厚42、刃缘长62毫米。

标本04FSCH3⑤:P016，砂岩。是一件较小的单凹刃砍砸器，在一侧中部由背面向破裂面先打去一个大片，使其形成凹缺，再在凹缺上向破裂面连续加工。长68、宽42、厚16毫米（图四七，8；彩版六六，1）。

3.石钻 1件。标本04FSCH3⑤:P012，原料细砂岩。由一件厚石片加工而成。加工部位在较长的侧边，从两端向中间修理，使中部形成一个突出尖头。四周均有修理痕迹，可能为了手握。长86、宽46、厚28毫米（图四七，9；彩版六六，2）。

船帆洞3号支洞出土的石制品因数量很少，难以对其文化性质作出较明确的判断，但就目前所知的二十件石制品中，除石核是从河滩拣来的扁平砾石外，多数是用石片作毛坯，次为断块。加工采用锤击法，向破裂面加工和交互打击的各三件，疤痕浅宽型，也有深凹型，普遍有进一步加工的痕迹。

船帆洞3号支洞出土的石制品与灵峰洞和船帆洞上、下文化层的石制品对比有如下不同之处：第一，采用的石料种类不多，但质地较好；第二，除一件石核外，其余石制品尺寸普遍较小；第三，石器所占比例较大（40%）；第四，刮削器加工较好。

船帆洞3号支洞出土的石制品，其分类、测量与统计见表八：

表八　　船帆洞3号支洞石制品的分类、测量与统计表

Tab.8　Classification, measurement and statistics of the artifacts from No.3 Tunmel in Chuanfandong Cave

项目与测量 \ 分类与数量		石核	断块	断片	石片	单直刃刮削器	单凸刃刮削器	单凹刃刮削器	石钻	分类统计
原料	石英岩	1		1	2		2			6
	细砂岩		2		1			2	1	6
	石英砂岩	2			1		1			4

续表七

项目与测量 \ 分类与数量		石　核	断　块	断　片	石　片	单直刃刮削器	单凸刃刮削器	单凹刃刮削器	石　钻	分类统计
原料	脉石英		1							1
	玢岩				1	1	1			3
石器毛坯	砾石						1	1		2
	断块					1		1		2
	石片						3		1	4
石器加工方式	向背面						1			1
	向破裂面					1	2	1		4
	交互打击						1	1	1	3
最大长度（毫米）		117	74		99	75	81	103	74	
小计		3	3	1	5	1	4	2	1	8/20

注：分类统计中分母为石制品总数，分子为石器数量。

第二节　船帆洞 3 号支洞文化层与哺乳动物的埋藏

船帆洞 3 号支洞是一个早期发育的支洞，位于船帆洞的东南角，调查表明，3 号支洞向上可通高层洞穴龙井洞，洞内的堆积物也是从洞外经龙井洞直至 3 号支洞再沉积下来的，故其沉积物呈现自南向北的微倾斜状。在支洞开始发育时，洞内普遍覆盖一层胶结十分坚硬的钙板层，接着在还原条件下逐渐沉积灰绿色黏土和淡棕色黏土。从出土的哺乳动物化石看，这些沉积物和化石在缓慢水流作用下集聚于 3 号支洞内。出自下部地层的哺乳动物化石其骨骼表面比较光滑，少有钙质附着，而上部钙板层的部分化石，具有轻微铁锰质浸染和钙质包裹，这是在静止状态下富含钙质作用的结果（彩版三二）。

至今，船帆洞 3 号支洞已出土的哺乳动物化石超过 800 件，种类达 41 种。从分类鉴定获知，主要的哺乳动物种群（如斑鹿、野猪、巨貘和水牛），其年龄比例基本合理，可以排除是人类狩猎的原因，而是属自然死亡。发掘过程中我们注意到，哺乳动物的骨骼长轴排列方向和支洞延伸的方向一致；一些化石如剑齿象、犀、水牛等较粗大的牙床和大型骨骼出土的位置靠南部，而较小的哺乳动物牙床或比较破碎的骨骼分布位置靠北部，显示出化石在搬运过程中其途径与堆积物搬运方向是相同的，故呈现化石和地层倾斜方向的一致性。根据骨骼定向排列和化石堆积诸特点，完全可以确定 3 号支洞的堆积物和化石是从南而北在水流作用下形成的搬运埋藏（异地埋藏）类型。

在船帆洞 3 号支洞的西南角，有一个与船帆洞主洞相通的连接口，地势略高于 3 号洞堆积层，发掘时揭露出的人工活动面则位于此处。该活动面底部为钙板，其上为细小砾石、粗砂和黏土的混杂物，石制品和化石比较集中，且呈无序的分布，推测人类曾在此活动过。

第五章　船帆洞洞外岩棚地段的石制品

第一节　岩棚地段简况

万寿岩西北角，即船帆洞洞口的北侧，是一段石灰岩突出的岩棚地段，其下面被较厚的沉积物所覆盖，范围是长80、宽3～8米（彩版六七，1）。这些沉积物是由北部山前洪积扇不断向南推进而形成的。在靠近船帆洞洞口处，沉积物可延伸至洞内。

国内外岩棚遗址迭有发现，被认为是古人类重要的活动场所之一。为此，发掘队于2004年11月在岩棚的部分地段进行了发掘，从船帆洞洞口向北扩展，共布置九个探方，每个探方长、宽5×5或2×2米，探方编号分别为04FSCHWT9～T17（彩版六七，2）。在发掘的九个探方中，以04FSCHWT12的第3层（棕褐色砂质黏土）出土的文化遗物和哺乳动物化石最多（彩版六八，1、2），包括石制品31件；哺乳动物化石10种：菊头蝠（*Rhynolophus* sp.）、岩松鼠（*sciurotamis* sp.）、黑鼠（*Rattus rattus*）、豪猪（*Hystrix* sp.）、猕猴（*Macaca* sp.）、豺（*Cuon* sp.）、普通狐狸（*Vulpes vulgaris*）、鬣狗（*Crocuta* sp.）、麂（*Muntiacus* sp.）、水牛（*Bubalua bubalis*）等（彩版六九，1）。其他探方也有零星石制品出土。

船帆洞洞外岩棚地段各个探方的堆积物基本相同，可分三层。第1层，表土，厚10～60厘米；第2层，清至宋代杂土，含大量砖瓦碎块，厚15～120厘米；第3层，棕红色砂质黏土，出土石制品和哺乳动物化石，厚30～90厘米。基岩为厚层状石灰岩。以上第1、2层属全新世，第3层属晚更新世晚期。据对比，洞外含石制品和哺乳动物化石的层位与船帆洞洞内上文化层相当。

第二节　岩棚地段的石制品

船帆洞洞外岩棚地段出土的石制品共40件，分非石器产品和石器两类（彩版六九，2）。石制品所用的原料较杂，计有十种，主要有石英岩、石英砂岩、砂岩和泥灰岩，其次有杂砂岩、石英、变质页岩、辉绿岩和玢岩。石制品的石料统计见表九。

表九　　岩棚地段石制品的石料统计

Tab.9　Statistic of artifacts Petrous kind from rocky eaves area outside the Chuanfandong Cave

类型与数量 / 岩石性质	石核	断块	断片	石片		刮削器			单凸刃砍砸器	手镐	分类统计
				石片	使用石片	单凸刃	单端刃	凹凸刃			
石英岩	1	1		1	1	1			1		6
石英砂岩		1		5				1			7
砂岩	3	3	1	2						1	10
辉绿岩		1									1
脉石英		1		2							3
杂砂岩					1			1			2
石英砾岩				1			1				2
泥灰岩				5	1		1				7
变质页岩				1							1
玢岩	1										1
小计	5	7	1	17	3	1	2	2	1	1	7/40

注：分类统计中分母为石制品总数；分子为石器数量。

一、石制品

（一）非石器产品　包括石核5件，断块7件，断片1件，石片17件，使用石片3件。

1. 石核　5件。全部是大型砾石，尺寸都在100毫米以上，都具扁圆形或卵圆形，个别为长条形浑圆状。石核核体较大，砾石的磨圆度相当高，无疑取自河滩。其中最大的石核直径达450毫米。据观察，石核上可见的工作面一个或两个，通常是在较小的一端或较平的一端，大多采用锤击法，偶见砸击法，片疤单层，痕迹粗大，破裂面不甚整齐；有的片疤较小，破裂面相对较平整。石核遗留的片疤不多，说明利用率有限。

标本04FSCHWT13③:P003，扁形砂岩砾石，在长条形砾石的一端只有一个片疤，其余都是原砾石面。长191、宽122、厚60毫米（图四八，1）。

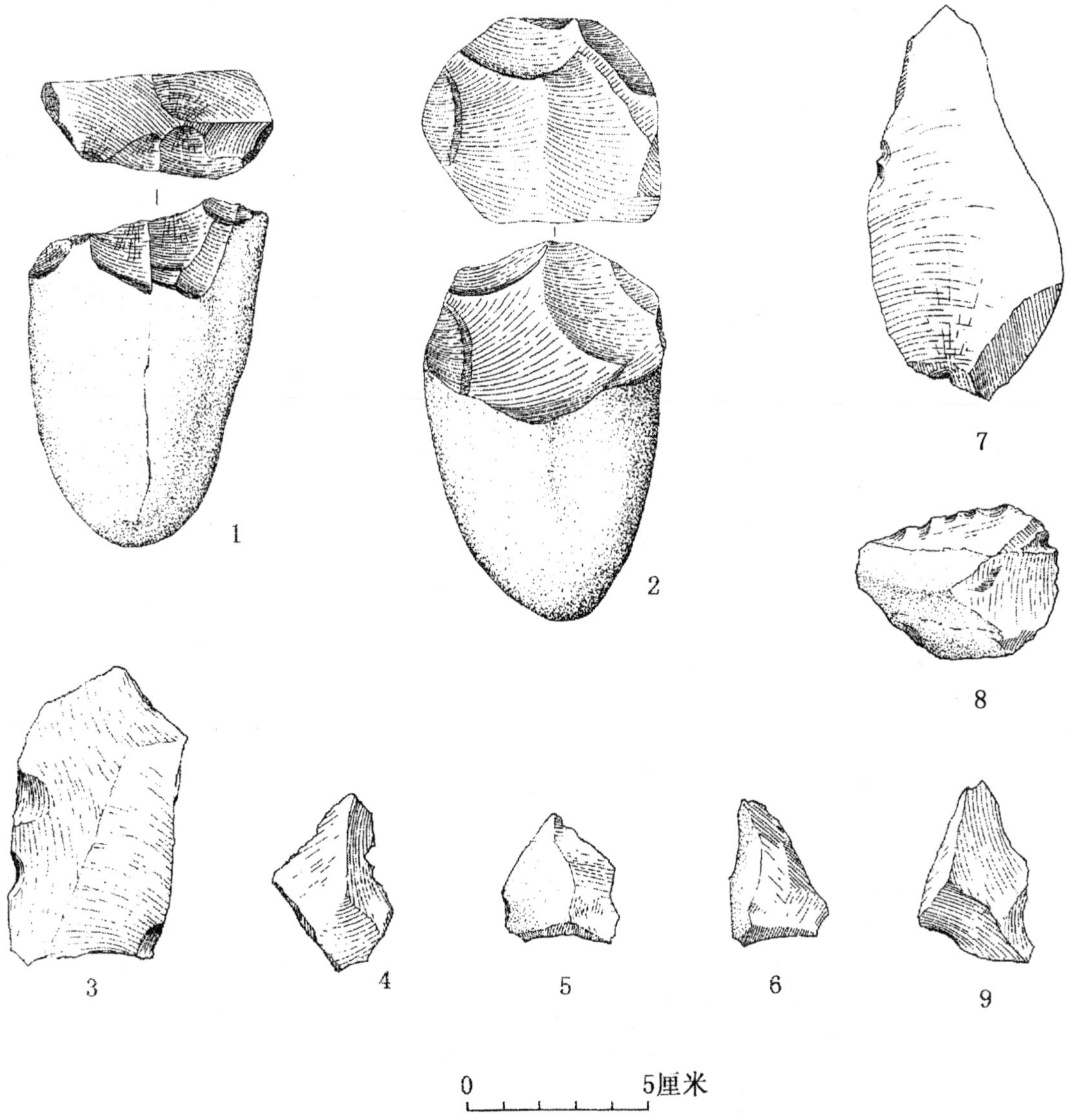

图四八　船帆洞洞外岩棚石核、石片和使用石片

Fig.48　Cores, Flakes, Using flakes from the rock shelter outside the Chuanfandong Cave

1. 石核（Single platform core, 04FSCHWT13③:P003）　2. 石核（Single platform core, 04FSCHWT13③:P001）　3. 石片（Flake, 04FSCHWT12③:P025）　4. 石片（Flake, 04FSCHWT12③:P027）　5. 石片（Flake, 04FSCHWT12③:P026）　6. 石片（Flake, 04FSCHWT12③:P012）　7. 使用石片（Using flake, 04FSCHWT12③:P001）　8. 使用石片（Using flake, 04FSCHWT12③:P011）　9. 使用石片（Using flake, 04FSCHWT12③:P014）

标本04FSCHWT5③:P009，石英岩，是石核中最小的一件，一端有被砸去一大块的痕迹，破裂面不平整，呈参差状。

标本04FSCHWT13③:P001，石英岩，椭圆形砾石的一端有大小两个叠压的片疤，其余也都是原砾石面。长93、宽62、厚52毫米（图四八，2）。

2. 断块　7件。都是比较坚硬的砾石石料（石英砾岩、石英岩）。由于岩石节理发育，故是在打片时出现崩裂的不规整断块。断块最长94、最宽52、最厚36毫米。

3. 断片　1件。标本04FSCHWT5③:P039，砂岩。三角形。长45、宽52、厚13毫米。因原料较差，未见任何加工。

4. 石片　17件。均属锤击石片。石片大多是以一破裂面为台面打下的较小的片状体。石片一般较小，以三角形居多。

标本04FSCHWT12③:P025，石英砂岩。四边形，边部锋利。长78、宽45、厚25毫米（图四八，3；彩版七〇，1）。

标本04FSCHWT12③:P027，石英砂岩。大致呈三角形，打击点、放射线均不清楚。长48、宽27、厚10毫米（图四八，4）。

标本04FSCHWT12③:P026，石英砂岩。三角形，长、宽几相等，边缘薄，未见加工痕迹。长33、宽30、厚14毫米（图四八，5）。

多数石片是从原砾石面打下的，仅有少数是以破裂面为台面打下的，不论台面是自然面还是破裂面，打片时打击点都在靠近边缘位置，以便生产长大于宽的石片。

标本04FSCHWT12③:P012，石英砂岩。是一件长石片，背面遗有打片痕迹，有一半保留原砾石面，破裂面上砸击点清楚，放射线可见。长81、宽31、厚21毫米（图四八，6）。

5. 使用石片　3件。均采用锤击法，原料有石英岩、砂岩和石英砂岩各一件。三件使用石片的石料都较好，硬度也大，且都是在砾石自然面或破裂面边缘部位打下长薄石片。这种石片的边缘较薄，可不经修理即行使用。

标本04FSCHWT12③:P001，是一件长薄石片。长105、宽53、后端厚19、前端厚3毫米。前端的一侧有剥落细小片疤的痕迹（图四八，7；彩版七〇，2）。类似石片还见于山西峙峪遗址①。

标本04FSCHWT12③:P011，黄褐色细砂岩，台面为自然面，外形叶状，其边缘甚薄，十分锋利，不经修理也可使用。周围可见许多细小疤痕，当是使用遗留下来的痕

① 贾兰坡、盖培、尤玉柱，1972：山西峙峪旧石器时代晚期遗址。考古学报，(1)，9～24。

迹。长 38、宽 56、厚 117 毫米（图四八，8）。

标本 04FSCWT12③：P014，是最小的一件。长 48、宽 28、厚 13 毫米（图四八，9）。

（二）石器　7 件。占石制品的 17.5%。可分刮削器和砍砸器两类。

1. 刮削器　5 件。分单凸刃刮削器、单端刃刮削器和凹凸刃刮削器三类。

（1）单凸刃刮削器　1 件。标本 FSCHWT12③：P029，石英岩。以半边石片作毛坯，在右侧前部简单加工，修出一个凸刃。长 77、宽 47、厚 24 毫米（图四九，1；彩版七

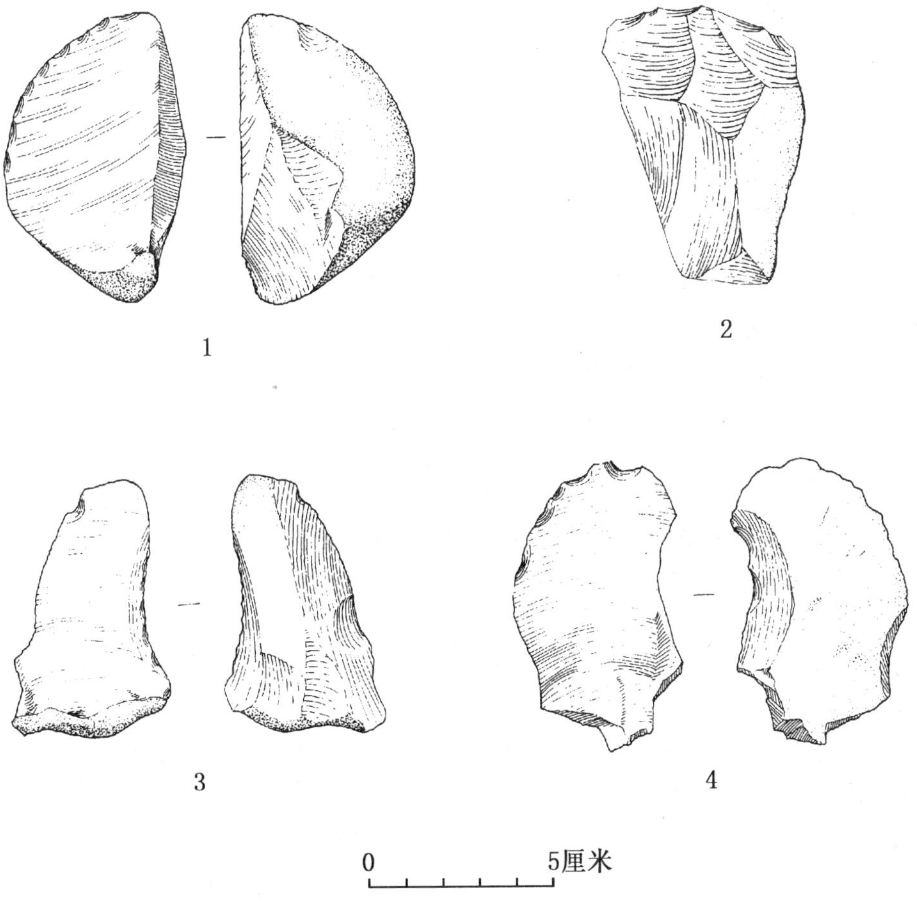

图四九　船帆洞洞外岩棚刮削器

Fig.49　Scrapers from the rock shelter outside the Chuanfandong Cave

1. 单凸刃刮削器（Single-edge convex scraper，04FSCHWT12③：P029）　2. 单端刃刮削器（Single-edge end scraper，04FSCHWT9③：P004）　3. 凹凸刃刮削器（Scraper with one concave and one convex edge，04FSCHWT12③：P038）　4. 凹凸刃刮削器（Scraper with one concave and one convex edge，04FSCHWT12③：P024）

〇，3）。

（2）单端刃刮削器 2件。标本04FSCHWT9③:P004，泥灰岩。在石片的前端从破裂面向背面修出一个微微突出的刃口，刃口长35毫米。器长74、宽55、厚23毫米（图四九，2）。

标本04FSCHWT5③:P018，以石英砾岩的石片作毛坯，在前端加工处有一个微凸的刃口。

（3）凹凸刃刮削器 2件。原料一件为杂砂岩，另一件为石英砂岩。

标本04FSCHWT12③:P038，采用杂砂岩石片作毛坯，一侧从背面向破裂面加工出一个凹刃。相对的一侧，由破裂面向背面修理成一凸刃。加工痕迹细小，也可能是使用的结果。长68、宽42、厚16毫米（图四九，3；彩版七一，1、2）。

标本04FSCHWT12③:P024，石英砂岩。叶片状石片，在左侧前端从背面向破裂面加工出一个凸刃。另一侧中部，由破裂面向背面打出一个凹刃。长76、宽41、厚10毫米（图四九，4；彩版七一，3）。

2. 砍砸器 1件。单凸刃砍砸器。标本04FSCHWT12③:P005，石英岩。采用大块砾石直接打制而成。在砾石的一端，从隆起的一面向较平的一面打去三个大片，使其生成大的刃口，再从相反方向在前端打去三个大片，形成略为突出的曲刃口。长195、宽143、厚83毫米（彩版七二，1）。

3. 手镐 1件。标本04FSCHWT12③P006，砂岩。用一件较厚的石片进行加工，其左侧边缘，有连续修理痕迹。一侧边仅在前后两段可见打击痕迹，使其上部形成大约90°的夹角。长89、宽81、厚28毫米（彩版七二，2）。

第六章　万寿岩旧石器时代遗址的哺乳动物化石

第一节　万寿岩旧石器时代遗址的哺乳动物化石

福建省属于南亚热带海洋性季风气候区，夏热冬暖，无霜期长，雨量充沛，平均年降水大于1500毫米，自然条件优越，生态环境良好，故在第四纪期间哺乳动物的种类和种群数量相当繁盛。从动物地理区划看，全省均属于东洋区系，第四纪哺乳动物则以东洋区系的属种占优势。近年来，福建境内不断发现哺乳动物化石地点，绝大多数出自中、西部洞穴堆积层中，东南半部发现化石较少，但有相当数量的化石出自台湾海峡海底。全省化石地点40余处，化石种类93种。其中内陆81种，以食虫类、翼手类、啮齿类、食肉类、长鼻类、奇蹄类和偶蹄类种属为主。尽管福建省第四纪哺乳动物化石在种类上和数量上不及西南某些省份，但从总体上来看，尤其是和我国东南部几个省份相比，还是相当丰富的。

福建省境内主要的哺乳动物化石地点有：宁化老虎洞①、永安寨岩坑②、明溪剪刀墘山、清流狐狸洞和龙津洞、将乐岩仔洞③ 等。大量第四纪哺乳动物化石的发现，无疑对第四纪地层的划分，探讨第四纪不同时期的古地理、古环境、哺乳动物属种在福建境内的兴衰，以及某些属种种群结构变化等等的研究，会起到重要的作用。2000年以来，随着从万寿岩旧石器时代遗址的发现和进一步发掘，一批哺乳动物化石的相继出土，大大增进了我们对洞穴沉积物以及时代的认识，使得我们能够对哺乳动物群落组成的差异和其间的关系作出判断。

① 金乐生、林福隆，1987：宁化县湖口村石子乘洞堆积。福建文博，(1)，186。

② 杨启诚、祁国琴、文本亨，1975：福建永安第四纪哺乳类化石。古脊椎动物与古人类 学报，13 (3)，192～194。

③ 范雪春、郜华，2005：将乐岩仔洞哺乳动物化石。福建文博，(1)。

万寿岩旧石器时代遗址出土哺乳动物化石的有灵峰洞、船帆洞、船帆洞3号支洞和船帆洞洞外岩棚地段。根据地层和年代测定，可确定为四个不同时代的哺乳动物组合，并分别称之为“灵峰洞哺乳动物组合”、“龙井洞哺乳动物组合”、“船帆洞下文化层哺乳动物组合”和“船帆洞上文化层哺乳动物组合”。

现就按其时代顺序从老到新叙述于下：

一、灵峰洞哺乳动物组合

灵峰洞遗址上钙板层与文化遗物共存的哺乳动物共有11种，其中小哺乳类6种（包括翼手类2种、啮齿类4种），约占动物群总数的54.5%；食肉类1种，占9.1%；奇蹄类和偶蹄类各2种，各占18.2%。从总体看来，灵峰洞文化层中的哺乳动物化石保存欠佳，除啮齿类动物外，大型哺乳类的牙齿和骨骼都相当破碎，无一完整者，而且化石表面都具有强烈风化的现象，因此一些标本很难鉴定到种。哺乳动物化石名单如下：

蝙蝠（Vespertiliondae indet.）：标本计5件，相当破碎，其中有一件保存部分上颌骨，其上带有一颗犬齿和二颗前臼齿，根据其结构可确定为蝙蝠。

南蝠（*Ia io*）：一件较完整的左下牙床，带有 P_1-M_2，牙齿嚼面呈“w”型。

鼯鼠（*Petaurista* sp.）：若干单颗牙齿。

社鼠（*Niviventer* sp.）：若干单颗牙齿。

竹鼠（*Rhizomys* sp.）：若干臼齿，尺寸较小，嚼面珐琅质呈月牙形圈。

豪猪（*Hystrix* sp.）：若干单颗臼齿，齿冠略呈圆形，嚼面珐琅质较薄，与现生豪猪相似。

鼬（*Mustela* sp.）：残破牙齿若干。

中国犀（*Rhinoceros sinensis*）：若干上、下前臼齿和臼齿。

华南巨貘（*Megatapirus augustus*）：一颗前臼齿和两颗臼齿，前臼齿臼齿化；内尖和齿带发达，臼齿磨蚀后嚼面上的两个嵴在内侧分离。灵峰洞文化层的巨貘化石似乎在尺寸上明显地小于常见的巨貘。

野猪（*Sus scrofa*）：一件前臼齿和一件左下 M_3，丘形齿，嚼面瘤状突起发达。

牛（*Bovidae indet.*）：一件残破臼齿的后半叶，上带齿柱，无疑是牛的。

在上述十一种哺乳动物化石中，仅中国犀和华南巨貘为绝灭种，绝灭种占动物总数的18.2%。尽管化石种类有限，但在福建境内该动物组合是至今所知时代最早的，故将其定名为“灵峰洞动物组合”，作为万寿岩地区和福建省境内中更新世晚期哺乳动物群落的代表，以区别其他不同时代的动物群。

灵峰洞哺乳动物组合的基本特点是：（一）小哺乳类占优势；（二）偶蹄类和食肉类缺乏；（三）南方种类动物不典型。因此这个动物群尚不能反映我国南方动物群的基本面貌。尽管时代上与广东马坝人动物群相同，但在种属上却有差别①

二、龙井洞哺乳动物组合

船帆洞东壁3号支洞所采集的哺乳动物化石，都出自船帆洞地层系列的第三地层单元的上部钙板层、中部深棕黄色黏土和下部灰绿色砂质黏土层中。化石数量巨大，种类繁多，根据埋藏学研究证明，它们都来自龙井洞，故暂称之为龙井洞哺乳动物组合。

出自上部钙板层和中部淡棕红色含砂黏土层中的化石计有8类23种，其中食虫类1种；翼手类3种；灵长类1种；啮齿类1种；食肉类7种；长鼻类1种；奇蹄类2种；偶蹄类7种。名单如下：

鼩鼱（*Sorex* sp.）
菊头蝠（*Rhinolophus* sp.）
蹄蝠（*Hipposideros* sp.）
白腹管鼻蝠（*Murina leucogaster*）
无颈鬃豪猪（*Hystrix subcristata*）
猕猴（*Macaca* sp.）
狼（*Canis* sp.）
西藏黑熊（*Ursus thibetanus*）
熊（*Ursus* sp.）
最后鬣狗（*Crocuta ultima*）
豺（*Cuon* sp.）
沙獾（*Arctonyx* sp.）
虎（*Panthera tigris*）
剑齿象（*Stegodon* sp.）
巨貘（*Megatapirus* sp.）
中国犀（*Rhinoceros sinensis*）
野猪（*Sus scrofa*）
梅花鹿（*Cervus nippon*）

① 许春华、黄志高，1988：马坝人动物群的时代及其相关问题的讨论。纪念马坝人化石发现三十周年文集，文物出版社，36～42。

麂（*Muntiacus* sp.）

斑鹿（*Cervus* sp.）

山羊（*Capra* sp.）

水牛（*Bubalus bubalis*）

野牛（*Bos* sp.）

下部灰绿色黏土层中的哺乳动物化石成员有如下7类31种：包括灵长类1种、翼手类1种、啮齿类2种、食肉类12种、长鼻类2种、奇蹄类4种、偶蹄类9种。名单如下：

硕猕猴（*Macaca robustus*）

南蝠（*Ia io*）

竹鼠（*Rhizomys* sp.）

无颈鬃豪猪（*Hystrix subcristata*）

狼（*Canis lupes*）

西藏黑熊（*Ursus thibetanus*）

大熊猫（*Ailulopoda* sp.）

最后鬣狗（*Crocuta ultima*）

鬣狗（*Crocuta* sp.）

猞猁（*Lunx lunx*）

貂（*Martes* sp.）

豺（*Cuon* sp.）

中华猫（*Falis chinensis*）

虎（*Panthera tigris*）

豹（*Pathea pardus*）

猎豹（*Acinonyx* sp.）

东方剑齿象（*Stegodon orientalis*）

剑齿象（*Stegodon* sp.）

华南巨貘（*Megatapirus augustus*）

巨貘（*Megatapirus* sp.）

中国犀（*Rhinoceros sinensis*）

犀（*Rhinoceros* sp.）

野猪（*Sus scrofa*）

猪（*Sus* sp.）

麂（*Muntiacus* sp.）

水鹿（*Cervus unicolor*）

梅花鹿（*Pseudaxis nippon*）

斑鹿（*Cervus* sp.）

山羊（*Capra* sp.）

水牛（*Bubalus bubalus*）

野牛（*Bison* sp.）

从上述哺乳动物化石均出自船帆洞地层系列第三地层单元的上、中、下部地层中，所含的哺乳动物化石从成员的组成看基本上是相同的，因此可视为同一个哺乳动物组合。但是上、下部仍然有某些差别，主要表现在：（一）下部地层所含的种类比上部地层的多得多，尤其是食肉类和偶蹄类；（二）下部地层中大型动物的比例明显占优势，而上、中部地层的小哺乳类比例较大。

倘若我们将第三地层单元出土的化石作为一个动物组合看待，则其组成成员共有八类41种：

食虫类1种：鼩鼱；

翼手类4种：白腹管鼻蝠、菊头蝠、蹄蝠和南蝠；

灵长类2种：硕猕猴、猕猴；

啮齿类3种：竹鼠、无颈鬃豪猪、豪猪；

食肉类14种：狼、黑熊、熊、最后鬣狗、鬣狗、貂、豺、沙獾、猞猁、中华猫、虎、豹、猎豹、大熊猫；

长鼻类2种：东方剑齿象、剑齿象；

奇蹄类5种：中国犀、犀、华南巨貘、中国貘、貘；

偶蹄类10种：野猪、猪、麂、水鹿、梅花鹿、斑鹿、山羊、水牛、野牛、牛。

动物组合的成员中，鬣狗、剑齿象、犀、貘、麂、牛等6种在牙齿结构上与同属中的其他种似有差别，特别是猪（*Sus* sp.），不仅数量多，而且个体很小，其牙齿的尺寸大约仅有野猪牙齿尺寸的2/3，故暂时分别列出。值得注意的是，动物组合中有绝灭种10种，占种数的24.4%；地方性消失种4种，与绝灭种两项相加14种，约占动物组合总数的34.1%。可见龙井洞哺乳动物组合的绝灭种比例是万寿岩地区各动物组合中最高的。

在福建省境内，龙井洞哺乳动物组合是目前所知种类和化石数量仅次于明溪剪刀墘山地点的哺乳动物组合，其种类之多，数量之庞大，在我国东南地区实属少见，该动物组合中的大多数是我国南方典型的大熊猫－剑齿象动物群的成员①②。

三、船帆洞下文化层哺乳动物组合

船帆洞下文化层中与遗物共存的哺乳动物化石有15种，暂称之为船帆洞下文化层哺乳动物组合。该哺乳动物组合包括小哺乳类5种（翼手类2种、啮齿类3种）；灵长类1种；食肉类4种；奇蹄类2种；偶蹄类3种。具体名单如下：

南蝠（*Ia io*）

菊头蝠（*Rhinolophus* sp.）

竹鼠（*Rhizomys* sp.）

黑鼠（*Rattus rattus*）

豪猪（*Hystrix* sp.）

猕猴（*Macaca* sp.）

鬣狗（*Crocuta* sp.）

棕熊（*Ursus atctor*）

虎（*Panthera tigris*）

犬科（*Canidae indet*）

华南巨貘（*Megatapirus argustus*）

中国犀（*Rhinoceros sinensis*）

斑鹿（*Cervus* sp.）

羊（*Capra* sp.）

水牛（*Bubalus* sp.）

船帆洞下文化层动物组合具有以下特点：（一）有三种属于绝灭种：华南巨貘、中国犀和鬣狗，绝灭种占动物组合中的20%；（二）从化石数量看，以鹿类最多，但多数是残断鹿角，难以定种；（三）尚存在几种喜暖动物；（四）与龙井洞哺乳动物组合的偶蹄类种数比较有显然减少。根据测年可知该动物组合正处于末次冰期中的暖期。

---

① 韩德芬，1988：华南大熊猫－剑齿象动物群地理特征的初步探讨。纪念马坝人化石发现三十周年文集，文物出版社，43～50。

② 黄万波，2001：重庆奉节“天坑地缝”及其周边地区发现大熊猫－剑齿象动物群化石。

四、船帆洞上文化层哺乳动物组合

船帆洞上文化层中与石制品伴生的哺乳动物化石计有12种，其中小哺乳类3种（均为啮齿类）；灵长类1种；食肉类4种；偶蹄类4种。名单如下：

硕猕猴（*Macaca robustus*）

竹鼠（*Rhizomys* sp.）

黑鼠（ *Rattus rattus* ）

豪猪（*Hystrix* sp.）

狼（*Canis lupus*）

普通狐狸（*Vulpes vulgaris*）

鬣狗（*Crocuta* sp.）

熊（*Ursus* sp.）

野猪（*Sus scrofa*）

斑鹿（*Ceverus* sp.）

水牛（*Bubalua bubalis*）

麂（*Muntiacus* sp.）

上述名单中，硕猕猴的材料包括一件残破左下颌，上带有第二、第三臼齿，另有两颗臼齿。从尺寸看，比现生种稍大，但小于船帆洞3号支洞出土的硕猕猴牙齿。

船帆洞上文化层哺乳动物组合与船帆洞下文化层哺乳动物组合、龙井洞哺乳动物组合相比较，可以看出有明显不同，不仅它的种属数量减少，而且典型的喜暖动物的数量比例明显下降，特别是船帆洞上文化层哺乳动物组合中不见巨貘和中国犀等动物，仅鬣狗一种绝灭种，显然意味着气候与环境已经发生了根本变化。根据北京大学环境学院采集的样本进行孢粉分析结果，船帆洞上文化层堆积时期处在气温从温和向偏凉转化，环境从稀树草原向草原转化。船帆洞上文化层动物组合可作为福建内陆地区晚更新世末期洞穴类型的代表。

船帆洞洞外岩棚地段出土的哺乳动物化石主要出自04FSCHWT5的第三层，堆积物岩性为棕黄色砂质黏土，化石共10种：包括翼手类1种；啮齿类3种；灵长类1种；食肉类3种和偶蹄类2种。名单如下：

菊头蝠（*Rhynolophus* sp.）

岩松鼠（*sciurotamis* sp.）

黑鼠（*Rattus rattus*）

豪猪（*Hystrix* sp.）

猕猴（*Macaca* sp.）

豺（*Cuon* sp.）

普通狐狸（*Vulpes vulgaris*）

鬣狗（*Crocuta* sp.）

麂（*Muntiacus* sp.）

水牛（*Bubalua bubalis*）

以上十种哺乳动物化石，材料多数比较残破，仅菊头蝠和黑鼠两种化石保存较好。猕猴单个牙齿12枚，保存尚好，其牙齿性质与现生种无异。根据船帆洞洞内、洞外地层对比，岩棚地段化石层位与洞内上文化层相当，应属同一时代。

第二节　万寿岩旧石器时代遗址若干哺乳动物化石记述

据统计，万寿岩旧石器时代遗址出土的哺乳动物化石总共46种。但是从保存的角度看，以船帆洞3号支洞第三地层单元出土的化石为最好；船帆洞洞外岩棚地段出土的化石保存一般；而灵峰洞、船帆洞上下文化层出土的化石材料比较破碎。以下仅对保存较好的部分化石进行简要描述：

鼩属 Sorex Linnaeus，1758

鼩鼱 *Sorex* sp.

材料：若干下牙床和单个牙齿。

简述：上第三门齿发育，大于犬齿；前臼齿单根，第四前臼齿臼齿化，齿列大多呈“W”形，上第三臼齿小；下犬齿大，底部三角形，臼齿从前往后迅速变小。

标本04FSCH3:M0024是一件鼩鼱的残破右下颌骨，上带C、P_4-M_3，齿列长5.5毫米，P_4简单，M_1最大，M_3最小，犬齿粗壮，位于P_4之下，齿列排列紧密（图五〇，1）。

鼩鼱属是一种体型较小的食虫类，化石在我国常有发现，以南方较多，但通常化石保存欠佳，北方曾见于北京周口店猿人遗址和第3地点。

层位：船帆洞3号支洞第三地层单元第18层。

时代：晚更新世早期。

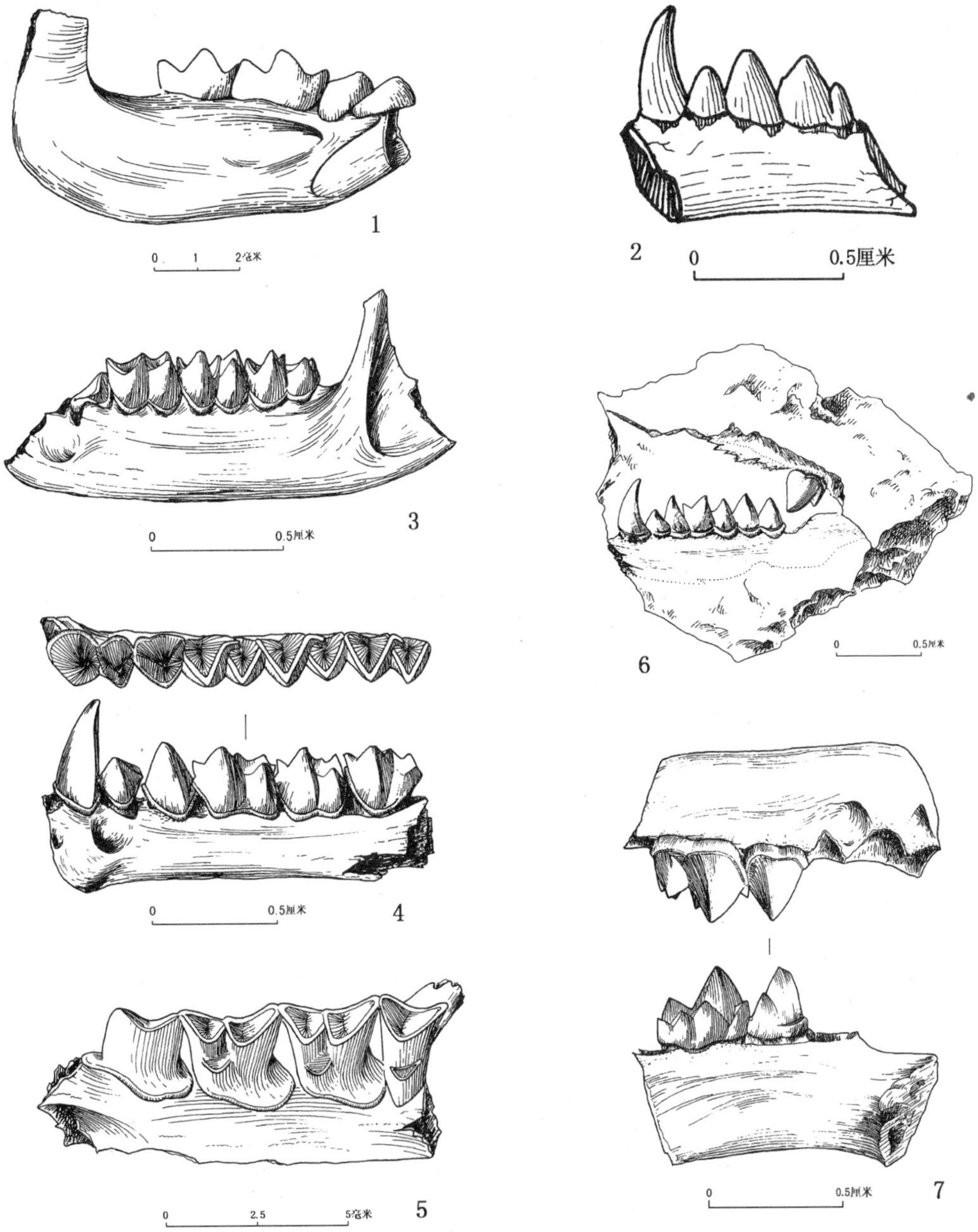

图五〇　船帆洞3号支洞哺乳动物化石

Fig.50　Mammalian fossils from the No.3 Tunnel of the Chuanfandong Cave

1.鼩鼱，残右下颌骨（Mandible [Right, incomplete] of *Sorex* sp., 04FSCH3：M0024）　2.南蝠，左下颌骨（Mandible [left] of *Ia io*, 04FSCH3:M0609）　3.白腹管鼻蝠，右下颌骨（M_1-M_3）（Mandible [Right] of *Murina leucogaster*, 04FSCH3：M0120）　4.白腹管鼻蝠，左下颌骨（Mandible [left] of *Murina leucogaster*, 04FSCH3：M0117）　5.马铁菊头蝠，左上颌骨（Mandible [left] of Rhinolophus cf. *ferrumequinum*, 04FSCH3:M0047）　6.蹄蝠，残头骨（Skull [Imcomplete] of *Hipposideros* sp., 04FSCH3:M0145）　7.蹄蝠，残左下颌骨（Mandible [left, incomplete] of *Hipposideros* sp., 04FSCH3:M0121）

南蝠属 *Ia* Thomas，1902

南蝠 *Ia io*

材料：四件残破下颌骨及大量单颗牙齿。

简述：标本 04FSCH3∶M0609，左下颌骨，联合部椭圆形，具有紧密排列的齿列，门齿细长，下犬齿细长略弯。下前臼齿齿尖较高，有较发达的齿带。下第三臼齿小（图五〇，2）。

层位：分布在灵峰洞上钙板层、船帆洞 3 号支洞第三地层单元第 20 层，船帆洞第二地层单元第 10 层。

时代：中更新世晚期－晚更新世晚期。

南蝠的有关化石在我国最早见于北京周口店猿人遗址，时代为更新世中期，但在南方更多地见于更新世晚期地层中。在福建，出土南蝠化石最多的是明溪剪刀墘山化石地点、三明万寿岩灵峰洞、船帆洞 3 号支洞和船帆洞下文化层，以及清流狐狸洞和龙津洞等地点，但多数仅保存下颌骨和零星单个牙齿，下颌骨所带的齿列一般不全。

管鼻蝠属 *Murina* Gray，1842

白腹管鼻蝠 *Murina leucogaster*

材料：二件残破的下颌骨。

简述：标本 04FSCH3∶M0120，一件右下颌骨，上带第四前臼齿和臼齿（图五〇，3）。

标本 04FSCH3∶M0117，一件残破的左下颌骨，上带犬齿至第三臼齿的齿列，残长 15 毫米，齿列长 11 毫米；排列紧密，犬齿大；第二前臼齿小；第四前臼齿大而且高，具有小的后尖；M_1、M_2 长 3 毫米；M_3 长 2.5 毫米，臼齿嚼面呈三楔式齿，外侧面高，内侧面明显低，M_3 有退化迹象。前臼齿和臼齿的内缘齿带发育（图五〇，4）。

层位：船帆洞 3 号支洞第三地层单元第 18 层。

时代：晚更新世早期。

白腹管鼻蝠化石在我国曾有发现，见于西南地区和周口店第一地点。现生种分布于华南地区。

菊头蝠属 *Rhinolophus* Lacepede，1799

马铁菊头蝠 *Rhinolophus* cf. *ferrumequinum*

材料：一件残破的左上颌骨。

简述：标本04FSCH3∶M0047，马铁菊头蝠的残破左上颌骨，上带P^4～M^3，上第三前臼齿退化，仅在齿列内侧遗有小的痕迹。齿列长度8.1毫米，第四前臼齿最高，呈“V”字形；臼齿前后尖也为“V”字形，原尖大，次尖小，第三臼齿的次尖退化（图五〇，5）。

层位：船帆洞3号支洞第三地层单元第18层。

时代：晚更新世早期。

蹄蝠属 *Hipposideros* Gray，1831

蹄蝠 *Hipposideros* sp.

材料：一件残破的头骨；一件右下颌骨，上带第二、第三臼齿。

简述：标本04FSCH3∶M0145，残破头骨，上带右下C、P_{3-4}和M_{1-2}；以及左M^3，牙齿排列紧密，无齿缺（图五〇，6；彩版七三，1）。

标本04FSCH3∶M0121，残破右下颌骨残长11毫米，第二臼齿长3毫米；第三臼齿长2.5毫米，臼齿嚼面呈“W”形，内齿带发育（图五〇，7；彩版七三，2）。

层位：船帆洞3号支洞第三地层单元第18层。

时代：晚更新世早期。

猕猴属 *Macaca* Desmarest，1799

硕猕猴 *Macaca robustus*

材料：一具残破左下颌骨，上带第二、第三臼齿。另有右上第一、第二臼齿各一枚。

简述：标本99FSCHT11⑤B∶M05，左下颌骨残长74、下颌骨壁厚18毫米。臼齿比现生猕猴的尺寸大得多，下第二臼齿具明显的四个尖，长、宽为9.8×7.2毫米，磨蚀后横嵴相连呈双棱状。下第三臼齿具5尖，长10.2、宽9.4毫米，大于下第二臼齿，从磨蚀程度看应属一成年个体。单个上臼齿均近方形，4尖。第二臼齿长10.5毫米，磨损较深。第一臼齿长9.5毫米，磨损较浅（图五一，1）。

硕猕猴是我国南方更新世地层中常见的化石种之一，但在福建过去所知的仅有永安寨岩坑地点一枚不完整的臼齿，其他地点都为现生种，因此，此材料对了解福建更新世哺乳动物组成和分布提供重要参考。属于猕猴属的材料在船帆洞第二地层单元的下部和岩棚地段都有发现，但因仅是单颗牙齿，只能定为猕猴属（*Macaca* sp.）。船帆洞洞外岩棚地段出土的猕猴材料与现生种无异。

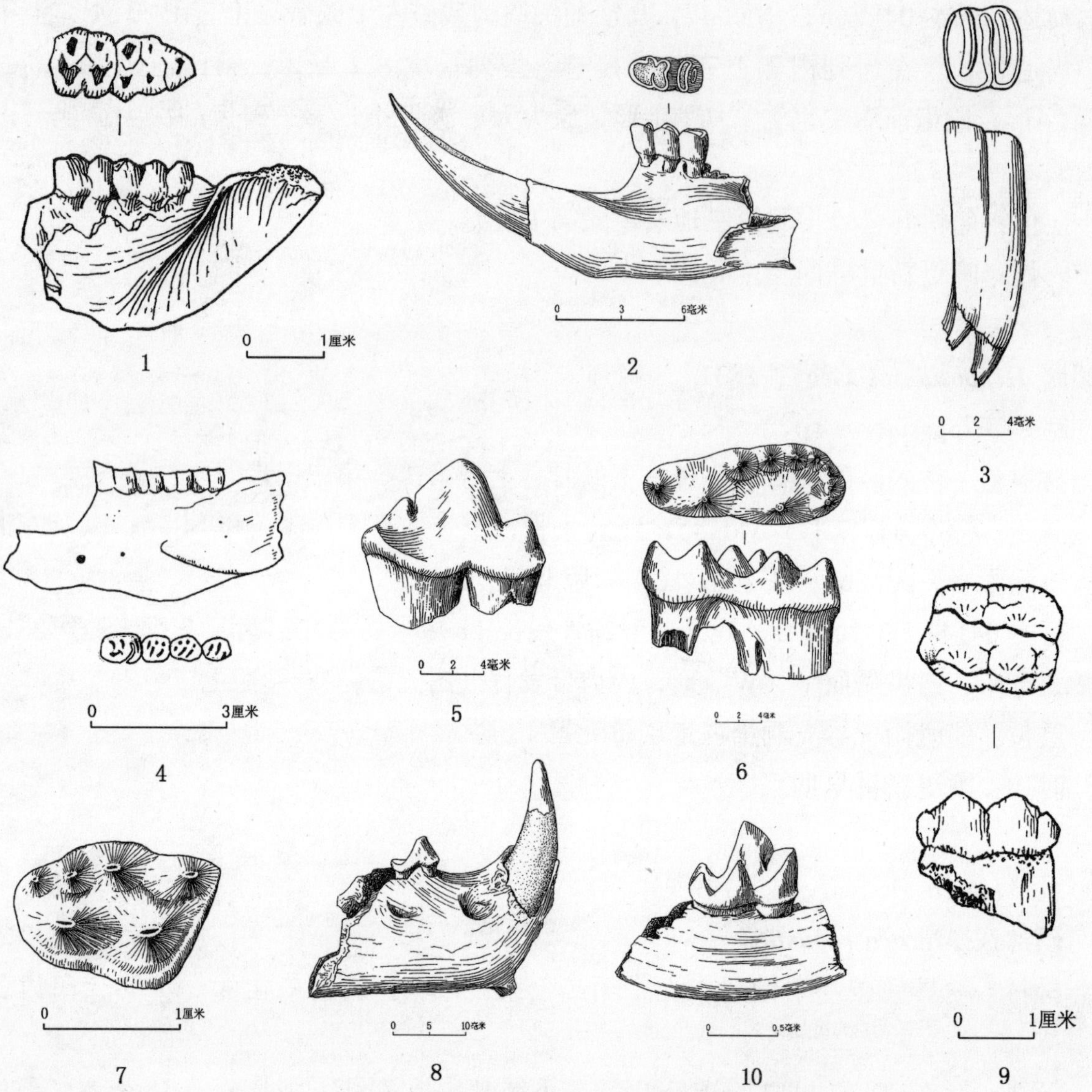

图五一　船帆洞、船帆洞3号支洞和岩棚哺乳动物化石

Fig.51　Mammalian fossils from the Chuanfandong Cave, the No.3 Tunnel of Chuanfandong Cave and rock shelter

1. 硕猕猴，左下颌骨（Mandible [left] of *Macaca robustus*，99FSCHT11⑤B:M05）　2. 黑鼠，左下颌骨（Mandible [left] of *Rattes rattes*，04FSCHWT8③:M009）　3. 竹鼠，左下第一臼齿（M_1 [left] of *Rhizomys* sp.，04FSCHWT12③:M0034）　4. 无颈鬃豪猪，左下颌骨（Mandible [left] of *Hystrix subcristata*，04FSCH3:M0044）　5. 普通狐狸，右下第四前臼齿（P_4 [Right] of *Vulpes vugaris*，04FSCHWT12③:M0011）　6. 猪形獾，右下第一臼齿（M_1 [Right] of *Meles suillus*，04FSCHWT5③:M0027）　7. 猪形獾，左上第一臼齿（M_1 [left] of *Meles suillus*，04FSCH3:M0027）　8. 豺，右下颌骨（Mandible [Right, uncomplete] of Coun sp.，04FSCHWT12③:M006）　9. 大熊猫，右下第四前臼齿（P_4 [Right] of *Ailuropoda sp*.，04FSCH3:M0300）　10. 貂，残右下颌骨（Mendible [Right, incomplete] of *Martes* sp.，04FSCH3:M0116）

层位：船帆洞第二地层单元第 10 层，船帆洞 3 号支洞第三地层单元第 18 层。

时代：晚更新世。

黑鼠属 *Rattus* Frisch 1775

黑鼠 *Rattus rattus*

材料：若干件残破的左、右下颌骨。

简述：标本 04FSCHWT8③:M009，是一件左下颌骨，残长 14 毫米。门齿齿尖至第一臼齿前端间的长为 9 毫米，第一臼齿长宽分别为 2.5 毫米和 1.4 毫米，虽另两个臼齿已经脱落，但还是可以看出第一臼齿大于后面的臼齿，齿列的全长大约为 6 毫米，第一臼齿磨蚀面呈四个小凹，前两个相连，最后的凹很小（图五一，2）。另一件出土于洞外T5，标本 04FSCHWT5③:M008，为残破的左下颌骨，上带第一、第二臼齿，残长13 毫米。第一臼齿长 3、宽 2 毫米；第二臼齿长 2、宽 2 毫米。两者相比，后者磨蚀较深。

层位：船帆洞洞内第二地层单元第 8 层、第 15 层，船帆洞洞外岩棚地段。

时代：晚更新世晚期。

竹鼠 *Rhizomys*　Gray，1831

竹鼠 *Rhizomys* sp.

材料：一颗左下第一臼齿，九颗上、下门齿。

简述：门齿细长（长 37 毫米），较窄（宽 3.8 毫米），上门齿弯曲度大，下门齿较直，珐琅质呈淡黄色。

标本 04FSCHWT12③:M0034，左下第一臼齿，牙面结构简单，外侧具有一个小的褶曲，内侧褶曲不明显。牙齿长 4、宽 3、高 8 毫米。齿冠比普通竹鼠的高，牙面结构简单，可能是咬洞竹鼠（图五一，3）。

层位：灵峰洞第 3 层、船帆洞 3 号支洞第三地层单元第 18 层，船帆洞洞外岩棚地段。

时代：中更新世晚期～晚更新世晚期。

豪猪属 *Hystrix* Linnaeus，　1758

无颈鬃豪猪 *Hystrix* subcristata

材料：较完整的左、右下颌骨各一件。另有大量单个门齿、前臼齿和臼齿。

简述：无颈鬃豪猪是一种个体较大的豪猪，下颌骨粗壮，前后不延长。上门齿弯曲度较大，下门齿较直。前臼齿和臼齿的横断面大约呈圆形，其中以第四前臼齿的尺寸最大。此处记述的左下颌骨，标本 04FSCH3∶M0044，测量数据可见表一〇；下颌骨唇面具有两个下骸孔，一个位于第四前臼齿以下略靠前，另一个在第四前臼齿和第一臼齿之间的下端。第四前臼齿和臼齿磨蚀后的五个珐琅质圈比现生的大得多，颊齿横断面略呈圆形（图五一，4）。

标本 04FSCH3∶M0029，为一左股骨，全长 108、近端宽 35、远端宽 22、中段径宽 16 毫米。大转子高，股骨头小，膝盖骨关节面窄。

表一〇　无颈鬃豪猪左下颌骨的测量

Tab.10　Measure of left mandible of Hystrix subcristata

测量项目	单位：毫米
下颌骨	长 57、宽 16、高 25
第四前臼齿	长 11.5、宽 8
第一臼齿	长 7、宽 7.4
第二臼齿	长 7.5、宽 7.8
第三臼齿	长 6.8、宽 6.5

层位：船帆洞 3 号支洞第三地层单元第 20 层。

时代：晚更新世。

犬属 *Canis* Linnaeus，1758

狼 *Canis lupes*

材料：从船帆洞上文化层出土的有一颗左下裂齿，从船帆洞 3 号支洞第三地层单元下部出土的有残破左下裂齿一颗，左上第一臼齿一颗，右上第一臼齿一颗，左下第二、第三前臼齿各一颗。

简述：上第一臼齿的前尖大而高，后尖较小，且低于前尖；前小尖发育，但小。标本 99FSCH1－1，长 11、宽 13、高 5 毫米。下裂齿前后稍延长，内尖明显，后跟座大。标本 99FSCHT11⑤A∶E，出自船帆洞上文化层，长 20、宽 8、高 11 毫米。出自船帆洞 3 号支洞下部的标本 04FSCH3∶M0466，虽然残破，但依然可以确定属于狼的左下裂齿，其个体显然比出自船帆洞上文化层的大。下第二、第三前臼齿弱，前后附尖明显但小。

层位：船帆洞3号支洞第三地层单元上、下部；船帆洞第二地层单元上部上文化层。

时代：晚更新世早期－晚期。

狐属 *Vulpes* Frisch，1775

普通狐狸 *Vulpes vugaris*

材料：一件左下裂齿，一件右下第四前臼齿。

简述：标本99FSCHT5⑤A:D，下裂齿较大，但很窄，长16、宽4、高7毫米。齿尖尖锐，前尖后倾，前附尖明显但小，外侧缘前部有明显的齿带。标本FSCHWT12③:M0011，是一件右下第四前臼齿，前后附尖发育，均小，后齿带发达。长13、宽4、高6毫米（图五一，5）。

层位：船帆洞3号支洞第三地层单元第20层，第二地层单元第8层，船帆洞洞外岩棚地段。

时代：晚更新世。

真獾属 *Meles* Brisson，1762

猪形獾 *Meles suillus*

材料：若干单个牙齿。

简述：标本04FSCHWT5③:M0027，右下M_1，根座长，后面扩展，下原尖高于且大于下前尖（图五一，6）。标本04FSCH3:M0027，左上M^1，原尖明显的大，后跟座收缩（图五一，7）。

层位：船帆洞3号支洞第三地层单元第20层。

时代：晚更新世。

豺属 *Coun* Hodgson，1837

豺 *Coun* sp.

材料：一件残破的右下颌骨，上带C和P_1；若干单颗牙齿。

简述：标本04FSCHWT4③:M075，一件右M_1，前尖高大，原尖弱小，期间有一凹陷将前后尖隔开，齿带退化。标本04FSCH3:M0084，一件左下P_3，第一尖高凸，第二尖很低，无齿带。从性质看与爪哇豺接近。标本04FSCHWT12③:M006，右下颌骨，残破，其上带有犬齿和第一前臼齿。犬齿较长，根部粗，向上迅速收缩；第一前臼齿小，前尖明显（图五一，8）。

层位：船帆洞3号支洞第三地层单元第19层；船帆洞洞外岩棚地段。

时代：晚更新世。

大熊猫属 *Ailuropoda* Milne－Edwards，1870

大熊猫 *Aililopoda* sp.

材料：右上第三、右下第四前臼齿各一颗。残破左上第三臼齿一颗。

简述：标本04FSCH3:M0300，右下第四前臼齿，略呈长方形，前尖和后附尖较大，尺寸较小（图五一，9）。上第三臼齿仅留有后半部，可见瘤状突起，内齿带发达。

大熊猫化石在福建的许多地点曾有发现，而且数量很多，但万寿岩的灵峰洞和船帆洞上下文化层中均未见，仅在船帆洞3号支洞有发现，数量很少，从牙齿尺寸看也较其他地点的小，可能属现生种。

层位：船帆洞3号支洞第三地层单元第19层。

时代：晚更新世。

熊属 *Ursus* Linnaeus， 1758

棕熊 *Ursus actos*

材料：若干单颗牙齿。

简述：牙齿低冠，磨蚀较深，尺寸比黑熊的略大。

层位：船帆洞第二地层单元第15层。

时代：晚更新世晚期。

貂属 *Martes* Frisch，1775

貂 *Martes* sp.

材料：一件残破右下颌骨，上带裂齿。

简述：标本04FSCH3:M0116，是一件残破右下颌骨，颌骨壁很薄（3毫米），残长16、裂齿长8、宽2、高4毫米。下前尖发育，下后尖较小，后跟座略呈椭圆形，盆状。裂齿的外侧齿尖明显的高（图五一，10）。

貂属在更新世时期广泛分布于欧亚大陆，并延续至今。

层位：船帆洞3号支洞第三地层单元第20层。

时代：晚更新世早期。

斑鬣狗属 *Crocuta* Kaup，1828

最后鬣狗 *Crocuta ultima*

材料：三件残破的右上颌骨，一件残破的左上颌骨，一件残破的右下颌骨，三件右上裂齿，若干前臼齿和犬齿。

简述：标本 04FSCH3:0011，上裂齿大，切割型，长 38、宽 15 毫米；第一叶退化（长 8.5 毫米），第二叶大且高（高 19 毫米），第三叶延长（17.1 毫米），内尖小，犬齿和前臼齿强大，粗壮；无齿带。根据其特征和大小可认定为最后鬣狗。

标本 04FSCH3:M0147 为最后鬣狗的残破右下颌骨，上带 P_{3-4}及裂齿，第三、四前臼齿较大，强壮，后跟座发育（图五二，1）。标本 04FSCH3:M0080，残破左上颌骨，带侧门齿、犬齿和第一前臼齿。侧门齿和犬齿大且粗壮，第一前臼齿小（图五二，2；彩版七三，3）。标本 04FSCH3:M0066，残破右下颌骨，上带第二、三前臼齿。第二前臼齿小，第三前臼齿粗壮且大，后跟座较发育（图五二，3）。

标本 04FSCH3:M0625，残破的右上颌骨，上带完整齿列，第一前臼齿齿冠略破损，其他前臼齿完好。残破右上颌骨保存长度 114 毫米。上裂齿长 42 毫米，前叶较小，但高于第二叶；第三叶延长，内尖发达；前臼齿粗壮，齿尖较钝，前、后和内缘齿带均发育，后跟座突出。从已经掉损的门齿痕迹看，门齿很小，第三门齿稍大，与前臼齿之间有较长的齿缺（彩版七四，1）。

层位：船帆洞 3 号支洞第三地层单元第 20 层。

时代：晚更新世早期。

最后鬣狗化石在福建许多地点曾有发现，但材料都较破碎，而船帆洞 3 号支洞出土的最后鬣狗化石保存相对较好，为了解该种提供重要资料。

真猫属 *Felis* Linnaeus，1758

中华猫 *Felis chinensis*

材料：一颗右下裂齿。

简述：标本 04FSCH3:M0124，右下裂齿。下裂齿结构与现代的野猫相同，但较大。与北京周口店第一地点的标本比较，尺寸略大，裂齿具有很小的后尖残余。长 10、宽 4、高 7 毫米（图五三，1）。

层位：船帆洞 3 号支洞第三地层单元第 20 层。

时代：晚更新世早期。

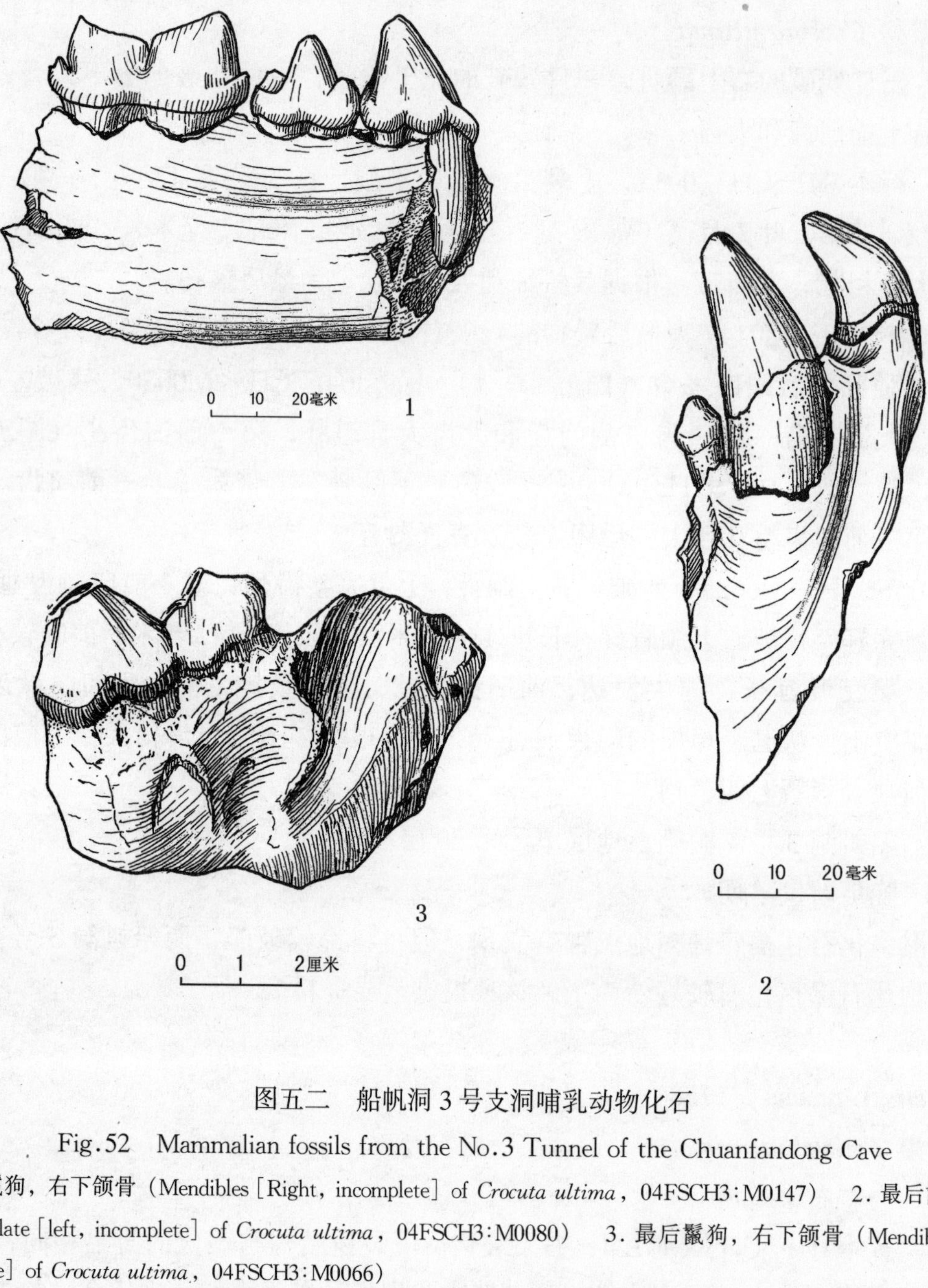

图五二　船帆洞 3 号支洞哺乳动物化石

Fig.52　Mammalian fossils from the No.3 Tunnel of the Chuanfandong Cave

1. 最后鬣狗，右下颌骨（Mendibles [Right，incomplete] of *Crocuta ultima*，04FSCH3∶M0147）　2. 最后鬣狗，左上颌骨（Palate [left，incomplete] of *Crocuta ultima*，04FSCH3∶M0080）　3. 最后鬣狗，右下颌骨（Mendibles [Right，incomplete] of *Crocuta ultima*，04FSCH3∶M0066）

猞猁属 *Lynx* Kerr，1792

猞猁 *Lynx lynx*

材料：一件残破右下颌骨，上带裂齿。

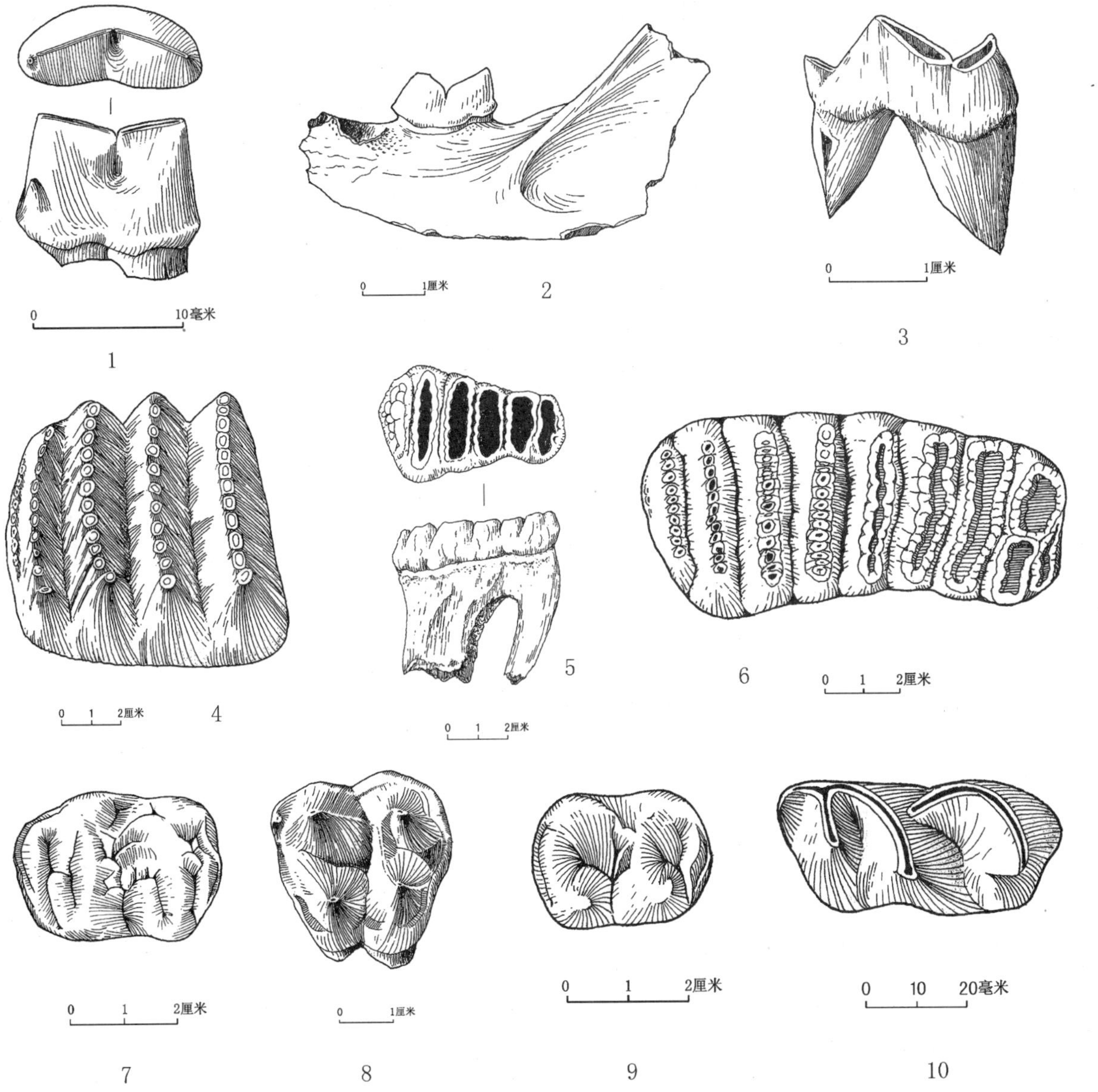

图五三　船帆洞 3 号支洞哺乳动物化石

Fig.53　Mammalian fossils from the No.3 Tunnel of the Chuanfandong Cave

1. 中华猫，右下裂齿（M_1 [Right] of *Felis chinensis*, 04FSCH3:M0124）　2. 猞猁，右下颌骨（Mandible [Right, incomplete] of *Lynx* sp., 04FSCH3:M0060）　3. 似鬃猎豹，右下裂齿（M_1 [Right] of *Acinonyx* cf. *Jubatus*, 04FSCH3:M0059）　4. 东方剑齿象，左下第三臼齿（M_3 [left] of *Stegodon orientalis*, 04FSCH3:M0008）　5. 东方剑齿象，右下第一乳臼齿（First deciduous tooth [Right, below] of *Stegodon orientalis*, 04FSCH3:M0475）　6. 东方剑齿象，右下第三乳臼齿（Third deciduous tooth [Right, below] of *Stegodon orientalis*, 04FSCH3:M0607）　7. 华南巨貘，右下第二臼齿（M_2 [Right] of *Megatapirus augustus*, 04FSCH3:M0055）　8. 华南巨貘，右上第二臼齿（M^2 [Right] of *Megatapirus augustus*, 04FSCH3:M0050）　9. 华南巨貘，右上第二臼齿（M^2 [Right] of *Megatapirus augustus*, 04FSCH3:M0234）　10. 中国犀，右下第三臼齿（M_3 [Right] of *Rhinoceros sinensis*, 04FSCH3:M0056）

简述：标本04FSCH3:M060，颌骨薄，上升支特别薄而直，残长64、厚7、高33.4毫米。下裂齿，刀片状。长15、宽6、厚10毫米。颌骨底端有被豪猪啃咬的痕迹（图五三，2；彩版七四，2）。

层位：船帆洞3号支洞第三地层单元第20层。

时代：晚更新世早期。

虎豹属 *Panthera* Oken，1816

似鬃猎豹 *Acinonyx* cf. *jubatus*

材料：一件右下裂齿。

简述：标本04FSCH3:M0059，右下裂齿保存完整，铁锰质浸染，表呈灰黑色，后跟座发达（图五三，3；彩版七四，3）。

层位：船帆洞3号支洞第三地层单元第20层。

时代：晚更新世早期。

虎豹属成员中的虎和豹也是福建境内最常见的化石种类，几乎所有化石地点都有出土。该属成员可延续到全新世，但似鬃猎豹化石并不常见，至今只有船帆洞3号支洞下部有出土。

剑齿象属 *Stegodon* Falconer，1857

东方剑齿象 *Stegodon orientalis*

材料：完整的右下第一、三乳齿各一件，一件残破的左下第三臼齿，六颗残破下第二、第三乳齿，以及大批破碎的齿板。

标本04FSCH3:M0008，左下M_3，残破，仅遗后面的四个齿板，每个齿板具10～12个乳突（图五三，4；彩版七五，1）。

标本04FSCH3:M0475，右下第一乳臼齿，齿板5个，均有一定程度的磨蚀，长62、宽41、牙冠高18毫米（图五三，5；彩版七五，2）。

标本04FSCH3:M0607，右下第三乳臼齿，齿板8个，全长116、宽55、牙冠高32毫米。另有若干件残破臼齿齿板，乳突较大、较宽，属于破碎了的第三臼齿齿板（图五三，6；彩版七五，3）。

层位：船帆洞3号支洞第三地层单元第20层。

时代：晚更新世早期。

东方剑齿象也是福建境内常见的化石种之一，大部分地点有出土，从目前材料看，该种大致在晚更新世末期（即末次冰期最盛阶段）就从福建境内消失。

巨貘属 *Megatapirus* Matthew et Granger，1923

华南巨貘 *Megatapirus augustus*

材料：大量上、下，左、右前臼齿和臼齿。

简述：标本04FSCH3∶M0055，右下第二臼齿，齿前后长34、左右宽36、牙冠高19毫米（图五三，7；彩版七六，1）；标本04FSCH3∶M0050，右上M^2（图五三，8；彩版七六，2），出自船帆洞洞内第三地层单元中部，尺寸较大，为一种个体较大的貘，前臼齿臼齿化；内尖和齿带都比较发达，臼齿磨蚀后嚼面上的两个嵴在内侧分离。此标本从个体看，要比灵峰洞下文化层动物组合和船帆洞下文化层动物组合中的巨貘大得多，其原因可能与气候环境有关。

附：在貘属的材料中，有一件右上第二臼齿，标本04FSCH3∶M0234，长26.1、宽31毫米（图五三，9）。有若干残破前臼齿和臼齿，尺寸相当小，齿带不甚发育，磨蚀后嚼面上的两个嵴在内侧靠拢，明显与巨貘的特征不同，可能属中国貘（*Tapirus sinensis*）。

层位：灵峰洞第3层，船帆洞3号支洞第三地层单元第18层和第20层，船帆洞第二地层单元第7层。

时代：中更新世晚期至晚更新世晚期。

华南巨貘是福建境内最重要的化石种类之一，也是亚热带气候的典型代表，与东方剑齿象一样大致在晚更新世末期在福建境内消失。

犀属 *Rhinoceros* L.，1758

中国犀 *Rhinoceros sinensis*

材料：大量各类前臼齿和臼齿。

简述：龙井洞哺乳动物组合中的犀类化石存在两个不同的种类：一种是中国犀（*Rhinoceros sinensis*），另一种犀个体比中国犀小得多。中国犀的材料十分丰富，颊齿的基本特征是：前臼齿和臼齿的外侧具有强烈的两个外肋，前肋高大，外侧面具小而密集的褶皱，嚼面上有较大的前刺，但无反前刺和小刺；臼齿磨蚀后存在大而深的后窝，如标本04FSCH3∶M0012（左M^2，彩版七六，3）和标本04FSCH3∶M0056（右M_3，图五三，10），属中国犀无疑。龙井洞哺乳动物组合中的中国犀从个体看要比灵峰洞哺乳动物组合和船帆洞下文化层哺乳动物组合中的中国犀大。

另一种尺寸很小的犀类，臼齿相当于中国犀的五分之三，具有反前刺和小刺；外肋不明显，外壁较平，应属另一种犀类，但因材料较少，暂定为犀（*Rhinoceros* sp.）。

层位：灵峰洞洞内钙板层，船帆洞3号支洞第三地层单元第20层，船帆洞第二地层单元第15层。

时代：中更新世晚期至晚更新世晚期。

中国犀化石在福建境内广泛分布，但通常化石比较破碎，少见完整者，就已知材料看尚未发现完整齿列。

猪属 *Sus* Linnaeus，1758

野猪 *Sus scrofa*

材料：一件残破的左上颌骨，各类牙齿73颗。

简述：野猪牙齿粗大，低冠，嚼面结构丘形，具大小不等的瘤状突起。标本04FSCH3:M0070，残破右上颌骨，带P^3-M^2，长64毫米，M^2长22、宽20、齿冠高8毫米，磨蚀相当深，属一老年个体（彩版七七，1）。

标本04FSCH3:M0062，左上第三臼齿。长41、宽18、高12毫米（彩版七七，2）。

层位：灵峰洞第3层，船帆洞3号支洞第三地层单元第18层和第20层，船帆洞第二地层单元第10层和第15层。

时代：中更新世晚期至晚更新世晚期。

野猪化石在我国各地常有发现，在福建第四纪地层不乏见及。

鹿属 *Cervus* L.，1758

斑鹿 *Cervus* sp.

材料：一件保存根部的右角，另有207颗上下门齿、前臼齿和臼齿。

简述：标本04FSCH3:M0034，仅遗留角的根部，自然脱落，角面具细而密集的纵沟，主枝和眉枝似有人工痕迹（图五四，1；彩版七七，3）。

层位：船帆洞3号支洞第三地层单元第20层，船帆洞第二地层单元第10层和第15层。

时代：晚更新世。

斑鹿化石是福建境内数量最大的化石种，几乎每个地点都有发现，但大多以单颗牙齿出现，角化石保存都差。

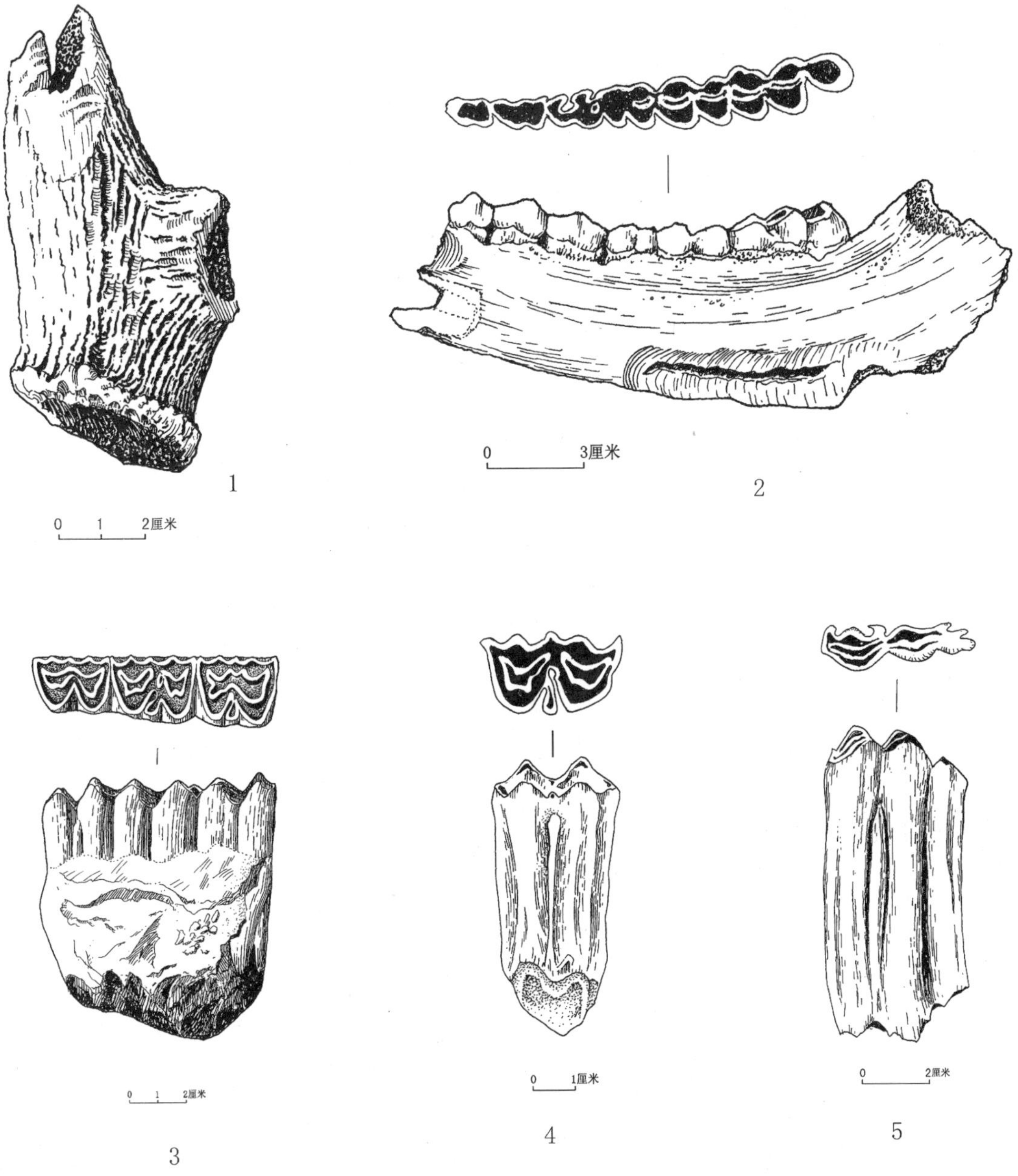

图五四　船帆洞3号支洞哺乳动物化石

Fig.54　Mammalian fossils from the No.3 Tunnel of the Chuanfandong Cave

1.斑鹿，残右角（Antler［Right，incomplete］of *Cervus* sp.，04FSCH3：M0034）　2.水鹿，左下颌骨（Mendible［Left］of *Cervus unicolor*，04FSCH3：M0394）　3.野牛，残左上颌骨（Palate［Left，incomplet］of *Bison* sp.，04FSCH3:M0010）　4.水牛，左上第一臼齿（M^1［Left］of *Bubalus bubalis*，04FSCH3:M0061）　5.水牛，右下第三臼齿（M_3［Right］of *Bubalus bubalis*，04FSCH3:M0005）

梅花鹿 *Cervus nippon*

材料：两件不完整的角以及大量单颗牙齿。

简述：标本99FSCHT11⑤B∶M01，留有眉枝和主枝的一小段角（92毫米），眉枝长50毫米，角表面已受到严重风化，但依然可见人工砍痕。而标本99FSCHT11⑤B∶M02，眉枝及主枝两端均有人工砍砸的痕迹，但可以确定其眉枝与主枝的交角大致垂直；角的表面有粗的纵嵴和断续的瘤状突起。梅花鹿角明显地小于上述的斑鹿角和水鹿的角。

层位：船帆洞3号支洞第三地层单元第18层，船帆洞第二地层单元第10层和第15层。

时代：晚更新世。

水鹿 *Cervus unicolor*

材料：若干左、右角的残段，一件左下颌骨，数十颗门齿、前臼齿和臼齿。

简述：从角的残段看，角粗大，表面有深的纵沟和棱嵴。标本04FSCH3∶M0394，左下颌骨，上带P_2-M_3，下颌骨长19、后端厚50、前端厚13毫米。底部平（图五四，2；彩版七八，1）。水平支和上升支呈和缓的钝角。水鹿的臼齿比斑鹿的要大得多，牙齿高冠，嚼面褶皱简单，外侧面向上变宽；齿柱发育，齿柱高达中部，锥形。水鹿在我国南方第四纪地层中甚为常见，是大熊猫－剑齿象动物群中的主要成员之一。在龙井洞动物组合中其数量超过三分之一。

层位：船帆洞3号支洞第三地层单元第20层。

时代：晚更新世早期。

水鹿与巨貘、中国犀等常常伴出，也是福建各地最常见的化石种类，但至今尚未见到完整的水鹿角或牙床。

野牛属 *Bison* Smith，1827

副野牛亚属 *Bison*（*Parabison*）Skinner et Kaison，1947

野牛 *Bison* sp.

材料：一件残破左上颌骨，若干单个牙齿。

简述：标本04FSCH3∶M0010，残破左上颌骨，上带M_1、M_2、M_3，残长95毫米。M_1，M_2，M_3长分别为：30，31，27；宽分别为20，21，18毫米（图五四，3）。齿冠中等高，外侧面无明显小褶皱，珐琅质很薄，原尖和后尖磨蚀后呈不整齐的圆形，牙齿较粗壮，齿柱发达，且宽，但较短，高度部抵达牙面。根据嚼面的磨蚀程度看，该上颌骨显然属一壮年个体。

我国的野牛化石多见于北方，南方并不常见，在福建，除船帆洞 3 号支洞第三地层单元下部有发现外，还见于东山海域打捞出来的标本。

层位：船帆洞 3 号支洞第三地层单元第 20 层。

时代：晚更新世早期。

水牛属 *Bubalus* Smith，1827

水牛 *Bubalus bubalis*

材料：各类牙齿 27 颗。

简述：水牛的前臼齿和臼齿的齿冠都相当高，且大大超过牙根的长。牙的嚼面上褶皱简单，珐琅质较厚，内齿柱十分发达，从牙根伸至近牙面。标本 04FSCH3∶M0061，左上第一臼齿，前后长 32、左右宽 15、牙冠高 68 毫米（图五四，4；彩版七八，2）。

标本 04FSCH3∶M0005，右下第三臼齿，其尺寸和牙齿结构都与常见的水牛相同（图五四，5；彩版七八，3）。

层位：船帆洞 3 号支洞第三地层单元第 18 层和第 20 层，船帆洞第二地层单元第 10 层和第 15 层。

时代：晚更新世早期至晚期。

水牛化石是福建境内最常见的种类之一，凡是哺乳动物化石地点，都伴有水牛化石的发现，但其时代可延续至全新世。

第三节　船帆洞 3 号支洞哺乳动物种群动态分析

除船帆洞 3 号支洞出土的哺乳动物化石数量较多、保存较好外，其他地点和各层位的化石都比较破碎，难以进行有关种群动态方面的分析。现就船帆洞 3 号支洞第三地层单元第 20 层出土数量较多的几个种类做统计和分析。如果以一颗牙齿或一个角作为一件计算，化石总数超过 800 件，其中以斑鹿的牙齿为最多，有 207 颗，其次是野猪 36 颗，猪（小型）37 颗，巨貘 30 颗，牛 27 颗，这五个种类有可能进行有关种群动态方面的分析。在确定每个牙齿的具体位置后，归类统计出不同牙齿的数量，将数量最多的作为该种的最少个体数。根据牙齿的磨蚀程度，将其分为四个等级：幼年（包括乳齿和尚未磨蚀的恒齿）、青年（轻度磨蚀的恒齿）、壮年（磨蚀中等程度）和老年（牙齿嚼面基本上已经磨光），并分别统计其数量，以表示该种年龄结构的基本情况。在这基础上，再分析当时哺乳动物群落总的面貌。

斑鹿牙齿的鉴定、分类和统计可见表一一：

表一一　　斑鹿牙齿分类与统计表

Tab.11　　Statistics and systematic of teeth of *Cervus* sp. in the No. 3 Tunnel of Chanfandong Cave

左侧			数量	右侧			数量
门齿	上	第一	2	门齿	上	第一	0
		第二	0			第二	0
		第三	0			第三	0
	下	第一	2		下	第一	1
		第二	0			第二	0
		第三	0			第三	0
犬齿	上		1	犬齿	上		0
	下		0		下		0
前臼齿	上	第一	3	前臼齿	上	第一	2
		第二	12			第二	4
		第三	4			第三	4
		第四	3			第四	1
	下	第一	9		下	第一	2
		第二	11			第二	13
		第三	3			第三	3
		第四	3			第四	0
臼齿	上	第一	25	臼齿	上	第一	4
		第二	6			第二	27
		第三	1			第三	3
	下	第一	13		下	第一	7
		第二	5			第二	8
		第三	15			第三	11
小计	117			小计	90		

从表一一可以看出，斑鹿各类牙齿中以右上第二臼齿最多，共27颗；其次是左上第一臼齿，共25颗，数字说明船帆洞3号支洞动物群中，斑鹿最少个体数为27头。在斑鹿的207颗牙齿中，属于幼年的37颗，青年的69颗，壮年的73颗，老年的28颗。各

个年龄段的比例表明是自然死亡而非人类猎获。

对三十六颗野猪牙齿的鉴定、分类和统计后得出，其中以右下第三臼齿8颗为最多，代表最少个体数为8头（表一二）。对年龄的鉴定如下：幼年个体4；青年个体13；壮年个体16；老年个体3。

表一二　野猪牙齿的分类与统计表

Tab.12　Statistics and systematic of teeth of *Sus scrofa* in the No.3 0f Chanfandong Cave

左	数　量	右	数　量
上第一前臼齿	1	上犬齿	1
上第二前臼齿	1	上第二臼齿	2
上第二臼齿	5	上第三臼齿	3
上第三臼齿	5	下第二臼齿	1
下第一臼齿	2	下第三臼齿	8
下第二臼齿	3	/	/
下第三臼齿	4	/	/
小　计	21	小　计	15

猪（小型）牙齿总数为37颗，其中以左下第三臼齿最多，计6颗，代表最少个体数为6头。对年龄的鉴定显示：幼年个体3，青年个体4，壮年个体19，老年个体11。

小猪牙齿的鉴定、分类与统计可见表一三：

表一三　猪牙齿的分类与统计

Tab.13　Statistics and systematic of teeth of *Sus* sp. in the No.3. Tunnel of Chanfandong Cave

左	数　量	右	数　量
上第三前臼齿	0	上第三前臼齿	1
上第四前臼齿	1	上第四前臼齿	3
上第一臼齿	0	上第一臼齿	4
上第二臼齿	3	上第二臼齿	1
上第三臼齿	3	上第三臼齿	3
下第三前臼齿	1	下第三前臼齿	0
下第四前臼齿	0	下第四前臼齿	1
下第一臼齿	2	下第一臼齿	1
下第二臼齿	1	下第二臼齿	3
下第三臼齿	6	下一三臼齿	3
小　计	17	小　计	20

水牛牙齿共27颗，根据鉴定、分类与统计表明：其中右上第二臼齿和右下第二臼齿最多有5颗，说明最少个体数为5头（表一四）。年龄鉴定：幼年4，青年6，壮年8，老年9。

表一四 水牛的分类与统计

Tab.14 Statistics and systematic of teeth of *Bubalua bubalis* In the No.3 Tunnel of Chanfandong Cave

左	数量	右	数量
上第三前臼齿	0	上第三前臼齿	1
上第一臼齿	2	上第一臼齿	0
上第二臼齿	3	上第二臼齿	5
下第一臼齿	1	下第一臼齿	2
下第二臼齿	1	下第二臼齿	5
下第三臼齿	3	下第三臼齿	4
小计	10	小计	17

华南巨貘牙齿共30颗，其中以右下第二臼齿的数量最多，为6颗，表明最少个体数为6头。年龄鉴定分别为：幼年个体4，青年个体10，壮年个体13，老年个体3。

华南巨貘牙齿鉴定、分类与统计见表一五：

表一五 华南巨貘的分类与统计

Tab.15 Statistics and systematic of teeth of *Megatapirus augustus* in the No.3 Tunnel of Chanfandong Cave

左侧	数量	右侧	数量
上第一臼齿	4	上第一臼齿	4
上第二臼齿	1	上第二臼齿	1
下门齿	0	下门齿	1
下第一臼齿	1	下第一臼齿	3
下第二臼齿	1	下第二臼齿	6
下第三臼齿	5	下第三臼齿	3
小计	12	小计	18

在上述统计中斑鹿牙齿207颗，最少个体数27；野猪牙齿36颗，最少个体数8；猪（小型）牙齿37颗，最少个体数6；水牛牙齿27颗，最少个体数5；巨貘牙齿30颗，最

少个体数6。可见，在动物群中以斑鹿的种群数量为最大，其次分别是野猪、猪（小型）、巨貘和水牛。可以肯定的是，船帆洞3号支洞哺乳动物组合的41种中，统计的5种动物的数量占据动物组合的绝大多数，也是种群最大的体现。

从年龄结构看，斑鹿、野猪、猪（小型）、水牛和巨貘，大致相同，都是壮年和青年占多数，表明属于自然死亡的可能性更大。尽管食肉类有15种，但个体数量较少。如果将上述五种动物的全部牙齿数337颗按各年龄段相加如图五五所示，则幼年52颗；青年102颗；壮年129颗；老年54颗。各个年龄段的比例符合种群的生态结构。

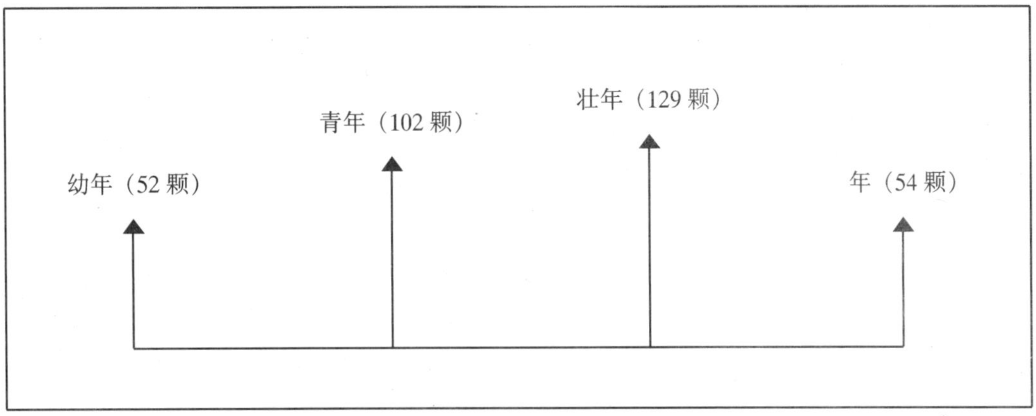

图五五　斑鹿等五种动物合计年龄结构图

Fig.55　Age composition of *Cervus*, *Megatapirus*, *Sus* and *Bubalus*

第四节　万寿岩旧石器时代遗址哺乳动物组合的性质与对比

根据许多学者对我国南方第四纪哺乳动物性质的分析①②，并对照万寿岩旧石器时代遗址的四个动物组合，可以看出：一、灵峰洞哺乳动物组合11种中，小哺乳类所占的比例较大，且明显地缺少大型食肉类，偶蹄类也显得缺乏。动物组合中的绝灭种仅2种，占18.2%，绝灭种的比例似乎显得偏低，这可能与遭受长期风化和钙质浸染有关。龙井洞哺乳动物组合41种中，食肉类14种，在动物群中占相当大的比例（34.1%）；奇蹄类和偶蹄类15种，占36.6%；哺乳动物组合中，绝灭种10种，占24.1%；船帆洞下文化层哺乳动物组合中绝灭种3种，占动物组合种数的20%。船帆洞上文化层哺乳动物组合

① 计宏祥，1977：华南第四纪哺乳动物群的划分问题。古脊椎动物与古人类，14（1），59～66。

② 李炎贤，1981：我国南方第四纪哺乳动物的划分和演变。古脊椎动物与古人类，10（1），67～76。

中缺乏奇蹄类，绝灭种仅鬣狗一种，约占总数的 8%。如果单从绝灭种的比例分析，除灵峰洞哺乳动物组合外，其他三个动物组合的绝灭种比例是正常的。从已知的测年来看，可将四个哺乳动物组合作如下的排列：

船帆洞上文化层哺乳动物组合，27～29 ka.BP；

船帆洞下文化层哺乳动物组合，36～37 ka.BP；

龙井洞哺乳动物组合（相当于明溪剪刀墘动物群），118 ka.BP

灵峰洞哺乳动物组合，180～200 ka.BP。

万寿岩旧石器时代遗址的四个哺乳动物组合，从时代和地层上看，它们之间的先后顺序是明确的；从各个哺乳动物组合的成员看，也与更新世时期气候变化的各阶段相对应：即灵峰洞哺乳动物组合正处在中更新世后期庐山冰期的后叶，气候温偏凉、干；龙井洞哺乳动物组合所处时期为中更新世之后，更新世晚期的暖期；而船帆洞下文化层哺乳动物组合正是末次冰期间的间冰期，气候相对比较暖和，但此时已经开始向干、冷的方向发展。而船帆洞上文化层哺乳动物组合生存时期，正处在末次冰期鼎盛时期之始，处于相对干冷的气候环境。如此看来，船帆洞上文化层哺乳动物组合从时代和气候条件看，绝灭种比例少，大型食草动物锐减显然是由于自然环境变化引起的。

在福建省已知的数十处化石地点中，以明溪县剪刀墘山动物组合和万寿岩旧石器时代遗址的龙井洞哺乳动物组合的动物种类最多，数量上最大（表一六）。明溪县剪刀墘山化石地点计有 43 种，龙井洞哺乳动物组合种数 41 种次之，它们共同的特点是食肉动物和偶蹄动物的种类数最多。这两个哺乳动物组合与我国南方地区典型的大熊猫－剑齿象动物群相同，也是福建境内大熊猫－剑齿象动物群的代表。

万寿岩旧石器时代遗址的四个哺乳动物组合，在成员结构上差别是十分明显的。时代最早的灵峰洞哺乳动物组合中，大多数成员属于广适型动物，而热带、亚热带型的动物只有中国犀和巨貘二种。船帆洞上文化层和船帆洞下文化层两个哺乳动物组合中也各有三种适于热带、亚热带气候条件下生活的动物，而龙井洞哺乳动物组合中适于热带、亚热带气候条件下生活的成员超过 10 种，即喜暖动物至少占动物群总数的 1/4。由此可见，在这四个动物组合中，以龙井洞哺乳动物组合生存时期的气候和环境条件最为优越。

灵峰洞哺乳动物组合：哺乳动物组合组成以小哺乳动物为主，包括蝙蝠、南蝠、鼯鼠、社鼠、竹鼠、鼬、中国犀、巨貘和牛 等 11 种。在我国，与灵峰洞哺乳动物组合大致同时期的地点并不很多，北方有大荔、丁村等，南方有广东马坝、湖北长阳和贵州黔西观音洞等地点。

据有关报道，与马坝人共生的哺乳动物群成员主要有：豪猪、鼠、小熊、大熊猫、鬣狗、东方剑齿象、中国犀、貘、野猪等17种，称马坝动物群。该动物群属南方常见的大熊猫－剑齿象动物群范畴，其地质时代为中更新世晚期。长阳人遗址所在的龙洞洞内沉积物分两层，上部黄色砂质土，下部角砾层，人类化石和哺乳动物化石都出自下部地层中。从沉积物看似乎应稍早于灵峰洞文化层。与长阳人伴生的哺乳动物群成员有：豪猪、猫、虎、豺、獾、鬣狗、中国犀、东方剑齿象、巨貘、鹿、牛等，铀系法年代测定为距今200 ka.BP，和灵峰洞文化层时代大致相同。贵州黔西观音洞中与文化遗物伴生的哺乳动物有猕猴、竹鼠、狐、大熊猫、剑齿象、巨貘、马、中国犀、水牛、水鹿、苏门羚等。化石组合代表典型的中更新世晚期大熊猫－剑齿象洞穴动物群，反映热带－亚热带山地森林环境。上述三个地点的哺乳动物群都属于中更新世晚期，年代约在18～200ka.BP前后。但在福建地区因受到庐山冰期的影响可能要大一些，所以可能气候环境有所差别。从地层对比看，含有上述动物群的地层年代，可与北方黄土－古土壤系列中的 L_2 相对比[①]。

龙井洞哺乳动物组合与剪刀墘山动物群十分相似，前者属洞穴类型，后者属裂隙类型。两个动物群的数量都很庞大，种类众多，反映出在晚更新世早期，当地生态环境处于最佳时期。龙井洞哺乳动物组合和剪刀墘山动物群不仅在构成成员相似，如南蝠、硕猕猴、黑鼠、鼠、无颈鬃豪猪、竹鼠、大熊猫、黑熊、最后鬣狗、狼、豺、虎、豹、东方剑齿象、巨貘、中国犀、水鹿、梅花鹿、矮麂、山羊、水牛等，而且两个动物群的各个大类比例也相同，都是典型的大熊猫－剑齿象动物群。剪刀墘山地点铀系测年距今118 ka.，在福建，与龙井洞哺乳动物组合、剪刀墘山动物群相同的动物群还有永安寨岩坑动物群、将乐岩仔洞动物群等。

在我国南方，与龙井洞哺乳动物组合大致同时期的动物群还有：云南西畴动物群[②]、贵州桐梓动物群[③]、广东封开动物群[④] 和浙江留下[⑤] 等。云南西畴哺乳动物蝠、猕猴、长臂猿、猩猩、晚期智人、豪猪、豺、小熊猫、大熊猫、黑熊、猪獾、大灵猫、小灵猫、果子狸、云豹、东方剑齿象、马、巨貘、中国犀、野猪、黑麂、水牛等20余种；广东省西部的封开动物群成员有猕猴、金丝猴、豪猪、大熊猫、熊、鼬、东方剑齿象、纳玛象、巨貘、牛、鹿等20余种。贵州桐梓哺乳动物群的成员有金丝猴、长臂猿、猩猩、

① 刘东生等，1990：中国黄土研究新进展。中国第四纪研究，(1)，1～9。
② 陈德珍等，1978：云南西畴人类化石及共生的哺乳动物群。古脊椎动物与古人类，16 (1)，33～46。
③ 吴茂霖，1984：贵州桐梓新发现的人类化石。人类学学报，3 (3)，195～201。
④ 邱立诚、宋方义、王令红，1986：广东封开发现的人类牙齿化石。人类学学报，(5)。
⑤ 裴文中、邱中郎，1957：浙江留下洞穴哺乳动物化石。1 (1)，42～46。

豪猪、大熊猫、柯氏熊、最后鬣狗、巨貘、东方剑齿象、中国犀等。这些哺乳动物群的地质时代都是晚更新世早期，测年都在 100～130ka. 之间。据对比，这些动物群在时代上与北方黄土系列中的 S_1 相当。

船帆洞哺乳动物组合的主要成员有蝙蝠、竹鼠、鼠、猕猴、鬣狗、虎、棕熊、犬科、巨貘、中国犀、鹿、牛等。在万寿岩地区，从龙井洞哺乳动物组合到船帆洞下文化层哺乳动物组合，其动物组合成员组成发生明显的变化，主要表现在典型的大熊猫－剑齿象动物成员和常见的偶蹄类种数已大大减少。我国南方其他地区与其相同的动物群还有云南丽江动物群[①]、云南昆明龙潭山动物群、四川资阳动物群和重庆铜梁动物群。云南丽江与人类化石共生的动物群成员包括犀、貘、轴鹿、水牛等少量种类，缺乏食肉类动物；昆明龙潭山动物群的成员有豪猪、竹鼠、最后鬣狗、中国犀、鹿、牛等；与资阳人伴生的哺乳动物化石有豪猪、竹鼠、东方剑齿象、亚洲象、中国犀、水鹿、牛、野猪等；重庆铜梁张二塘与石制品一起出土的化石也与其相近。这个时期我国南方的哺乳动物群与稍早的晚更新世早期动物群相比有显著差别，表现在典型的南方型动物明显减少，种群数量明显减少和偶蹄类成分的大幅下降，究其原因，应和末次冰期即将降临有关[②③]。

船帆洞上文化层哺乳动物组合，竹鼠、豪猪、猕猴、熊、狼、豺、犬科、鬣狗、野猪、鹿、麂等 13 种。动物群中大型的动物和喜暖成员明显减少或消失，意味着当时处在末次冰期的前期，一些热带－亚热带成员因此向南迁徙。在我国南方，与其相同的动物群还有：广西柳江，四川富林，贵州硝灰洞、猫猫洞，广西都安等地点。四川富林地点的哺乳动物有小熊、柯氏熊、鹿、麂和野猪，化石出自河流 第二级阶地，时代为更新世晚期；贵州硝灰洞哺乳动物化石有剑齿象、牛、羊、鹿和野猪；猫猫洞遗址文化遗物出自灰褐色黏土层中，出土属于晚期智人化石 7 件；石制品 4000 余件；骨器、角器 14 件，以及少量动物化石，这些都与船帆洞上文化层相似；在时代上广西都安独山地点也与其相当[④]，测年均在 25～30ka.BP 之间。

纵观三明万寿岩诸洞穴所发现的哺乳动物化石可以看出，哺乳动物组合的成员在不同时期有较大变化，尤其在末次冰期的强烈影响下，哺乳动物发生重组现象明显[⑤]，表

---

① 林一璞、张兴永，1978：云南丽江木家桥发现的哺乳动物化石和石器。地层古生物论文集，第七辑，科学出版社，北京，80～85。

② 黄万波，1986：第四纪哺乳动物与气候变迁，中国第四纪研究，[2]，54～60。

③ 徐钦琦，1981：晚更新世以来的气候变化与地球轨道。地层学杂志，5（3），226～230。

④ 谢光茂，1991：广西都安巴独山发现的人类文化遗址及动物化石。人类学学报，10（3），264～267。

⑤ 尤玉柱，1992：中国动物群及人类文化的古气候变化记录。中国气候变迁及其影响。海洋出版社，北京。178～190。

现在船帆洞上文化层哺乳动物组合在偏凉和灌丛－草地环境下，喜暖动物和种类大幅度减少甚至消失。

有关我国东部沿海地区第四纪时期动物群演化与气候变化问题，已有许多学者进行过讨论，大多数学者认为，在中更新世晚一阶段，气候普遍转凉，此时大约在180～200ka.之间，正处在庐山冰期的后一阶段，因此，灵峰洞动物群成员数量有限就是可以理解的了。

杨子赓在论及我国东部陆架第四纪时期的演变和环境效应时提出，在距今4～50ka.BP期间，是一次明显的海侵时期，而浙江、福建两省属于不断隆起的地带。动物群成员与数量虽有下降，但并不明显①。到了距今25000a～15000a BP时，冰期来临，寒冷气候的影响可波及到北纬24度地区；黄万波认为此时正是北方动物群大举向南侵入的时期②。

表一六是万寿岩旧石器时代遗址四个哺乳动物组合与福建其他哺乳动物群的比较。

表一六　　万寿岩动物群与其他主要哺乳动物群种类比较（共80种）

Tab.16　　Conparing of Wshouyan faunas with others

福建主要化石地 / 化石种	宁化老虎洞	永安寨岩山	清流狐狸洞	清流龙津洞	灵峰洞动物组合	船帆洞上文化层动物组合	船帆洞下文化层动物组合	龙井洞动物组合	将乐岩仔洞	明溪剪刀墘山
1 鼩鼱（*Sorex* sp.）			●	●				●		
2 短尾鼩（*Anourosorex* sp.）				●						
3 水鼩（*Neomys* sp.）				●						
4 大马蹄蝠（*Hipposideros armiger*）										●
6 蹄蝠（*Hipposideros* sp）				●				●	●	
7 东方蹄蝠（*Vespertilio superana*）										●
8 蝙蝠（*Vespertilio* sp.）			●	●	●					●
9 鼠耳蝠（*Myotis* sp.）				●						
10 南蝠（*Ia io*）				●	●		●	●		●

① 杨子庚，1991：中国东部陆架第四纪时期的演变及其环境效应。梁名胜主编：中国海陆第四纪对比研究。科学出版社，北京，1～22。

② 黄万波，1991：中国晚更新世哺乳动物群。参加第十三届国际第四纪大会论文集，科学出版社，北京，44～54。

续表一六

化石种 \ 福建主要化石地	宁化老虎洞	永安寨岩山	清流狐狸洞	清流龙津洞	灵峰洞动物组合	船帆洞上文化层动物组合	船帆洞下文化层动物组合	龙井洞动物组合	将乐岩仔洞	明溪剪刀墘山
11 菊头蝠（*Rhinolophus* sp.）							●	●	●	
12 白腹管鼻蝠（*Murina leucogaster*）								●		
13 晚期智人（*Homo sapeins sapeins*）			●							
14 硕猕猴相似种（*Macaca cf. Robustus*）		●				●		●	●	
15 猕猴（*Macaca mulatta*）	●		●	●			●	●	●	●
16 叶猴（*Presbytis* sp.）				●					●	
17 金丝猴（*Rhinopithecus roxellana*）				●						●
18 长臂猿（*Hylobates* sp.）				●					●	
19 猴科（*Cercopithecidae indet A*）		●								
20 猴科（*Cercopithecidae indet B*）										
21 岩松鼠（*Schrotamias* sp.）				●					●	
22 社鼠（*Niviventer* sp.）					●					
23 花松鼠（*Tamiops* sp.）				●						
24 飞鼠（*Pteromys* sp.）				●					●	
25 毛耳飞鼠（*Belomys pearsoni*）									●	
26 绒鼠（*Eothenomys* sp.）				●					●	
27 褐家鼠（*Rattus norvegicus*）				●					●	
28 白腹鼠（*Ruttes coxingi*）				●					●	
29 猪尾鼠（*Typhiomys cinereus*）				●					●	
30 仓鼠（*Cricetulus* sp.）				●						
31 家鼠（*Rattus* sp.）	●			●					●	●
32 小家鼠（*Mus* sp.）				●					●	
33 田鼠（*Microtus* sp.）			●	●					●	●
34 鼯鼠（*Petaurista* sp.）				●	●				●	●
35 黑鼠（*Ruttes ruttes*）			●	●	●	●	●			●
36 小巢鼠（*Micromys* sp.）				●						●
37 竹鼠（*Rhizomys* sp.）		●	●	●	●	●	●	●	●	●

续表一六

福建主要化石地 / 化石种	宁化老虎洞	永安寨岩山	清流狐狸洞	清流龙津洞	灵峰洞动物组合	船帆洞上文化层动物组合	船帆洞下文化层动物组合	龙井洞动物组合	将乐岩仔洞	明溪剪刀墘山
38 无颈鬃豪猪（*Hystrix subcristata*）		●	●	●				●	●	●
39 豪猪（*Hystris* sp.）	●	●	●	●	●	●	●	●	●	●
40 鼹鼠（*Talpidae indet.*）				●						
41 野兔（*Lepus* sp.）			●						●	
42 鼬（*Mustela* sp.）					●					●
43 狼（*Canis lupus*）							●	●		●
44 普通狐狸（*Vulpes vulgaris*）						●				
45 豺（*Cuon* sp.）				●				●		
46 花面狸（*Paguma larvata*）										●
47 沙獾（*Arctonyx collaris*）				●				●		●
48 小熊猫（*Ailurus* sp.）				●						●
49 大熊猫（*Ailulopoda melanoleuca*）	●	●	●	●				●	●	●
50 小灵猫（*Viperricula malaccernsis*）			●	●						
51 黑熊（*Ursus thibetanus*）		●	●	●				●	●	●
52 熊（*Ursus* sp.）	●		●	●		●	●	●	●	●
53 最后鬣狗（*Crocuta ultima*）				●				●		●
54 鬣狗（*Crocuta* sp.）						●	●	●		
55 虎（*Panthera tigris*）	●		●	●				●	●	●
56 金钱豹（*Panthera pardus*）		●	●	●				●	●	●
57 金猫（*Felis incki*）								●		●
58 猎豹（*Acinonyx* sp.）	●							●		
69 亚洲象（*Elephas maximus*）				●						
60 东方剑齿象（*Stegodon oreitalis*）	●	●	●	●				●	●	●
61 野马（*Equus* sp.）										●
62 中国犀（*Rhinoceros sinensis*）		●		●	●		●	●	●	●
63 犀（*Rhinoceros* sp.）	●			●				●		
64 华南巨貘（*Megatapirus augustus*）	●				●			●	●	●

续表一六

福建主要化石地 化石种	宁化老虎洞	永安寨岩山	清流狐狸洞	清流龙津洞	灵峰洞动物组合	船帆洞上文化层动物组合	船帆洞下文化层动物组合	龙井洞动物组合	将乐岩仔洞	明溪剪刀墘山
65 巨貘（*Megatapirus* sp.）		●	●	●				●	●	●
66 中国貘（*Tapirus sinensis*）		●		●						
67 野猪（*Sus scrofa* ）	●	●	●	●	●	●	●	●	●	●
68 猪（*Sus* sp.）	●	●	●	●				●	●	●
69 小麂（*Muntiacus reevesi*）	●							●		●
70 麂（*Muntiacus* sp.）		●	●	●		●		●	●	
71 獐（*Hydropotes inermis*）			●	●						
72 毛冠鹿（*Elaphodus cephalophus*）	●									●
73 水鹿（*Cervus unicolor*）	●	●	●	●				●	●	●
74 梅花鹿（*Cervus n ippon*）			●			●		●	●	●
75 斑鹿（*Cervus* sp.）						●	●	●		
76 绵羊（*Ovis* sp.）		●								●
77 山羊（*Capra* sp.）	●		●	●			●	●		●
78 水牛（*Bubalus bubalus*）	●	●	●	●		●	●	●	●	●
79 牛（*Bubalus* sp.）	●			●	●			●		●
80 野牛（*Bison* sp.）								●		

三明万寿岩旧石器时代遗址的四个哺乳动物组合的年代及其与地层、生态的关系见表一七。根据该表，不难看到，利用哺乳动物组合对生态环境的分析，与对孢粉的分析大致相同，但也有一些差别，主要原因可能在于孢粉样品取自洞内堆积层中，故蕨类孢子明显增多。

万寿岩旧石器时代遗址至今仅仅做了初步发掘，尚有几个洞穴未经调查和发掘，我们期待将来会有更重要发现。

表一七　万寿岩哺乳动物群地层层位、时代与生态环境

Fig.16　Fauna, strata and environment of Wanshouyan Site

动物群	地层层位	时代	气候与环境
船帆洞上文化层哺乳动物组合	船帆洞洞内 第二地层单元上部	晚更新世 晚期	偏凉、干，疏林－草地植被
船帆洞下文化层哺乳动物组合	船帆洞洞内 第二地层单元下部	晚更新世 中期	偏暖，针叶、阔叶混交林植被
龙井洞哺乳动物组合	船帆洞洞内 第三地层单元	晚更新世 早期	暖湿，常绿阔叶雨林植被
灵峰洞哺乳动物组合	灵峰洞洞内上钙板层	中更新世 晚期	偏凉，稀树－草原植被

附录一

关于福建三明市万寿岩旧石器时代遗址船帆洞鉴定书

张森水

（中国科学院古脊椎动物与古人类研究所）

名　称	产　地	时　代
石制品	福建三明市双连洞（船帆洞）	旧石器时代晚期或稍晚

1999年10月，福建省博物馆与三明市文化局、文管会和市博物馆联合对三明市郊双连洞进行局部的抢救性发掘。在洞内第7层下揭露了面积约6.5平方米的角砾地面，距堆积表层1.65米，从中出土了一批化石和石制品，同层未见晚期遗物，如陶瓷片等。送来鉴定的标本为石制品，共33件，鉴定结果如下：

除个别石质标本人工痕迹不清楚外，绝大多数人工痕迹清楚。这些石制品包括石锤、砸击石块、石核、石片和石器。石器可分为刮削器、尖刃器和砍砸器。器体比较粗大，加工方式以向背面修理为主，与过去福建漳州莲花池山发现的旧石器有明显的不同，应属福建省史前考古重要新发现。另据所提供的照片，发现石制品和化石的面，系由大小不等的灰岩角砾所组成，无明显的定向排列和分选，不像是水流形成的堆积，可能是人工堆积成的；堆积旁还有小沟，也可能与人类生活有关。若后两者的人工性质被证实，则不仅是福建史前考古的首次发现，而且在全国也是重要的史前遗存。有鉴于此，双连洞遗址必须很好保护，其附近景观亦应加以妥善地保护，以便进一步研究原始人类的文化和生活环境。

关于遗址的时代，依哺乳动物化石中有巨貘和中国犀，一般认为其时代属更新世晚期人（不晚于距今1.2万年），但石制品中有一件有坑疤砾石，其上有清楚的磨痕，因此，也排除稍晚的可能性（类似标本曾发现距今8000年前）。

鉴定人	张森水研究员；国家文物局考古专家组成员

贾兰坡：“这个遗址很重要，必须保护。”

中国科学院古脊椎动物与古人类研究所

1999年11月15日

鉴定书原件

名　　称	产　　地	时　　代
石制品	福建三明市双连洞	旧石器时代晚期或稍晚

1999年10月，福建省博物馆与三明市文化局、文管会和市博物馆联合对三明市郊双连洞进行局部的抢救性发掘。在洞内第7层下揭露了面积约65m²的角砾地面，距堆积表层1.65m，从中出土了一批化石和石制品，同层未见晚期遗物，如陶瓷片等。送来鉴定的标本为石制品，共33件，鉴定结果如下：

除个别的石质标本人工痕迹不清楚外，绝大多数人工痕迹清楚。这些石制品包括石锤、砸击石块、石核、石片和石器。石器可分为刮削器、尖刃器和砍砸器。器体比较粗大，加工方式以向背面修理为主，与过去福建漳州莲花池山发现的旧石器有明显的不同，应属福建省史前考古重要新发现。另据所提供的照片，发现石制品和化石的面，系由大小不等的灰岩角砾所组成，无明显的定向排列和分选，不象是水流形成的堆积，可能是人工堆积成的；堆积旁还有小沟，也可能与人类生活有关。若后两者的人工性质被证实，则不仅是福建史前考古的首次发现，而且在全国也是重要的史前遗存。有鉴于此，双连洞遗址必须很好保护，其附近景观亦应加以妥善地保护，以便进一步研究原始人类的文化和生活环境。

关于遗址的时代，依哺乳动物化石中有巨貘和中国犀，一般认为其时代属更新世晚期（不晚于距今1.2万年），但石制品中有一件有琢痕砾石，其上有清楚的磨痕，因此，也难排除稍晚的可能性（类似标本曾发现于距今8000年前）。

鉴　定　人	張森水 研究员；国家文物局考古专家组成员

这个遗址很重要，必须保护。

贾兰坡

1999.10.15.

中国科学院古脊椎动物与古人类研究所

年 月15日

附录二

关于三明万寿岩旧石器时代遗址专家评审意见

张森水、王幼平、陈泽霖、王振镛、林公务、
曾从盛、郑国珍、范雪春

2002年7月27、28日，福建省文化厅和三明市人民政府联合组织召开了《福建省三明万寿岩旧石器时代遗址保护总体规划》（以下简称《规划》）专家评审会，评审会由国家文物局考古专家组成员、中国科学院古脊椎与古人类研究所张森水研究员主持。与会专家听取了规划编制单位中国文物研究所的规划编制说明，实地考察了万寿岩遗址，对保护规划进行了认真讨论，形成评审意见如下。

一、对《规划》总的评估

《规划》体现了“保护为主，抢救第一”的文物保护方针，指导思想明确。《规划》编制认真负责，能从万寿岩遗址实际出发，实事求是，总体可行。《规划》重点突出，点面结合较好，科学依据比较充分。

二、对《规划》的几点建议

(一)《规划》名称应按国务院颁布的全国重点文物保护单位名称为准，建议改为“福建省三明万寿岩旧石器时代遗址保护规划”。

（二）对遗址受水的破坏作用，应明确以疏导为主的原则，在充分科学依据的基础上进一步完善本《规划》。

（三）在水患未解决以前，对船帆洞石铺地面暂时采取覆盖保护措施。在覆盖前，采取物探的方法，查明基础现状，尽快补齐文物考古资料，并对船帆洞洞口前路段进行抢救性考古发掘至低于石铺地面水平线以下，以利洪水排泄。

（四）灵峰洞的保护在《规划》中表现牵强，对文化层应提出具体保护措施。

（五）保护范围内，不得再有新的任何建筑，应列入《规划》要求。岩前村镇建设和修改村镇规划，必须与本《规划》相协调，不得破坏万寿岩遗址周边的环境风貌。

（六）对规划范围内机动车道移出遗址保护区的问题，在《规划》中应予明确。

（七）展示馆的位置，以第二方案为宜，其体量和形制应以不影响万寿岩遗址景观为原则。

（八）在《规划》中，应增加科学研究、灾害评估、考古发掘等内容及其经费预算。

附录三

三明市万寿岩旧石器时代遗址船帆洞石质地面论证意见

夏正楷
（北京大学教授）
李容全
（北京师范大学教授）
曾从盛
（福建师范大学副教授）

应福建省文化厅、三明市人民政府邀请，我们于2000年4月14日对三明市万寿岩旧石器时代遗址中的船帆洞石铺地面进行了详细的考察，经过充分的讨论，结果如下：

一、从平面分布看，石铺地面主要分布在近洞口北侧，与洞口无直接关系，石铺地面与岩壁之间有明显间隔。石铺地面与原始洞底面起伏的关系是：只铺设地较低的地面部分；局部边界平面直而截然。

二、在平面上，石铺地面基本上为厚薄比较均匀的单一层次，层底部未见流水侵蚀痕迹和流水堆积物质。

三、石铺地面的石块岩石组成中有石英砂岩与洞顶坍塌的石块，未见石块间隙之间的细粒填充物；多数石块略有磨圆，亦有个别尖棱石块混杂其中。石块排列不具有流水作用的定向性。

鉴于以上情况，我们认为船帆洞内的石块层属古代人类铺设的石铺地面，这在我国旧石器考古中属重大发现，对研究末次冰期古代人类生存环境和文化演进有极其重大意义。

附录四

福建三明船帆洞古代人类生存环境的初步分析

夏正楷
（北京大学环境学院）

一、船帆洞的地貌环境

船帆洞地处三明市岩前山间小盆地南端，是一个喀斯特水平洞穴，洞口位于相对高度约150米的石灰岩残丘——万寿岩的南坡坡脚。沙溪河的支流渔塘溪从船帆洞西边流过，在船帆洞前形成两级河流阶地，其中第二级阶地属堆积阶地，主要由深灰黑色黏土组成，阶地面高于河面4～5米，宽约500米，现大都已改造为稻田。根据采自该阶地顶部黏土层的热释光测年数据为17.35±1.62ka.BP，推断二级阶地形成于距今1万7千年左右。船帆洞的洞口略高于渔塘溪二级阶地的后缘。

二、洞穴的堆积物及其年代

船帆洞是一个发育在上石炭系船山组石灰岩中的喀斯特溶洞，在进行考古发掘之前，洞穴几乎完全被堆积物所充填，洞内曾有过近代人类修建的庙宇。

洞穴堆积物的分层情况如下（据陈子文）：

近期阶段：

（一）现代堆积，灰褐色砂质黏土。厚2～60厘米（未采样）。

（二）灰褐色粉砂质黏土，含宋、明、清砖瓦和瓷片等。厚10～80厘米（未采样）。

（三）深灰褐色粉砂质黏土，含烧土、炭粒、灰烬、宋元砖瓦和瓷片等，下部有宋代的建筑遗迹和扰乱坑。厚10～85厘米（采样剖面厚4厘米）。

晚期阶段：

（四）浅黄色砂质黏土，含灰岩角砾。厚5～25厘米（采样剖面厚28厘米）。

中期阶段：

（五）上部（5A）黄褐色砂质黏土（上文化层上部），含大量钙质结核和灰岩角砾。出土少量石器和化石。厚40～60厘米（采样剖面厚76厘米）。

下部（5B）为浅褐色黏土（上文化层下部），含少量灰岩角砾，局部含烧土、灰烬和炭屑。出土有大量的文化遗物（打制石器、磨制骨器和烧骨等）和哺乳动物化石。^{14}C年龄在距今2.9～3.0万年。厚10～100厘米（采样剖面厚28厘米）。

（六）棕黄色粉砂质黏土与粗砂土互层（下文化层上部），中夹极少量的灰岩角砾。此层下部出土极零星的石制品和化石。厚25～145厘米（采样剖面厚116厘米）。

（七）褐色黏土（下文化层下部），含零星小角砾，洞口有大块灰岩角砾，靠底部出土数百件石制品和少量的动物化石。此层底部有石铺地面。厚10～75厘米（采样剖面厚20厘米）。

早期阶段：

（八）黄绿色砂质黏土，含较多的石英砂粒和灰岩小角砾，局部夹有黄色黏土和黑褐色钙板碎屑。厚0～20厘米（采样剖面厚12厘米）。

（九）黑褐色钙板，局部夹磨圆中等的石英小砾石。厚40～90厘米（采样剖面厚20厘米）。

（一〇）灰绿色砂质土和红黄色黏土互层，含少量的石英砾石。厚100厘米（未采样）。

三、洞穴填埋过程

根据洞穴堆积物的分层特征，我们可以把洞穴的堆积充填过程划分为四个阶段：

早期阶段：为自然充填时期（包括10～8层）。此阶段船帆洞被大量的泥质沉积物所充填，它们主要是由裂缝水带来的灰岩溶蚀残余。沉积物中也有一些略有磨圆的石英砾石，这些石英砾石主要应来源于洞外的河流冲积物，也可能与洞穴中的地下河有关。

中期阶段：为人类居住时期（包括7～5层）。时间大体在3万年之前。此阶段船帆洞被古人类所占据，其主要活动时期为7层（下文化层下部）和5层（上文化层下部），7层上部和5层上部洞穴堆积物中大量大块灰岩角砾的出现，反映当时洞穴中曾发生过大规模的顶板塌落，人类活动明显减少。

晚期阶段：也属自然充填时期（包括4层）。此阶段船帆洞再次被大量的洞穴堆积所充填，充填物以泥质为主，其中含有较多的大小不一的石灰岩角砾。

晚近阶段：为人类活动时期（包括3～1层）。从宋代至今，船帆洞一直有人类活动，堆积了2～3米厚的各种人工堆积物。

船帆洞充填堆积阶段

演化阶段	层次	沉积特征	人类文化	厚度
晚近人工堆积阶段	3～1	人工堆积物	含宋代至今的不同时代的文化遗存	
晚期自然充填阶段	4	泥质堆积为主，含较多的石灰岩角砾	无	
中期人类居住阶段	7～5	在上下两个文化层的上部都出现大量的石灰岩角砾	上文化层：有大量的文化遗物（打制石器、磨制骨器和烧骨等）和哺乳动物化石，距今30000年左右 下文化层：出土数百件石制品和少量的动物化石。底部有石铺地面	
早期自然充填阶段	10～8	泥质堆积为主，含有磨圆的石英砾石	无	

四、植被环境

为了解船帆洞人类活动期间及其前后的生态环境，我们对当时的植被环境进行了重建工作。植被的重建工作主要通过分析洞穴沉积物中所含的孢子花粉来进行。船帆洞沉积物样品采集从第3层底部开始，到第9层为止，总采样厚度304厘米，我们按每个样品长4厘米，共连续采取样品76个，在室内经酸碱处理和π－6重液浮选，对全部样品进行了孢粉分析。

（一）总体的植被面貌

船帆洞沉积物中共发现39个不同科属的孢粉。

其中木本植物花粉有11个科属：

1. 松属（*Pinus*）
2. 桦属（*Betula*）
3. 栎属（*Quercus*）
4. 栲属（*Castanopsis*）
5. 杨梅属（*Myrica*）
6. 山龙眼属（*Helicia*）
7. 山柑属（*cansjera*）
8. 假卫矛属（*Microtropis*）

9. 桑科（Moraceae）

10. 木樨科（Oleaceae）

11. 藤属（*Anodendron*）

草本植物花粉有21个科属：

1. 蒿属（*Artemisia*）

2. 藜科（Chenopodiaceae）

3. 禾本科（Gramineae）

4. 毛茛科（Ranunculacee）

5. 唐松草属（*Thalictrum*）

6. 唇形科（Labiaceae）

7. 蓼属（*Polygonum*）

8. 大戟属（*Euphorbia*）

9. 旋花科（Convolulaceae）

10. 律草科（Rubiaceae）

11. 水蛇麻属（*Fatoua*）

12. 白花菜属（*Cleome*）

13. 忍冬属（*Lonicera*）

14. 杜若属（*Plollia*）

15. 败酱科（Valerianaceae）

16. 苋科（Amaranthaceae）

17. 马鞭草属（*Verbena*）

18. 菊科（Compositea）

19. 天南星科（Araceae）

20. 莎草科（Cyperaceae）

21. 香蒲属（*Typha*）

蕨类植物孢子有6个科属：

1. 铁线属（*Adiantum*）

2. 金粉蕨属（*Onychium*）

3. 凤丫蕨属（*Coniogramme*）

4. 凤尾蕨属（*Pteris*）

5. 水龙骨属（*Polypodium*）

6．水龙骨科（Polypodiaceae）

（二）不同时期的植被面貌

根据剖面上不同层位孢粉组合的变化，可以大体划分出五个孢粉带，这五个孢粉带基本上可以反映出不同时期的植被特征。

孢粉带1：剖面深304～276厘米（9～8层）。本带孢粉浓度为2.4～10.9粒/克，蕨类植物孢子含量高，占孢粉总数的10.0～76.6%（下同），以凤丫蕨属为主，其次有水龙骨科、凤尾蕨属；木本植物花粉占0～4.7%，为松属和桑科；草本植物花粉占21.3～90.0%，以蒿属、禾本科、藜科为主，还有白花菜属、天南星科、大戟属、蓼属等。此孢粉组合以蕨类植物和草本植物为主，代表了温暖湿润环境下的草丛植被。

孢粉带2：剖面厚276～152厘米（7～6B层）。本带孢粉浓度为0.5～4.6粒/克，本带孢粉贫乏，木本植物花粉松属、桑科和木樨科断续出现；草本植物花粉有蒿属、禾本科、藜科、豆科、唇形科、大戟属等，偶见蕨类植物孢子水龙骨科。由于孢粉含量少，不能反映当时的植被类型。

孢粉带3：剖面厚152～108厘米（6A～5B层，相当于下文化层）。本带孢粉浓度为2.9～8.8粒/克，木本植物花粉占0～25.8%，有松属、桑科和木樨科；草本植物花粉占48.4～94.70%，以蒿属、藜科、禾本科为主，还有唐松草属、茜草科、苋科、莎草科等；蕨类植物孢子占4.3～40.0%，有水龙骨科、凤丫蕨属。此孢粉组合以草本为主，代表了温暖较干燥环境下的灌丛草地植被类型。

孢粉带4：剖面厚108～36厘米（5A层，相当于上文化层）。本带孢粉浓度为13.5～48.3粒/克，蕨类植物孢子占绝对优势，高达74.2～93.40%，以凤丫蕨属、水龙骨科为主，还有铁线蕨属、凤尾蕨属、水龙骨属；木本植物花粉占0～3.1%，有针叶树种松属，灌木山柑属、木樨科；草本植物花粉占5.9～24.2%，为蒿属、禾本科、藜科，毛草科、忍冬属、豆科、茜草科、白花菜属、天南星科等。此孢粉组合以蕨类植物为主，代表了温暖湿润的灌草丛的植被面貌（30000年前后）。

孢粉带5：剖面厚36.4厘米（4～3层底部）。本带孢粉浓度为15.6～148.4粒/克，木本植物花粉占0～15.4%，阔叶植物花粉有栎属、栲属、杨梅属、山龙眼属、桦属、假卫矛属、鳝藤属、桑科及针叶植物花粉松属；草本植物花粉占27.5～66.7%，以蒿、禾本科、藜科为主，其次为豆科、大戟属、茜草科，败酱科、苋草科、水蛇麻属、马鞭草属、菊科、莎草科、香蒲属等；蕨类植物孢子占26.9～60.9%，有凤丫蕨属、凤尾蕨属、水龙骨属、金粉蕨属、水龙骨科。此孢粉组合以草本植物和蕨类植物为主，代表了温暖湿润环境下的生长有阔叶林的草丛植被类型。

船帆洞地区 3 万年前后生态环境

<table>
<tr><th>分期</th><th colspan="2">层　序</th><th>主要植被</th><th>植被类型</th><th>气候环境</th><th>冰期</th><th>气候期</th></tr>
<tr><td>晚期</td><td colspan="2">4～3层</td><td>以草本植物、蕨类植物为主，有亚热带的常绿阔叶林</td><td>生长有阔叶林的草丛植被</td><td>温暖湿润</td><td>冰后期</td><td></td></tr>
<tr><td rowspan="5">中期</td><td rowspan="3">上文化层</td><td>5A</td><td>以蕨类植物为主</td><td>灌草丛的植被</td><td>温暖湿润</td><td rowspan="6">末次冰期</td><td>暖阶</td></tr>
<tr><td>5B</td><td rowspan="2">以草本为主</td><td rowspan="2">灌草丛的植被</td><td rowspan="2">温暖较干</td><td rowspan="2">暖阶</td></tr>
<tr><td>6A</td></tr>
<tr><td rowspan="2">下文化层</td><td>6B至6D</td><td rowspan="2">以草本为主
（孢粉贫乏）</td><td rowspan="2">稀疏草丛植被</td><td rowspan="2">温暖较干</td><td rowspan="2">冷阶</td></tr>
<tr><td>7层</td></tr>
<tr><td>早期</td><td colspan="2">8～9层</td><td>以草本植物、蕨类植物为主</td><td>灌草丛的植被</td><td>温暖湿润</td><td>暖阶</td></tr>
</table>

五、气候环境的分析

以上植被面貌的变化说明，本区的气候环境经历了如下的变化过程：

洞穴演化的早期，本地植被面貌以灌草丛为特征，草木和喜湿的蕨类植物十分繁盛，草本植物种属比较丰富，主要是一些北方草原常见的种属，也有个别种属属于目前当地常见的亚热带木本植物。木本植物不多，仅有松属和桑科，缺乏亚热带常绿阔叶林成分，说明这个时期的环境与现今我国北方温带草原相似，只是气候要湿润得多，但与当地今天的亚热带气候相比，要凉爽干燥一些。

洞穴演化的中期，本地植被面貌以灌草丛和灌丛草原为特征，早期气候比较恶劣，植被稀疏，中期以草本为主，后期蕨类植物占优势，并出现少量的木本植物，说明这个时期早期的环境类似于现今我国北方的温带荒漠草原，中晚期与北方温带草原的环境类似，晚期气候要湿润一些，但与当地今天的亚热带气候相比，要凉爽干燥得多。

洞穴演化的晚期，本地植被生长有阔叶林的草丛植被，在洞穴附近地区，草木和喜湿的蕨类植物十分繁盛，草本植物种属丰富，且大都是目前当地常见的种属，木本植物虽然较少，但主要是一些亚热带的常绿阔叶林，说明这个时期与当地今天的气候环境大体相似，属于温暖湿润的亚热带气候。

目前我们得到的测年数据较少，仅在第 5 层下部（5）获得 2.9～3.0 万年的年龄，结合上述孢粉分析结果，我们暂且把第 5 层以下层位划为末次冰期，把第 4 层以上划为冰后期，冰期的气候要比当地今天的气候温凉干燥一些，与现今北方温带草原的气候环境类似，而冰后期的气候与当地今天基本类似。

六、古代人类生存环境

根据我们对船帆洞周边地貌和洞穴堆积物的分析，可以大体恢复古代人类的生存环境。

首先，对船帆洞周边地区的地貌考察发现，人类活动的时期（3万年前后）恰好与渔塘溪二级阶地沉积物堆积的时期（早于1.7万年以前）大体相同，据此，我们推测在古人生活时期，船帆洞的洞口外面是渔塘溪宽阔的河漫滩，由于洞口仅略高河漫滩，因此，在早期气候较为湿润的时期（10～8层），河流泛滥规模较大，渔塘溪的洪水有时可能会进入船帆洞，给洞穴中带来部分泥沙。

船帆洞人类活动主要分为两个阶段，即第7层和第5层下部（5B）。

第7层属人类活动的第一个阶段，当时气候条件偏干，洞穴周围的植被状况不好，主要以草本植物为主，有蒿属、禾本科、藜科、豆科、唇形科、大戟属等；木本植物断续出现，有松属、桑科和木樨科；偶见蕨类植物水龙骨科。由于气候比较干燥，洪水泛滥的规模较小，进入洞穴的机会不多，因此，洞穴比较干燥，适合于人类栖息。当然，洞穴中渗水在所难免，为了避免洞穴中渗水带来的影响，人类在活动面上铺砌了砾石。铺砌的砾石地面，一方面垫高了地面，改善了地面潮湿状况，另一方面，由于砾石地面与洞壁之间还留有一定的空间，可以让从洞壁渗出的水流能够由此流走，不至于影响到人类的活动面。

在人类活动的第二阶段（5B层），当时气候条件比第一个阶段要好一些，类似于北方的温带草原环境，气候温暖较干燥，船帆洞的周边地区主要为草地植被，以蒿属、藜科、禾本科为主，还有唐松草属、茜草科、苋科、莎草科等温带草原常见的植物种属，也生长有一些松属、桑科和木樨科的乔木；还有一些蕨类植物，如水龙骨科、凤丫蕨属。以草本为主的植被有利于人类的采集活动。

总之，船帆洞的古人类活动主要出现在末次冰期，受冰期气候的影响，当时北方相当寒冷干燥，不利于人类生活。而在南方的福建地区，尽管也受到冰期气候的影响，但由于纬度靠南，冰期气候的影响相对较小，亚热带气候被温带气候所代替，出现类似于北方的温带草原环境，温暖比较干燥，适宜于人类生活。

附：万寿岩旧石器时代遗址船帆洞孢粉分析报告

　　万寿岩旧石器时代遗址船帆洞剖面孢粉统计图示

附：万寿岩旧石器时代遗址船帆洞孢粉分析报告

福建三明市万寿岩旧石器时代遗址船帆洞剖面孢粉样品76件。经酸碱处理、π～6重液浮选，鉴定结果表明孢粉分属于39个科属，木本植物花粉有11个科属，有松属（*Pinus*）、桦属（*Betula*）、栎属（*Quercus*）栲属（*Castanopsis*）、杨梅属（*Myrica*）、山龙眼属（*Helicia*）、山柑属（*Cansjera*）、假卫矛属（*Microtropis*）、桑科（Moraceae）、木樨科（Oleaceae）、鳝藤属（*Anodendron*）；草本植物花粉有22个科属，有蒿属（*Artemisia*）、藜科（Chenopodiaceae）、禾本科（Gramineae）、毛茛科（Ranunculaceae）、唐松草属（*Thalictrum*）、唇形科（Labiaceae）、蓼属（*Polygonum*）、大戟属（*Euphorbia*）、旋花科（Convolulaceae）、豆科（Leguminosae）、茜草科（Rubiaceae）、水蛇麻属（*Fatoua*）、白花菜属（*Cleome*）、忍冬属（*Lonicera*）、杜若属（*Plollia*）、败酱科（Valerianaceae）、苋草科（Amaranthaceae）、马鞭草属（*Verbena*）、菊科（Compositea）、天南星科（Araceae）、莎草科（Cyperaceae）、香蒲属（*Typha*）；蕨类植物孢子有6个科属，有铁线属（*Adiantum*）、金粉蕨属（*Onychium*）、凤丫蕨属（*Coniogramme*）、凤尾蕨属（*Pteris*）、水龙骨属（*Polypodium*）、水龙骨科（Polypodiaceae）（详见：福建三明万寿岩遗址船帆洞剖面孢粉统计表）。

根据孢粉组合特征，可将本剖面自下而上划分三个孢粉组合带：

孢粉带1：剖面厚276～304厘米（8～2—9～5号样品），本带孢粉浓度为2.4～10.9粒/克，蕨类植物孢子含量高，占孢粉总数的10.0～76.6%（下同），以凤丫蕨属为主、其次有水龙骨科、凤尾蕨属；木本植物花粉占0～4.7%，为松属和桑科；草本植物花粉占21.3～90.0%，以蒿属、禾本科、黎科为主，还有白花菜属、天南星科、大戟属、蓼属等；此孢粉组合特征反映为草丛植被类型，气候温暖湿润。

孢粉带2：剖面厚152～276厘米（6B～1—8～1号样品），孢粉浓度为0.5～4.6粒/克，本带孢粉贫乏，木本植物花粉松属、桑科和木樨科断续出现；草本植物花粉有蒿属、禾本科、藜科、豆科、唇形科、大戟属等；偶见蔗类植物孢子水龙骨科。由于孢粉含量少，不能反映当时的植被类型。

孢粉带3：剖面厚108～152厘米（5B～l—6A～4号样品），本带孢粉浓度为2.9～8.8粒/克，木本植物花粉占0～25.8%，有松属、桑科和木樨科；草本植物花粉占48.4～94.7%，以蒿属、黎科、禾本科为主，还有唐松草属、茜草科、苋科、莎草科等；蕨类植物孢子占4.3～40.0%，有水龙骨科、凤丫蕨属。此孢粉组合特征反映出灌丛草地，气候温暖较干。

福建三明市三明（洞穴）剖面孢粉统计表（一）

样　号	3－1	4－1	4－2	4－3	4－4	4－5	4－6	4－7	5A－1	5A－2	5A－3
深　度（厘米）	4	8	12	16	20	24	28	32	36	40	44
孢子花粉总数（粒）	181	163	69	52	32	54	44	33	110	98	59
孢粉总浓度（粒/克）	148.4	11.4	44.7	30.5	19.7	30.2	23.5	15.6	48.3	41.6	26.9
木本植物花粉（%）	8.3	9.2	11.6	15.4	9.4	7.4	2.3	0.0	1.8	3.1	1.7
草本植物花粉（%）	38.1	47.9	27.5	57.7	46.9	55.6	52.3	66.7	9.1	9.2	11.9
蕨类植物孢子（%）	53.6	42.9	60.9	26.9	43.8	37.0	45.5	33.3	89.1	87.8	86.4
松　属　Pinus	3.9	4.9	8.7	13.5	9.4	3.7	2.3	0.0	1.8	3.1	1.7
桦　属　*Betula*	0.0	1.2	0.0	0.0	0.0	0.0	0.0	0.0	0.0	0.0	0.0
栎　属　*Quercus*	1.1	1.2	1.4	0.0	0.0	0.0	0.0	0.0	0.0	0.0	0.0
栲　属　*Castanopsis*	1.1	0.0	0.0	1.9	0.0	0.0	0.0	0.0	0.0	0.0	0.0
杨梅属　*Myrica*	0.0	0.0	0.0	0.0	0.0	1.9	0.0	0.0	0.0	0.0	0.0
山龙眼属　*Helicia*	0.6	0.0	0.0	0.0	0.0	0.0	0.0	0.0	0.0	0.0	0.0
桑　科　Moraceae	0.0	1.8	1.4	0.0	0.0	1.9	0.0	0.0	0.0	0.0	0.0
山柑属　*Cansjera*	0.0	0.0	0.0	0.0	0.0	0.0	0.0	0.0	0.0	0.0	0.0
木樨科　Oleaceae	0.0	0.0	0.0	0.0	0.0	0.0	0.0	0.0	0.0	0.0	0.0
假卫矛属　*Microtropis*	1.1	0.0	0.0	0.0	0.0	0.0	0.0	0.0	0.0	0.0	0.0
鳝藤属　*Anotendron*	0.6	0.0	0.0	0.0	0.0	0.0	0.0	0.0	0.0	0.0	0.0
菊　科　Compositea	0.6	0.0	0.0	0.0	0.0	0.0	0.0	0.0	0.0	0.0	0.0
蒿　属　*Artemisia*	19.9	28.8	15.9	28.8	25.0	29.6	34.1	27.3	0.9	3.1	3.4
藜　科　Chenopodiaceae	6.1	12.9	2.9	11.5	9.4	3.7	6.8	12.1	2.7	2.0	0.0
禾本科　Gramineae	5.0	3.7	8.7	15.4	9.4	20.4	9.1	18.2	1.8	1.0	5.1
毛茛科　Ranunculaceae	0.0	0.0	0.0	0.0	0.0	0.0	0.0	0.0	0.0	0.0	0.0
唐松草属　*Thalictrum*	0.0	0.0	0.0	0.0	0.0	0.0	0.0	0.0	0.0	0.0	0.0
蓼　属　*Polygonum*	0.0	0.0	0.0	0.0	0.0	0.0	0.0	0.0	0.0	0.0	0.0
豆　科　Leguminosae	0.0	0.0	0.0	1.9	3.1	0.0	0.0	0.0	0.0	0.0	0.0
旋花科　Convolulaceae	0.0	0.0	0.0	0.0	0.0	0.0	0.0	0.0	0.0	0.0	0.0
唇形科　Labiatae	0.0	0.0	0.0	0.0	0.0	0.0	0.0	0.0	0.0	0.0	0.0
大戟属　*Euphorbia*	1.1	0.0	0.0	0.0	0.0	1.9	0.0	0.0	0.0	0.0	0.0
败酱科　Valerianaceae	0.6	0.0	0.0	0.0	0.0	0.0	0.0	0.0	0.0	0.0	0.0
茜草科　Rubiaceae	0.6	0.0	0.0	0.0	0.0	0.0	0.0	0.0	0.0	0.0	0.0
苋草科　Amaranthaceae	0.0	1.8	0.0	0.0	0.0	0.0	0.0	3.0	0.0	0.0	0.0
忍冬属　*Lonicera*	0.0	0.0	0.0	0.0	0.0	0.0	0.0	0.0	0.0	0.0	0.0
水蛇麻属　*Fatoua*	0.6	0.0	0.0	0.0	0.0	0.0	0.0	6.1	0.0	0.0	0.0
白花菜属　*Cleome*	0.6	0.0	0.0	0.0	0.0	0.0	0.0	0.0	0.0	0.0	0.0
马鞭草属　*Verbena*	0.0	0.0	0.0	0.0	0.0	0.0	2.3	0.0	0.0	0.0	0.0
杜若属　*Plollia*	0.0	0.0	0.0	0.0	0.0	0.0	0.0	0.0	3.6	3.1	3.4
天南星科　Araceae	0.0	0.0	0.0	0.0	0.0	0.0	0.0	0.0	0.0	0.0	0.0
莎草科　Cyperaceae	2.2	0.6	0.0	0.0	0.0	0.0	0.0	0.0	0.0	0.0	0.0
香蒲属　*Typha*	1.1	0.0	0.0	0.0	0.0	0.0	0.0	0.0	0.0	0.0	0.0
铁线蕨属　*Adiantum*	0.0	0.0	0.0	0.0	0.0	0.0	0.0	0.0	0.0	0.0	1.7
凤丫蕨属　*Coniogramme*	48.6	39.3	56.5	26.9	34.4	25.9	43.2	24.2	65.5	57.1	47.5
凤尾蕨属　*Pteris*	1.7	0.6	0.0	0.0	0.0	3.7	0.0	0.0	0.0	0.0	5.1
金粉蕨属　*Onychium*	2.2	0.6	0.0	0.0	0.0	0.0	0.0	0.0	0.0	0.0	0.0
水龙骨属　*Polypodium*	0.0	0.6	2.9	0.0	3.1	0.0	0.0	0.0	0.0	0.0	0.0
水龙骨科　Polypodiaceae	1.1	1.8	1.4	0.0	6.3	2.3	2.3	9.1	20.9	29.6	32.2

福建三明市三明（洞穴）剖面孢粉统计表（二）

样　号		5A－4	5A－5	5A－6	5A－7	5A－8	5A－9	5A－10	5A－11	5A－12	5A－13	5A－14
深　度（厘米）		48	52	56	60	64	68	72	76	80	84	88
孢子花粉总数（粒）		64	68	82	73	77	82	84	74	56	61	60
孢粉总浓度（粒/克）		27.1	29.9	37.4	28.1	28.7	28.0	27.2	23.3	18.1	20.3	18.0
木本植物花粉（%）		0.0	1.5	1.2	4.1	1.3	1.2	0.0	0.0	0.0	0.0	0.0
草本植物花粉（%）		9.4	5.9	7.3	9.6	10.4	11.0	9.5	14.9	12.5	6.6	15.0
蕨类植物孢子（%）		90.6	92.6	91.5	86.3	88.3	87.8	90.5	85.1	87.5	93.4	85.0
松　属	*Pinus*	0.0	0.0	0.0	4.1	0.0	0.0	0.0	0.0	0.0	0.0	0.0
桦　属	*Betula*	0.0	0.0	0.0	0.0	0.0	0.0	0.0	0.0	0.0	0.0	0.0
栎　属	*Quercus*	0.0	0.0	0.0	0.0	0.0	0.0	0.0	0.0	0.0	0.0	0.0
栲　属	*Castanopsis*	0.0	0.0	0.0	0.0	0.0	0.0	0.0	0.0	0.0	0.0	0.0
杨梅属	*Myrica*	0.0	0.0	0.0	0.0	0.0	0.0	0.0	0.0	0.0	0.0	0.0
山龙眼属	*Helicia*	0.0	0.0	0.0	0.0	0.0	0.0	0.0	0.0	0.0	0.0	0.0
桑　科	Moraceae	0.0	0.0	0.0	0.0	0.0	0.0	0.0	0.0	0.0	0.0	0.0
山柑属	*Cansjera*	0.0	1.5	1.2	0.0	1.3	0.0	0.0	0.0	0.0	0.0	0.0
木樨科	Oleaceae	0.0	0.0	0.0	0.0	0.0	1.2	0.0	0.0	0.0	0.0	0.0
假卫矛属	*Microtropis*	0.0	0.0	0.0	0.0	0.0	0.0	0.0	0.0	0.0	0.0	0.0
鳝藤属	*Anotendron*	0.0	0.0	0.0	0.0	0.0	0.0	0.0	0.0	0.0	0.0	0.0
菊　科	Compositea	0.0	0.0	0.0	0.0	0.0	0.0	0.0	0.0	0.0	0.0	0.0
蒿　属	*Artemisia*	4.7	2.9	1.2	1.4	3.9	6.1	7.1	10.8	10.7	4.9	6.7
藜　科	Chenopodiaceae	1.6	0.0	0.0	0.0	2.6	1.2	0.0	1.4	0.0	0.0	3.3
禾本科	Gramineae	1.6	1.5	2.4	4.1	1.3	1.2	1.2	2.7	1.8	1.6	5.0
毛茛科	Ranunculaceae	0.0	0.0	0.0	0.0	0.0	0.0	0.0	0.0	0.0	0.0	0.0
唐松草属	*Thalictrum*	0.0	0.0	0.0	0.0	0.0	0.0	0.0	0.0	0.0	0.0	0.0
蓼　属	*Polygonum*	0.0	0.0	0.0	0.0	0.0	0.0	0.0	0.0	0.0	0.0	0.0
豆　科	Leguminosae	0.0	0.0	0.0	1.4	0.0	0.0	0.0	0.0	0.0	0.0	0.0
旋花科	Convolulaceae	0.0	0.0	0.0	0.0	0.0	0.0	0.0	0.0	0.0	0.0	0.0
唇形科	Labiatae	0.0	0.0	0.0	0.0	0.0	0.0	0.0	0.0	0.0	0.0	0.0
大戟属	*Euphorbia*	0.0	0.0	0.0	0.0	0.0	0.0	0.0	0.0	0.0	0.0	0.0
败酱科	Valerianaceae	0.0	0.0	0.0	0.0	0.0	0.0	0.0	0.0	0.0	0.0	0.0
茜草科	Rubiaceae	0.0	0.0	0.0	1.4	0.0	0.0	0.0	0.0	0.0	0.0	0.0
苋草科	Amaranthaceae	0.0	0.0	0.0	0.0	0.0	0.0	0.0	0.0	0.0	0.0	0.0
忍冬属	*Lonicera*	0.0	0.0	0.0	0.0	0.0	2.4	0.0	0.0	0.0	0.0	0.0
水蛇麻属	*Fatoua*	0.0	0.0	0.0	0.0	0.0	0.0	0.0	0.0	0.0	0.0	0.0
白花菜属	*Cleome*	0.0	0.0	3.7	0.0	2.6	0.0	1.2	0.0	0.0	0.0	0.0
马鞭草属	*Verbena*	0.0	0.0	0.0	0.0	0.0	0.0	0.0	0.0	0.0	0.0	0.0
杜若属	*Plollia*	1.6	1.5	0.0	0.0	0.0	0.0	0.0	0.0	0.0	0.0	0.0
天南星科	Araceae	0.0	0.0	0.0	1.4	0.0	0.0	0.0	0.0	0.0	0.0	0.0
莎草科	Cyperaceae	0.0	0.0	0.0	0.0	0.0	0.0	0.0	0.0	0.0	0.0	0.0
香蒲属	*Typha*	0.0	0.0	0.0	0.0	0.0	0.0	0.0	0.0	0.0	0.0	0.0
铁线蕨属	*Adiantum*	1.6	1.5	0.0	0.0	0.0	0.0	0.0	0.0	0.0	0.0	0.0
凤丫蕨属	*Coniogramme*	48.4	54.4	57.3	52.1	59.7	65.9	73.8	70.3	66.1	75.4	63.3
凤尾蕨属	*Pteris*	0.0	0.0	0.0	2.7	1.3	1.2	0.0	0.0	0.0	0.0	0.0
金粉蕨属	*Onychium*	0.0	0.0	0.0	0.0	0.0	0.0	0.0	0.0	0.0	0.0	0.0
水龙骨属	*Polypodium*	0.0	1.5	0.0	0.0	0.0	0.0	0.0	0.0	0.0	0.0	0.0
水龙骨科	Polypodiaceae	40.6	35.3	34.1	31.5	27.3	20.7	15.5	14.9	21.4	18.0	20.0

福建三明市三明（洞穴）剖面孢粉统计表（三）

样　号		5A－15	5A－16	5A－17	5A－18	5A－19	5B－1	5B－2	5B－3	5B－4	5B－5	5B－6
深　度（厘米）		92	96	100	104	108	112	116	120	124	128	132
孢子花粉总数（粒）		45	76	64	66	71	33	31	32	14	23	17
孢粉总浓度（粒/克）		13.5	21.7	17.9	19.3	19.4	8.8	8.7	8.6	3.6	5.8	4.1
木本植物花粉（%）		0.0	0.0	1.6	1.5	2.8	0.0	25.8	6.3	7.1	4.3	0.0
草本植物花粉（%）		8.9	7.9	14.1	24.2	18.3	72.7	48.4	84.4	85.7	91.3	76.5
蕨类植物孢子（%）		91.1	92.1	84.4	74.2	78.9	27.3	25.8	9.4	7.1	4.3	23.5
松　属	*Pinus*	0.0	0.0	1.6	1.5	2.8	0.0	22.6	6.3	0.0	0.0	0.0
桦　属	*Betula*	0.0	0.0	0.0	0.0	0.0	0.0	0.0	0.0	0.0	0.0	0.0
栎　属	*Quercus*	0.0	0.0	0.0	0.0	0.0	0.0	0.0	0.0	0.0	0.0	0.0
栲　属	*Castanopsis*	0.0	0.0	0.0	0.0	0.0	0.0	0.0	0.0	0.0	0.0	0.0
杨梅属	*Myrica*	0.0	0.0	0.0	0.0	0.0	0.0	0.0	0.0	0.0	0.0	0.0
山龙眼属	*Helicia*	0.0	0.0	0.0	0.0	0.0	0.0	0.0	0.0	0.0	0.0	0.0
桑　科	Moraceae	0.0	0.0	0.0	0.0	0.0	0.0	3.2	0.0	7.1	0.0	0.0
山柑属	*Cansjera*	0.0	0.0	0.0	0.0	0.0	0.0	0.0	0.0	0.0	0.0	0.0
木樨科	Oleaceae	0.0	0.0	0.0	0.0	0.0	0.0	0.0	0.0	0.0	4.3	0.0
假卫矛属	*Microtropis*	0.0	0.0	0.0	0.0	0.0	0.0	0.0	0.0	0.0	0.0	0.0
鳝藤属	*Anotendron*	0.0	0.0	0.0	0.0	0.0	0.0	0.0	0.0	0.0	0.0	0.0
菊　科	Compositea	0.0	0.0	0.0	0.0	0.0	0.0	0.0	0.0	0.0	0.0	0.0
蒿　属	*Artemisia*	4.4	3.9	6.3	13.6	8.5	33.3	12.9	56.3	64.3	69.6	47.1
藜　科	Chenopodiaceae	2.2	2.6	3.1	1.5	0.0	24.2	25.8	18.8	14.3	8.7	17.6
禾本科	Gramineae	2.2	1.3	1.6	3.0	1.4	6.1	9.7	6.3	7.1	13.0	11.8
毛茛科	Ranunculaceae	0.0	0.0	0.0	0.0	1.4	0.0	0.0	0.0	0.0	0.0	0.0
唐松草属	*Thalictrum*	0.0	0.0	0.0	0.0	0.0	3.0	0.0	0.0	0.0	0.0	0.0
蓼　属	*Polygonum*	0.0	0.0	0.0	0.0	0.0	0.0	0.0	0.0	0.0	0.0	0.0
豆　科	Leguminosae	0.0	0.0	0.0	0.0	1.4	0.0	0.0	0.0	0.0	0.0	0.0
旋花科	Convolulaceae	0.0	0.0	0.0	0.0	0.0	0.0	0.0	0.0	0.0	0.0	0.0
唇形科	Labiatae	0.0	0.0	0.0	0.0	0.0	0.0	0.0	0.0	0.0	0.0	0.0
大戟属	*Euphorbia*	0.0	0.0	0.0	0.0	0.0	0.0	0.0	0.0	0.0	0.0	0.0
败酱科	Valerianaceae	0.0	0.0	0.0	0.0	0.0	0.0	0.0	0.0	0.0	0.0	0.0
茜草科	Rubiaceae	0.0	0.0	0.0	0.0	1.4	3.0	0.0	0.0	0.0	0.0	0.0
苋草科	Amaranthaceae	0.0	0.0	0.0	0.0	0.0	3.0	0.0	0.0	0.0	0.0	0.0
忍冬属	*Lonicera*	0.0	0.0	0.0	0.0	0.0	0.0	0.0	0.0	0.0	0.0	0.0
水蛇麻属	*Fatoua*	0.0	0.0	0.0	0.0	0.0	0.0	0.0	0.0	0.0	0.0	0.0
白花菜属	*Cleome*	0.0	0.0	0.0	0.0	0.0	0.0	0.0	0.0	0.0	0.0	0.0
马鞭草属	*Verbena*	0.0	0.0	0.0	0.0	0.0	0.0	0.0	0.0	0.0	0.0	0.0
杜若属	*Plollia*	0.0	0.0	0.0	0.0	0.0	0.0	0.0	0.0	0.0	0.0	0.0
天南星科	Araceae	0.0	0.0	3.1	6.1	4.2	0.0	0.0	0.0	0.0	0.0	0.0
莎草科	Cyperaceae	0.0	0.0	0.0	0.0	0.0	0.0	0.0	3.1	0.0	0.0	0.0
香蒲属	*Typha*	0.0	0.0	0.0	0.0	0.0	0.0	0.0	0.0	0.0	0.0	0.0
铁线蕨属	*Adiantum*	0.0	1.3	0.0	0.0	0.0	0.0	0.0	0.0	0.0	0.0	0.0
凤丫蕨属	*Coniogramme*	80.0	80.3	75.0	69.7	67.6	6.1	0.0	9.4	7.1	4.3	5.9
凤尾蕨属	*Pteris*	4.4	0.0	3.1	0.0	5.6	0.0	0.0	0.0	0.0	0.0	0.0
金粉蕨属	*Onychium*	0.0	0.0	0.0	0.0	0.0	0.0	0.0	0.0	0.0	0.0	0.0
水龙骨属	*Polypodium*	0.0	0.0	0.0	0.0	0.0	0.0	0.0	0.0	0.0	0.0	0.0
水龙骨科	Polypodiaceae	6.7	10.5	6.3	4.5	5.6	21.2	25.8	0.0	0.0	0.0	17.6

福建三明市三明（洞穴）剖面孢粉统计表（四）

样　号		5B-7	6A-1	6A-2	6A-3	6A-4	6B-1	6B-2	6B-3	6B-4	6B-5	6B-6
深　度（厘米）		136	140	144	148	152	156	160	164	168	172	176
孢子花粉总数（粒）		20	11	11	16	19	5	3	5	5	17	7
孢粉总浓度（粒/克）		5.1	2.9	3.0	4.5	5.6	1.5	0.9	1.4	1.3	4.6	2.0
木本植物花粉（%）		0.0	9.1	9.1	0.0	0.0	0.0	0.0	0.0	0.0	17.6	14.3
草本植物花粉（%）		60.0	72.7	81.8	62.5	94.7	100.0	100.0	100.0	100.0	70.6	71.4
蕨类植物孢子（%）		40.0	18.8	9.1	37.5	5.3	0.0	0.0	0.0	0.0	11.8	14.3
松　属	*Pinus*	0.0	0.0	0.0	0.0	0.0	0.0	0.0	0.0	0.0	11.8	14.3
桦　属	*Betula*	0.0	0.0	0.0	0.0	0.0	0.0	0.0	0.0	0.0	0.0	0.0
栎　属	*Quercus*	0.0	0.0	0.0	0.0	0.0	0.0	0.0	0.0	0.0	0.0	0.0
栲　属	*Castanopsis*	0.0	0.0	0.0	0.0	0.0	0.0	0.0	0.0	0.0	0.0	0.0
杨梅属	*Myrica*	0.0	0.0	0.0	0.0	0.0	0.0	0.0	0.0	0.0	0.0	0.0
山龙眼属	*Helicia*	0.0	0.0	0.0	0.0	0.0	0.0	0.0	0.0	0.0	0.0	0.0
桑　科	Moraceae	0.0	9.1	0.0	0.0	0.0	0.0	0.0	0.0	0.0	0.0	0.0
山柑属	*Cansjera*	0.0	0.0	0.0	0.0	0.0	0.0	0.0	0.0	0.0	0.0	0.0
木樨科	Oleaceae	0.0	0.0	9.1	0.0	0.0	0.0	0.0	0.0	0.0	5.9	0.0
假卫矛属	*Microtropis*	0.0	0.0	0.0	0.0	0.0	0.0	0.0	0.0	0.0	0.0	0.0
鳝藤属	*Anotendron*	0.0	0.0	0.0	0.0	0.0	0.0	0.0	0.0	0.0	0.0	0.0
菊　科	Compositea	0.0	0.0	0.0	0.0	0.0	0.0	0.0	0.0	0.0	0.0	0.0
蒿　属	*Artemisia*	45.0	54.5	72.7	43.8	84.2	60.0	66.7	60.0	40.0	35.3	57.1
藜　科	Chenopodiaceae	10.0	9.1	9.1	12.5	5.3	40.0	0.0	0.0	0.0	17.6	0.0
禾本科	Gramineae	5.0	9.1	0.0	6.3	5.3	0.0	33.3	20.0	40.0	5.9	17.3
毛茛科	Ranunculaceae	0.0	0.0	0.0	0.0	0.0	0.0	0.0	0.0	0.0	5.9	0.0
唐松草属	*Thalictrum*	0.0	0.0	0.0	0.0	0.0	0.0	0.0	0.0	0.0	0.0	0.0
蓼　属	*Polygonum*	0.0	0.0	0.0	0.0	0.0	0.0	0.0	0.0	0.0	0.0	0.0
豆　科	Leguminosae	0.0	0.0	0.0	0.0	0.0	0.0	0.0	0.0	20.0	0.0	0.0
旋花科	Convolulaceae	0.0	0.0	0.0	0.0	0.0	0.0	0.0	0.0	0.0	0.0	0.0
唇形科	Labiatae	0.0	0.0	0.0	0.0	0.0	0.0	0.0	0.0	0.0	5.9	0.0
大戟属	*Euphorbia*	0.0	0.0	0.0	0.0	0.0	0.0	0.0	20.0	0.0	0.0	0.0
败酱科	Valerianaceae	0.0	0.0	0.0	0.0	0.0	0.0	0.0	0.0	0.0	0.0	0.0
茜草科	Rubiaceae	0.0	0.0	0.0	0.0	0.0	0.0	0.0	0.0	0.0	0.0	0.0
苋草科	Amaranthaceae	0.0	0.0	0.0	0.0	0.0	0.0	0.0	0.0	0.0	0.0	0.0
忍冬属	*Lonicera*	0.0	0.0	0.0	0.0	0.0	0.0	0.0	0.0	0.0	0.0	0.0
水蛇麻属	*Fatoua*	0.0	0.0	0.0	0.0	0.0	0.0	0.0	0.0	0.0	0.0	0.0
白花菜属	*Cleome*	0.0	0.0	0.0	0.0	0.0	0.0	0.0	0.0	0.0	0.0	0.0
马鞭草属	*Verbena*	0.0	0.0	0.0	0.0	0.0	0.0	0.0	0.0	0.0	0.0	0.0
杜若属	*Plollia*	0.0	0.0	0.0	0.0	0.0	0.0	0.0	0.0	0.0	0.0	0.0
天南星科	Araceae	0.0	0.0	0.0	0.0	0.0	0.0	0.0	0.0	0.0	0.0	0.0
莎草科	Cyperaceae	0.0	0.0	0.0	0.0	0.0	0.0	0.0	0.0	0.0	0.0	0.0
香蒲属	*Typha*	0.0	0.0	0.0	0.0	0.0	0.0	0.0	0.0	0.0	0.0	0.0
铁线蕨属	*Adiantum*	0.0	0.0	0.0	0.0	0.0	0.0	0.0	0.0	0.0	0.0	0.0
凤丫蕨属	*Coniogramme*	10.0	0.0	0.0	0.0	0.0	0.0	0.0	0.0	0.0	0.0	0.0
凤尾蕨属	*Pteris*	0.0	0.0	0.0	0.0	0.0	0.0	0.0	0.0	0.0	0.0	0.0
金粉蕨属	*Onychium*	0.0	0.0	0.0	0.0	0.0	0.0	0.0	0.0	0.0	0.0	0.0
水龙骨属	*Polypodium*	0.0	0.0	0.0	0.0	0.0	0.0	0.0	0.0	0.0	0.0	0.0
水龙骨科	Polypodiaceae	30.0	18.2	9.1	37.5	5.3	0.0	0.0	0.0	0.0	11.8	14.3

福建三明市三明（洞穴）剖面孢粉统计表（五）

样　号		6B-7	6C-1	6C-2	6C-3	6C-4	6D-1	6D-2	6D-3	6D-4	6D-5	6D-6
深　度（厘米）		180	184	188	192	196	200	204	208	212	216	220
孢子花粉总数（粒）		5	7	6	3	5	3	6	13	3	6	4
孢粉总浓度（粒/克）		1.3	1.8	1.5	0.8	1.2	0.7	1.4	3.1	0.7	1.3	1.0
木本植物花粉（%）		0.0	0.0	0.0	0.0	0.0	0.0	16.7	15.4	0.0	0.0	0.0
草本植物花粉（%）		80.0	100.0	100.0	100.0	100.0	100.0	83.3	69.2	100.0	100.0	100.0
蕨类植物孢子（%）		20.0	0.0	0.0	0.0	0.0	0.0	0.0	15.4	0.0	0.0	0.0
松　属	*Pinus*	0.0	0.0	0.0	0.0	0.0	0.0	16.7	7.7	0.0	0.0	0.0
桦　属	*Betula*	0.0	0.0	0.0	0.0	0.0	0.0	0.0	0.0	0.0	0.0	0.0
栎　属	*Quercus*	0.0	0.0	0.0	0.0	0.0	0.0	0.0	0.0	0.0	0.0	0.0
栲　属	*Castanopsis*	0.0	0.0	0.0	0.0	0.0	0.0	0.0	0.0	0.0	0.0	0.0
杨梅属	*Myrica*	0.0	0.0	0.0	0.0	0.0	0.0	0.0	0.0	0.0	0.0	0.0
山龙眼属	*Helicia*	0.0	0.0	0.0	0.0	0.0	0.0	0.0	0.0	0.0	0.0	0.0
桑　科	Moraceae	0.0	0.0	0.0	0.0	0.0	0.0	0.0	7.7	0.0	0.0	0.0
山柑属	*Cansjera*	0.0	0.0	0.0	0.0	0.0	0.0	0.0	0.0	0.0	0.0	0.0
木樨科	Oleaceae	0.0	0.0	0.0	0.0	0.0	0.0	0.0	0.0	0.0	0.0	0.0
假卫矛属	*Microtropis*	0.0	0.0	0.0	0.0	0.0	0.0	0.0	0.0	0.0	0.0	0.0
鳝藤属	*Anotendron*	0.0	0.0	0.0	0.0	0.0	0.0	0.0	0.0	0.0	0.0	0.0
菊　科	Compositea	0.0	0.0	0.0	0.0	0.0	0.0	0.0	0.0	0.0	0.0	0.0
蒿　属	*Artemisia*	60.0	57.1	50.0	66.7	60.0	66.7	50.0	46.2	66.7	66.7	75.0
藜　科	Chenopodiaceae	20.0	42.9	33.3	0.0	20.0	0.0	16.7	0.0	0.0	0.0	0.0
禾本科	Gramineae	0.0	0.0	16.7	33.3	20.0	33.3	16.7	23.1	33.3	33.3	25.0
毛茛科	Ranunculaceae	0.0	0.0	0.0	0.0	0.0	0.0	0.0	0.0	0.0	0.0	0.0
唐松草属	*Thalictrum*	0.0	0.0	0.0	0.0	0.0	0.0	0.0	0.0	0.0	0.0	0.0
蓼　属	*Polygonum*	0.0	0.0	0.0	0.0	0.0	0.0	0.0	0.0	0.0	0.0	0.0
豆　科	Leguminosae	0.0	0.0	0.0	0.0	0.0	0.0	0.0	0.0	0.0	0.0	0.0
旋花科	Convolulaceae	0.0	0.0	0.0	0.0	0.0	0.0	0.0	0.0	0.0	0.0	0.0
唇形科	Labiatae	0.0	0.0	0.0	0.0	0.0	0.0	0.0	0.0	0.0	0.0	0.0
大戟属	*Euphorbia*	0.0	0.0	0.0	0.0	0.0	0.0	0.0	0.0	0.0	0.0	0.0
败酱科	Valerianaceae	0.0	0.0	0.0	0.0	0.0	0.0	0.0	0.0	0.0	0.0	0.0
茜草科	Rubiaceae	0.0	0.0	0.0	0.0	0.0	0.0	0.0	0.0	0.0	0.0	0.0
苋草科	Amaranthaceae	0.0	0.0	0.0	0.0	0.0	0.0	0.0	0.0	0.0	0.0	0.0
忍冬属	*Lonicera*	0.0	0.0	0.0	0.0	0.0	0.0	0.0	0.0	0.0	0.0	0.0
水蛇麻属	*Fatoua*	0.0	0.0	0.0	0.0	0.0	0.0	0.0	0.0	0.0	0.0	0.0
白花菜属	*Cleome*	0.0	0.0	0.0	0.0	0.0	0.0	0.0	0.0	0.0	0.0	0.0
马鞭草属	*Verbena*	0.0	0.0	0.0	0.0	0.0	0.0	0.0	0.0	0.0	0.0	0.0
杜若属	*Plollia*	0.0	0.0	0.0	0.0	0.0	0.0	0.0	0.0	0.0	0.0	0.0
天南星科	Araceae	0.0	0.0	0.0	0.0	0.0	0.0	0.0	0.0	0.0	0.0	0.0
莎草科	Cyperaceae	0.0	0.0	0.0	0.0	0.0	0.0	0.0	0.0	0.0	0.0	0.0
香蒲属	*Typha*	0.0	0.0	0.0	0.0	0.0	0.0	0.0	0.0	0.0	0.0	0.0
铁线蕨属	*Adiantum*	0.0	0.0	0.0	0.0	0.0	0.0	0.0	0.0	0.0	0.0	0.0
凤丫蕨属	*Coniogramme*	0.0	0.0	0.0	0.0	0.0	0.0	0.0	0.0	0.0	0.0	0.0
凤尾蕨属	*Pteris*	0.0	0.0	0.0	0.0	0.0	0.0	0.0	0.0	0.0	0.0	0.0
金粉蕨属	*Onychium*	0.0	0.0	0.0	0.0	0.0	0.0	0.0	0.0	0.0	0.0	0.0
水龙骨属	*Polypodium*	0.0	0.0	0.0	0.0	0.0	0.0	0.0	0.0	0.0	0.0	0.0
水龙骨科	Polypodiaceae	20.0	0.0	0.0	0.0	0.0	0.0	0.0	15.4	0.0	0.0	0.0

福建三明市三明（洞穴）剖面孢粉统计表（六）

样　号	6E－1	6E－2	6E－3	6E－4	6E－5	6E－6	6E－7	6E－8	7－1	7－2	7－3
深　度（厘米）	224	228	232	236	240	244	248	252	256	206	264
孢子花粉总数（粒）	3	7	5	2	3	3	3	3	2	4	2
孢粉总浓度（粒/克）	0.7	1.6	1.2	0.5	0.7	0.7	0.7	0.8	0.5	1.0	0.5
木本植物花粉（%）	33.3	0.0	0.0	50.0	33.3	0.0	0.0	0.0	0.0	0.0	0.0
草本植物花粉（%）	66.7	100.0	100.0	50.0	66.7	100.0	100.0	100.0	100.0	100.0	100.0
蕨类植物孢子（%）	0.0	0.0	0.0	0.0	0.0	0.0	0.0	0.0	0.0	0.0	0.0
松　属 *Pinus*	0.0	0.0	0.0	0.0	0.0	0.0	0.0	0.0	0.0	0.0	0.0
桦　属 *Betula*	0.0	0.0	0.0	0.0	0.0	0.0	0.0	0.0	0.0	0.0	0.0
栎　属 *Quercus*	0.0	0.0	0.0	0.0	0.0	0.0	0.0	0.0	0.0	0.0	0.0
栲　属 *Castanopsis*	0.0	0.0	0.0	0.0	0.0	0.0	0.0	0.0	0.0	0.0	0.0
杨梅属 *Myrica*	0.0	0.0	0.0	0.0	0.0	0.0	0.0	0.0	0.0	0.0	0.0
山龙眼属 *Helicia*	0.0	0.0	0.0	0.0	0.0	0.0	0.0	0.0	0.0	0.0	0.0
桑　科 Moraceae	33.3	0.0	0.0	50.0	33.3	0.0	0.0	0.0	0.0	0.0	0.0
山柑属 *Cansjera*	0.0	0.0	0.0	0.0	0.0	0.0	0.0	0.0	0.0	0.0	0.0
木樨科 Oleaceae	0.0	0.0	0.0	0.0	0.0	0.0	0.0	0.0	0.0	0.0	0.0
假卫矛属 *Microtropis*	0.0	0.0	0.0	0.0	0.0	0.0	0.0	0.0	0.0	0.0	0.0
鳝藤属 *Anotendron*	0.0	0.0	0.0	0.0	0.0	0.0	0.0	0.0	0.0	0.0	0.0
菊　科 Compositea	0.0	0.0	0.0	0.0	0.0	0.0	0.0	0.0	0.0	0.0	0.0
蒿　属 *Artemisia*	66.7	85.7	60.0	50.0	66.7	33.3	66.7	66.7	50.0	50.0	50.0
藜　科 Chenopodiaceae	0.0	0.0	0.0	0.0	0.0	0.0	33.3	0.0	0.0	25.0	0.0
禾本科 Gramineae	0.0	14.3	40.0	0.0	0.0	66.7	0.0	33.3	50.0	25.0	50.0
毛茛科 Ranunculaceae	0.0	0.0	0.0	0.0	0.0	0.0	0.0	0.0	0.0	0.0	0.0
唐松草属 *Thalictrum*	0.0	0.0	0.0	0.0	0.0	0.0	0.0	0.0	0.0	0.0	0.0
蓼　属 *Polygonum*	0.0	0.0	0.0	0.0	0.0	0.0	0.0	0.0	0.0	0.0	0.0
豆　科 Leguminosae	0.0	0.0	0.0	0.0	0.0	0.0	0.0	0.0	0.0	0.0	0.0
旋花科 Convolulaceae	0.0	0.0	0.0	0.0	0.0	0.0	0.0	0.0	0.0	0.0	0.0
唇形科 Labiatae	0.0	0.0	0.0	0.0	0.0	0.0	0.0	0.0	0.0	0.0	0.0
大戟属 *Euphorbia*	0.0	0.0	0.0	0.0	0.0	0.0	0.0	0.0	0.0	0.0	0.0
败酱科 Valerianaceae	0.0	0.0	0.0	0.0	0.0	0.0	0.0	0.0	0.0	0.0	0.0
茜草科 Rubiaceae	0.0	0.0	0.0	0.0	0.0	0.0	0.0	0.0	0.0	0.0	0.0
苋草科 Amaranthaceae	0.0	0.0	0.0	0.0	0.0	0.0	0.0	0.0	0.0	0.0	0.0
忍冬属 *Lonicera*	0.0	0.0	0.0	0.0	0.0	0.0	0.0	0.0	0.0	0.0	0.0
水蛇麻属 *Fatoua*	0.0	0.0	0.0	0.0	0.0	0.0	0.0	0.0	0.0	0.0	0.0
白花菜属 *Cleome*	0.0	0.0	0.0	0.0	0.0	0.0	0.0	0.0	0.0	0.0	0.0
马鞭草属 *Verbena*	0.0	0.0	0.0	0.0	0.0	0.0	0.0	0.0	0.0	0.0	0.0
杜若属 *Plollia*	0.0	0.0	0.0	0.0	0.0	0.0	0.0	0.0	0.0	0.0	0.0
天南星科 Araceae	0.0	0.0	0.0	0.0	0.0	0.0	0.0	0.0	0.0	0.0	0.0
莎草科 Cyperaceae	0.0	0.0	0.0	0.0	0.0	0.0	0.0	0.0	0.0	0.0	0.0
香蒲属 *Typha*	0.0	0.0	0.0	0.0	0.0	0.0	0.0	0.0	0.0	0.0	0.0
铁线蕨属 *Adiantum*	0.0	0.0	0.0	0.0	0.0	0.0	0.0	0.0	0.0	0.0	0.0
凤丫蕨属 *Coniogramme*	0.0	0.0	0.0	0.0	0.0	0.0	0.0	0.0	0.0	0.0	0.0
凤尾蕨属 *Pteris*	0.0	0.0	0.0	0.0	0.0	0.0	0.0	0.0	0.0	0.0	0.0
金粉蕨属 *Onychium*	0.0	0.0	0.0	0.0	0.0	0.0	0.0	0.0	0.0	0.0	0.0
水龙骨属 *Polypodium*	0.0	0.0	0.0	0.0	0.0	0.0	0.0	0.0	0.0	0.0	0.0
水龙骨科 Polypodiaceae	0.0	0.0	0.0	0.0	0.0	0.0	0.0	0.0	0.0	0.0	0.0

福建三明市三明（洞穴）剖面孢粉统计表（七）

样　号	7-4	7-5	8-1	8-2	8-3	9-1	9-2	9-3	9-4	9-5
深　度（厘米）	268	272	276	280	284	288	292	296	300	304
孢子花粉总数（粒）	4	2	4	43	33	47	23	18	9	10
孢粉总浓度（粒/克）	1.0	0.5	1.0	10.9	8.7	12.8	6.0	4.9	2.4	2.9
木本植物花粉（%）	0.0	0.0	0.0	4.7	3.0	2.1	4.3	5.6	0.0	0.0
草本植物花粉（%）	100.0	100.0	100.0	44.2	66.7	21.3	34.8	44.4	66.7	90.0
蕨类植物孢子（%）	0.0	0.0	0.0	51.2	30.3	76.6	60.9	50.0	33.3	10.0
松　属　*Pinus*	0.0	0.0	0.0	4.7	3.0	0.0	0.0	0.0	0.0	0.0
桦　属　*Betula*	0.0	0.0	0.0	0.0	0.0	0.0	0.0	0.0	0.0	0.0
栎　属　*Quercus*	0.0	0.0	0.0	0.0	0.0	0.0	0.0	0.0	0.0	0.0
栲　属　*Castanopsis*	0.0	0.0	0.0	0.0	0.0	0.0	0.0	0.0	0.0	0.0
杨梅属　*Myrica*	0.0	0.0	0.0	0.0	0.0	0.0	0.0	0.0	0.0	0.0
山龙眼属　*Helicia*	0.0	0.0	0.0	0.0	0.0	0.0	0.0	0.0	0.0	0.0
桑　科　Moraceae	0.0	0.0	0.0	0.0	0.0	2.1	4.3	5.6	0.0	0.0
山柑属　*Cansjera*	0.0	0.0	0.0	0.0	0.0	0.0	0.0	0.0	0.0	0.0
木樨科　Oleaceae	0.0	0.0	0.0	0.0	0.0	0.0	0.0	0.0	0.0	0.0
假卫矛属　*Microtropis*	0.0	0.0	0.0	0.0	0.0	0.0	0.0	0.0	0.0	0.0
鳝藤属　*Anotendron*	0.0	0.0	0.0	0.0	0.0	0.0	0.0	0.0	0.0	0.0
菊　科　Compositea	0.0	0.0	0.0	0.0	0.0	0.0	0.0	0.0	0.0	0.0
蒿　属　*Artemisia*	50.0	50.0	75.0	27.9	33.3	8.5	26.1	27.8	33.3	50.0
藜　科　Chenopodiaceae	25.0	0.0	0.0	7.0	24.2	0.0	0.0	5.6	11.1	30.0
禾本科　Gramineae	25.0	50.0	25.0	2.3	6.1	2.1	8.7	5.6	22.2	10.0
毛茛科　Ranunculaceae	0.0	0.0	0.0	0.0	0.0	0.0	0.0	0.0	0.0	0.0
唐松草属　*Thalictrum*	0.0	0.0	0.0	0.0	0.0	0.0	0.0	0.0	0.0	0.0
蓼　属　*Polygonum*	0.0	0.0	0.0	2.3	0.0	0.0	0.0	0.0	0.0	0.0
豆　科　Leguminosae	0.0	0.0	0.0	0.0	0.0	0.0	0.0	0.0	0.0	0.0
旋花科　Convolulaceae	0.0	0.0	0.0	0.0	3.0	0.0	0.0	0.0	0.0	0.0
唇形科　Labiatae	0.0	0.0	0.0	0.0	0.0	0.0	0.0	0.0	0.0	0.0
大戟属　*Euphorbia*	0.0	0.0	0.0	0.0	0.0	0.0	0.0	0.0	0.0	0.0
败酱科　Valerianaceae	0.0	0.0	0.0	2.3	0.0	0.0	0.0	0.0	0.0	0.0
茜草科　Rubiaceae	0.0	0.0	0.0	0.0	0.0	0.0	0.0	0.0	0.0	0.0
苋草科　Amaranthaceae	0.0	0.0	0.0	0.0	0.0	0.0	0.0	0.0	0.0	0.0
忍冬属　*Lonicera*	0.0	0.0	0.0	0.0	0.0	0.0	0.0	0.0	0.0	0.0
水蛇麻属　*Fatoua*	0.0	0.0	0.0	0.0	0.0	0.0	0.0	0.0	0.0	0.0
白花菜属　*Cleome*	0.0	0.0	0.0	2.3	0.0	4.3	0.0	5.6	0.0	0.0
马鞭草属　*Verbena*	0.0	0.0	0.0	0.0	0.0	0.0	0.0	0.0	0.0	0.0
杜若属　*Plollia*	0.0	0.0	0.0	0.0	0.0	0.0	0.0	0.0	0.0	0.0
天南星科　Araceae	0.0	0.0	0.0	0.0	0.0	6.4	0.0	0.0	0.0	0.0
莎草科　Cyperaceae	0.0	0.0	0.0	0.0	0.0	0.0	0.0	0.0	0.0	0.0
香蒲属　*Typha*	0.0	0.0	0.0	0.0	0.0	0.0	0.0	0.0	0.0	0.0
铁线蕨属　*Adiantum*	0.0	0.0	0.0	0.0	0.0	0.0	0.0	0.0	0.0	0.0
凤丫蕨属　*Coniogramme*	0.0	0.0	0.0	48.8	27.3	68.1	52.2	33.3	33.3	10.0
凤尾蕨属　*Pteris*	0.0	0.0	0.0	0.0	0.0	0.0	0.0	0.0	0.0	0.0
金粉蕨属　*Onychium*	0.0	0.0	0.0	0.0	0.0	0.0	0.0	0.0	0.0	0.0
水龙骨属　*Polypodium*	0.0	0.0	0.0	0.0	0.0	0.0	0.0	0.0	0.0	0.0
水龙骨科　Polypodiaceae	0.0	0.0	0.0	0.0	3.0	8.5	8.7	16.7	0.0	0.0

万寿岩旧石器时代遗址船帆洞剖面孢粉统计图示

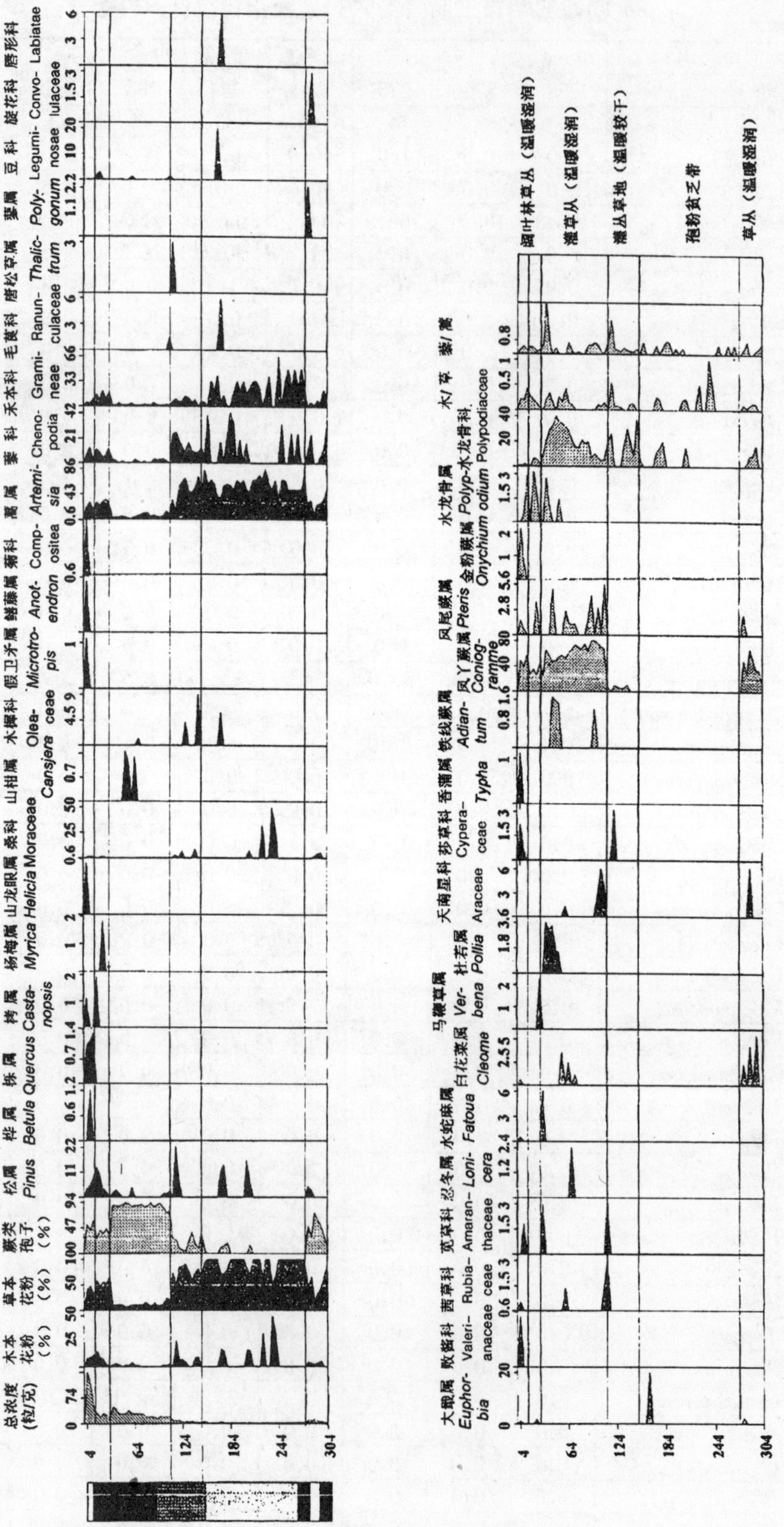

附录五

福建三明万寿岩旧石器时代遗址
样品孢粉、植硅石分析结果

黄　翡

（中国科学院南京地质古生物研究所）

共分析鉴定五个孢粉、植硅石样品。样品编号分别为：99FSLT16④、99FSCHT3⑦、99FSCHT18⑤B 以及 99FSLT③。除样品 99FSCHT3⑦分析出孢粉及植物硅石外，其余四个样品的孢粉统计均观察完十个盖片（20 毫米×20 毫米），其孢粉数量均小于 10 粒，可不作进一步分析。另外，这四个样品未发现植硅石。

99FSCHT3⑦含较多孢粉，以蕨类植物孢子为主。

鉴定的蕨类植物孢子种类有：

桫椤科（Cyatheaceae）的桫椤属（*Cyathea*）；里白科（Gleicheniaceae）的里白（Hicropteris）及芒萁（Dicanopteris）；碗蕨科（Dennstaedtiaceae）的鳞盖蕨（Microlepia）；铁线蕨科（Adiantaceae）的铁线蕨（Adiantum）；凤尾蕨科（Pteridaceae）的凤尾蕨（Pteris）；海金砂科（Lygodiaceae）的海金砂（Lygodium）；阴地蕨科（Botrychiaceae）的阴地蕨（Botrychium）；石松科（Locopodiaceae）的石松属（*Locopodium*）；水龙骨科（Polypodiaceae）的石韦（Pyrrosia）；瓶儿小草科（Ophioglossaceae）的瓶儿小草（Ophiglossum）以及单缝孢及环纹藻。

草本植物花粉种类有：石竹科（Caryophyllaceae）；菊科的蒿属（*Artemisia*）；禾本科（Gramineaea）；藜科；蓼科的蓼属（*Polygonum*）。

木本植物有松科（Pinaceae）的松属（*Pinus*）；罗汉松科（Podocarpaceae）的罗汉松属（*Podocarpus*）；苏铁科（Cycaceae）的苏铁属（*Cycas*）；常绿栎（*Evergreen Quercus*）；阿丁枫科（Altingiaceae）；冬青科（Aquilifoliaceae）冬青属（*Llex*）；桦木覆盖（*Betulaceae*）的榛属（*Corylus*）；胡桃科（Juglandaceae）的山核桃属（*Carya*）；枫杨属（*Pterocarya*）；胡桃属（*Juglans*）等。

99FSCHT3⑦共统计 298 粒孢粉。其中乔木类花粉占 8.1%；草本花粉含量为 10.4%；热带－亚热带蕨类植物孢子占绝对优势，达 81.5%。蕨类孢子以里白

(39.9%)及桫椤(22.8%)为主;其次是鳞盖蕨(6.4%)、凤尾蕨(2.7%)及铁线蕨(2.3%);其他类型孢子少见。草本植物以禾本科(7.0%)居多;其次有蒿及石竹科。乔木花粉含量低且种类少,既有针叶树类松、苏铁及罗汉松,又有常绿乔木栎、冬青及阿丁枫香;及落叶乔木枫香、胡桃及榛等。

99FSCHT3⑦植硅石含量也丰富,共鉴定植硅石的形态类型有:方型—长方型;棒型;竹节型;哑铃型;鞍型;短鞍型;多铃型;梯型;十字型;扇型;多边型;棱柱型及尖型。其中以竹节型(39.4%)、亚铃型(28.3%)为主,其次是短鞍型(10.3%)、方型-长方型(10%)及鞍型(4.5%)等,棒型(3.3%)及扇型(1.8%)占一定比例。另外,该样品含一定量的硅藻。

竹节型主要来源于竹亚科,分布在热带-亚热带降雨高的地区,以华南地区分布最广,主要分布在海拔100~800米的丘陵山地以及河谷谷地。哑铃型来源于黍亚科,主要分布在田边湿地;短鞍型主要来自画眉亚科;棒型及棱柱型来自蕨类植物。

要正确恢复地质时期的古植被及古环境,仅据此一个样品作分析还较难获取较为准确的信息。且从生产单位所提供的资料,无法判断该样品是否与文化层属同一层位。现只能就现有材料做初步分析。

99FSCHT3⑦孢粉组合以里白-禾本科为优势;乔木类组分尽管含量少,但出现了亚热带常绿阔叶林的典型分子;植硅石组合面貌表明禾本科主要有竹亚科、黍亚科及画眉草亚科。孢粉及植硅石组合初步分析结果反映了当时广阔的平原地区发育了以里白、禾本科为主的稀树草原,气候较为热干。丘陵山地以及河谷谷地发育了大量的竹林及亚热带常绿阔叶及落叶阔叶林。林下层热带及亚热带蕨类植物发育,并伴生有一些蓼属、石竹科、藜科及蒿属植物。从遗址中分析有环纹藻及硅藻,说明遗址周围有一定的水源。

附：孢粉、植硅石鉴定表

乔木植物花粉

Fagaceae

Evergreen Quercus 3（1%）

Pinaceae

Pinus 8（2.7%）

Podocarpaceae

Podocarpus 1（0.3%）

Cycaceae

Cycas 3（1%）

Betulaceae

Corylus 2（0.7%）

Juglandaceae

Pterocarya 1（0.3%）

Juglans 1（0.3%）

Carya 1（0.3%）

Aceraceae

Acer 1（0.3%）

Aquilifoliaceae

Llex 1（0.3%）

Altingiaceae

Altingia 1（0.3）

Oleaceae 1（0.3%）

草本植物花粉

Gramineae 21（7%）

Artemisia 4（1.3%）

Caryophyllaceae 3（1%）

Chenopodiaceae 1（0.3%）

Polygonum 2（0.7%）

蕨植物孢子

Gleicheniaceae

Hicropteris 119（39.9%）

Dicranopteris 1（0.3%）

Lygodiaceae

Lygodium 5（1.7%）

Ophioglossum

Ophioglossum 1（0.3%）

Adiantaceae

Adiantum 7（2.3%）

Lycopodiaceae

Lycopodium 2（0.7%）

Botrychiaceae

Botrychium 3（1%）

Cyatheaceae

Cyathea 68（22.8%）

Dennstaedtiaceae

Microlepia 19（6.4%）

Polypodiaceae

Pyrrosia 5（1.7%）

环纹藻 1（0.3%）

Monoletes 4（1.3%）

植硅石形态类型

方型—长方型 33（10%）

棒型 11（3.3%）

竹节型 130（39.4%）

亚铃型 93（28.2%）

鞍型 15（4.5%）

短鞍型 34（10.3%）

多铃型 1

梯型 1

十字型 1

扇型 6（1.8%）

多边型 1

棱柱型 3

尖型 1

硅藻 5

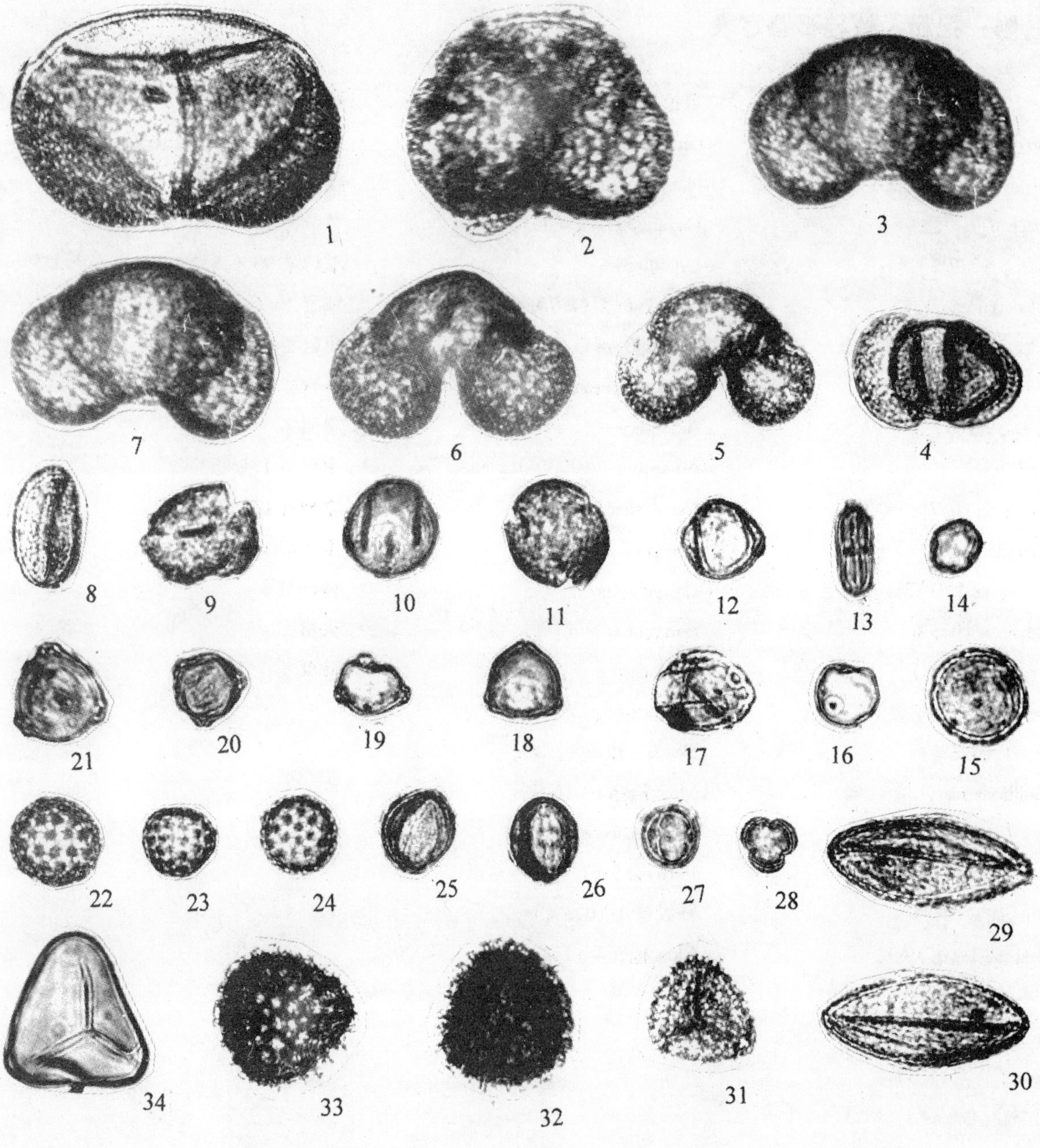

1. 云杉属 *Picea* 2~7. 松属 *Pinus* 8. 常绿栎属 *Quercus* 9~12. 落叶栎属 *Quercus* 13. 栗属 *Castanea* 14. 蔷薇科 Rosaceae 15. 苋科 Amaranthaceae 16、17. 禾本科 Graminea 18. 榛属 *Carylus* 19~21. 桦属 *Betula* 22~24. 藜科 Chenopodiaceae 25~28. 蒿属 *Artemisia* 29、30. 十字花科 Cruciferae 31~33. 石松科 Lycopodiaceae 34. 卷柏科 Selaginellaceae

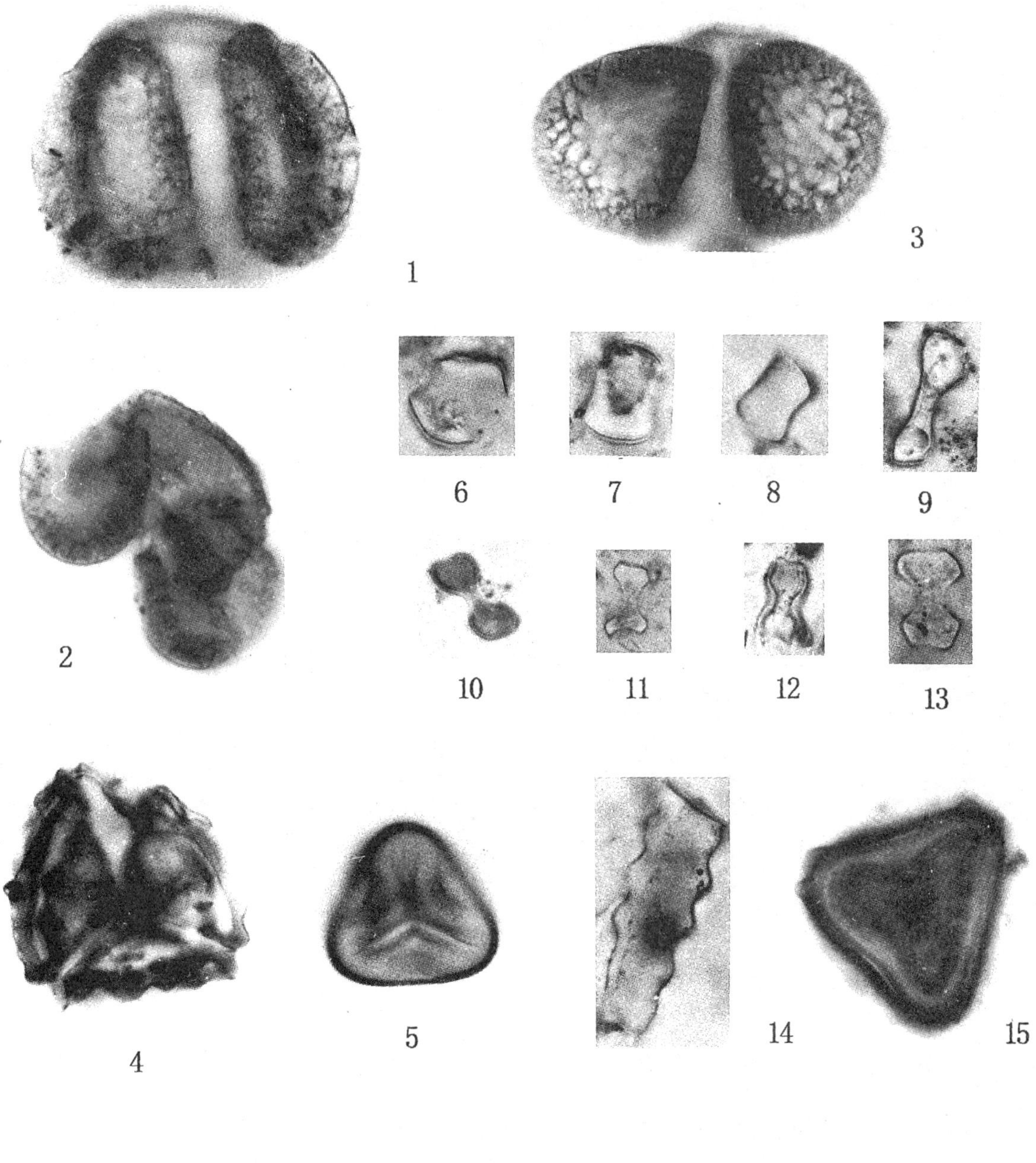

1~3．*Pinus* sp.（玻片号：1．99FSCHT3⑦-2；3、30．99FSCHT3⑦-4）　4．*Lygodium microphyllum* R.Br（玻片号：2．99FSCHT3⑦-5）　5．Hicropteris critica Ching et Chiu（玻片号：4．99FSCHT3⑦-7）　6~8．短鞍型（玻片号：5．99FSCHT3⑦-1p；6．99FSCHT3⑦-4p；11．99FSCHT3⑦-5p）　9~13．亚铃型（玻片号：7．99FSCHT3⑦-2p；12．99FSCHT3⑦-3p；19．99FSCHT3⑦-1p；20、21．99FSCHT3⑦-4p）　14．多铃型（玻片号：8．99FSCHT3⑦-1p）　15．*Pteris* sp.（玻片号：9．99FSCHT3⑦-5）

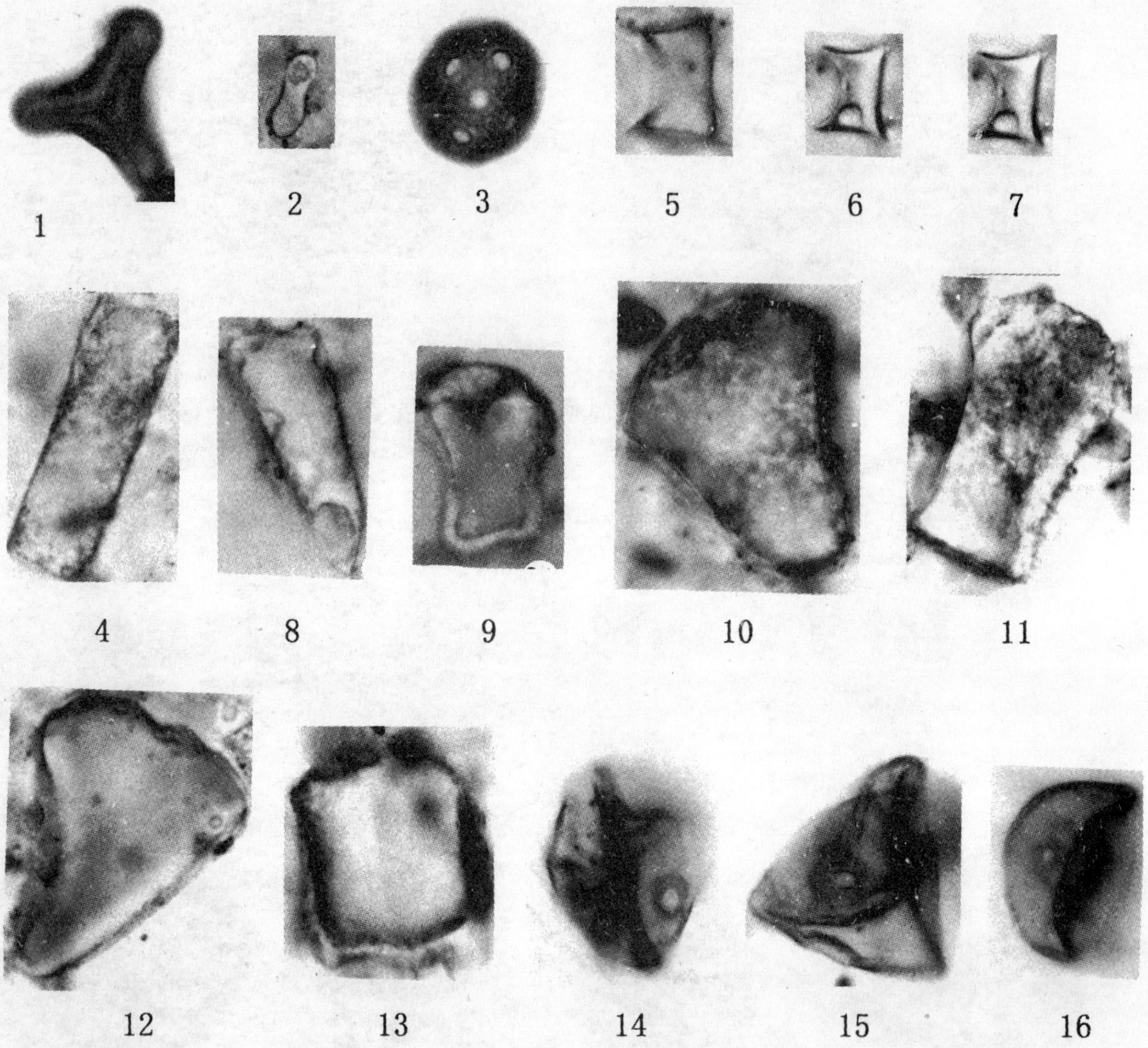

1. *Cyathea* sp.（玻片号：10. 99FSCHT3⑦-5） 2. 鞍型（玻片号：13. 99FSCHT3⑦-3） 3. Caryophyllaceae（玻片号：14. 99FSCHT3⑦-6） 4. 棒型（玻片号：15. 99FSCHT3⑦-2p） 5~7. 竹节型（玻片号：16. 99FSCHT3⑦-3p；17. 99FSCHT3⑦-8p；18. 99FSCHT3⑦-5p） 8. 尖型（玻片号：22. 99FSCHT3⑦-4p） 9~12. 扇型（玻片号：23. 99FSCHT3⑦-3p；25. 99FSCHT3⑦-9p；26. 99FSCHT3⑦-4p；27. 99FSCHT3⑦-1p） 13. 方型-长方型（玻片号：24. 99FSCHT3⑦-5p） 14~16. Gramineae（玻片号：28. 99FSCHT3⑦-3；29. 99FSCHT3⑦-6；31. 99FSCHT3⑦-8）

附录六

三明万寿岩旧石器时代遗址孢粉分析报告

张文卿
（国土资源部水文地质工程地质技术方法研究所）

本次中国科学院古脊椎与古人类研究所送来的五块样品，进行孢粉分析。样品采自旧石器时代文化遗址的溶洞中。其岩性为红色黏土、泥质钙板等；在实验室内每块样取材200克进行常规的酸、碱处理，洗净后用不足比重2.1的II～6重液进行两次浮选、稀释集中，最后制成活动片子，在显微镜下进行观察、鉴定、统计，结果发现五块样品的孢粉含量高、种属丰富。蕨类植物孢子占优势，木本植物花粉含量高于草本植物花粉，木本植物主要有杉科（Taxodiaceae）、云杉（picea）、松属（*Pinus*）、桦属（*Betula*）、鹅耳枥属（*Carpinus*）、榛属（*Carlus*）、落叶栎属（*Quercus*）、常绿栎属、栲属（*Castanoposis*）、蔷薇科（Rosaceae）、漆树科（Anacardiaceae）、杜英科（Elaeocarpaceae）、无患子科（Sapinaceae）、野桐属（*Mallotus*）等；草本植物有藜科（Chenopodiaceae）、菊科（Composiea）、蒿属（*Artemsia*）、散形科（Umbellferae）、禾本科（Graminea）、罂粟科（Papavoraceae）等；蕨类植物孢子以石松科（Lycopodiaceae）为主，单缝孢子和三缝孢子少量参加。现将五块样品孢粉组合特征分述于下：

一、99FSLT16④岩性为泥质钙板。孢粉总含量262粒，乔木及灌木植物花粉79粒，草本植物花粉29粒，蕨类植物孢子162粒；木本植物有杉科（2）、铁杉属（2）、松属（27）、桦属（6）、鹅耳枥属（2）、榛属（3）、落叶栎属（3）、常绿栎属（15）、栲属（1）、漆树科（1）、苦木科（Sinaroub 1）、无患子科（2）、野桐属（2）、楝科（3）；草本植物有蓼科（4）、菊科（1）、蒿属（21）、禾本科（3）等一些广布科属。蕨类植物只有石松科（159）。由于松属花粉传播能力极强，所以本样品可能代表当时是以落叶阔叶为主，有一定量常绿阔叶树参加的混交森林植被组合，反映当时气侯热较干。

二、99FSCHT16⑥号样，岩性为泥质钙板（石灰岩），含孢粉总数281粒，乔木及灌木植物花粉80粒，有杉科（2）、云杉属（2）、松属（37）、桦属（8）、鹅耳枥属（2）、常绿栎属（3）、落叶栎属（12）、栲属（1）、蔷薇科（4）、五加科（1）、漆树科（2）、罗汉松科（1）、杜英科野桐属（1）、楝科（1）；草本植物花粉26粒，藜科（2）、蒿属（21）、百合科（1）、禾本科（1）、柳叶菜科（1）；蕨类孢子有石松科（170）、单缝孢子（5）、三缝孢子（1），代表99FSLT16⑥号样热带植物含量高的落阔叶、常绿阔叶、针叶混交森林植被，反映气候热、稍干。

三、99FSCHT17⑦号样，岩性为红色黏土，含孢粉总数470粒，乔木及灌木植物花粉91粒，有杉科（3）、云杉属（2）、松属（50）、桦属（11）、鹅耳枥属（4）、榛属（11）、常绿栎属（3）、蔷薇科（1）、杜英科（5）；草本植物花粉27粒，地榆科（1）、藜科（5）、蒿属（13）、罂粟科（2）；蕨类植物孢子356粒，石松科（353）、单缝孢子（3），代表以针叶、落阔叶为主，有少量常绿阔叶树参加的森林植被，反映当时气候温暖、较干。

四、99FSCHT18⑤号样，岩性为红色砂质黏土，含孢粉总数为381粒。乔木及灌木植物花粉83粒，有云杉（1）、松属（43）、桦属（5）、鹅耳枥属（1）、栎属（12）、常绿栎属（8）、漆树科（3）、罗汉松科（1）、杜英科（7）、野桐属（1）；草本植物花粉23粒，藜科（5）、散形科（1）、香蒲科（1）、罂粟科（1）；蕨类孢子275粒，石松科（268）、单缝孢（3）、三缝孢（4），代表针阔叶混交林植被，反映当时气候温和、较干。

五、99FSLT6③号样，岩性为泥质钙板，含孢粉总数386粒，乔木及灌木植物花粉83粒，有杉科（1）、云杉属（1）、松属（39）、桦属（9）、鹅耳枥属（1）、桤木属（1）、榛属（5）、栎属（14）、常绿栎属（2）、栗属（1）、蔷薇科（1）、槭树科（1）、漆树科（1）、杜英科（2）、山核桃属（*Carya* 1）、猕猴桃科（Actinidiaceae 1）；草本植物花粉25粒，藜科（5）、菊科（1）、蒿属（16）、散形科（1）、禾本科（1）；蕨类植物孢子278粒，石松科（272）、单缝孢（4）、三缝孢（2），代表针叶、落阔叶为主，常绿阔叶树种含量增加的针阔叶混交林植被，反映当时气候热、干。

综上所述，五个样品的孢粉组合中石松科孢子都占有很大的优势，由于石松的生态是生长在石灰岩质的土地上，并且在阳坡，石松含量高说明当时总的气候温暖，其中的变化较少，很适宜各种植物、动物的繁衍。

以上观点只是根据孢粉特征得出的，没有其他资料佐证，希望在使用资料时综合其他资料得出更符合实际的结论。

2000年8月31日

五个样品的孢粉统计表

样品编号	孢粉总数				乔木及灌木植物花粉																										草本植物花粉									蕨类植物孢子				备注
	乔木及灌木植物花粉	草本植物花粉	蕨类植物孢子	花粉总数	杉科	云杉属	冷杉属	铁杉属	松属	桦属	鹅耳枥属	桤木属	榛属	枥属	常绿枥属	栗属	栲属	蔷薇科	地榆属	五加科	槭树科	漆树科	罗汉松科	杜英科	棕榈科	山核桃属	苦木科	无患子科	野桐属	楝科	弥猴桃科	藜科	菊科	蒿属	百合科	散形科	禾本科	柳叶菜科	香蒲属	罂粟科	石松科	单缝孢	三缝孢	
99FS LT16④	79	29	162	262	2			2	27	6	2		3	15	4		1					1					1	2	2	3		4	1	21			3				159	3		
99FS CH16⑥	80	25	176	281	2	2			37	8	2			12	3		1	4		1		2	1	1	1				1	1		2		21	1		1	1			170	5	1	
99FS CHT17⑦	92	26	352	470	3	2			50	11	4		1	11	3			1	1					5								5		13						2	353	3		
99FS CHT18⑤	83	23	275	381		1	1		43	5	1			12	8							3	1	7					1			5		15		1			1	1	268	3	4	
99FS LT6③	85	23	278	386	1	1			39	9	2	1	5	14	2	1		1	2		1	1		2		1					1	5	1	16		1	1				272	4	2	

附录七

北京大学加速器质谱（AMS）碳－14测试报告

（一）

实验室编号	原 编 号	样品物质	碳十四年龄（年）（距今）	误　差
BA00026	99FSCHT18⑤B	含碳泥土	30700	400
BA00030	99FSCHT17⑤B	兽骨	31400	400

注：碳十四平均寿命取8033年

制样单位：北京大学考古系科技考古与文物保护实验室

测量单位：北京大学重离子物理研究所加速器质谱组

发报告日期：2000年11月27日

（二）

送样单位　中科院古脊椎动物与古人类研究所

送样人　高星

测定日期　2004－11

实验室编号	样品	样品原编号	碳十四年代（BP）	误差
BA04238	木炭	04FSCHT7⑦1	33405	180
BA04240	木炭	04FSCHT7⑦3	32505	180
BA04241	木炭	04FSCHT7⑦4	36430	400
BA04243	木炭	04FSCHT7⑦6	25480	140

说明：计算年代采用的碳十四半衰期为5568年，年代数据未作树轮年代校正。

北京大学　加速器质谱实验室

第四纪年代测定实验室

2004年11月22日

附录八

福建灵峰洞样品 230TH/234U 年代测定结果

沈冠军
（南京师范大学）

原样编号	实验室分析号	铀含量(ppm)	$^{230}Th/^{232}Th$	$^{234}U/^{238}U$	$^{230}Th/^{234}U$	^{230}TH 年龄(ka)
99FSLT16③下 1	200017	2.4	75	1.114±0.014	0.937±0.022	262^{+31}_{-24}
99FSLT16③下 2	200018	3.1	78	1.080±0.013	0.914±0.022	246^{+28}_{-22}
99FSLT4③	200019	1.8	16	1.113±0.016	0.836±0.019	185^{+13}_{-11}

注：表中所给出的误差为±1σ，所有四个样品的结果在±2σ范围内差异不显著，因此可以认为人类在灵峰洞遗址活动的年代在距今～20 万年，且前后时间跨度不大。限于 α 能谱可以实现的精度，眼下似不宜对该遗址诸层位的年代作更仔细的划分。

编　后　语

万寿岩遗址是我省最重要的旧石器时代遗址，曾被评为2000年度全国十大考古新发现；2001年被国务院公布为第五批全国重点文物保护单位。

经国家文物局专家组、中国科学院古脊椎动物与古人类研究所、北京大学等著名专家、学者的多次论证，认为万寿岩遗址具有以下重要意义和科研价值：

一、灵峰洞是福建省境内发现的最早的旧石器时代遗址，把福建有人类活动的历史提前了十几万年。

二、多个洞穴类型遗址集万寿岩于一山，是继湖北大冶石龙头遗址之后又一个含有大量石制品和哺乳动物化石的伴出的洞穴遗址，在我国东南地区前所未有。

三、船帆洞下文化层底部揭露出的大面积人工石铺地面在我国实属首次；其发现举世罕见。

四、四个不同时代文化遗物及与其伴生的哺乳动物化石组合，前后跨越了18万年之久，为我省第四纪地层划分和古气候、古环境提供重要依据。

五、石制品的某些制作方法，如锐棱砸击法，为探讨闽台史前文化之间存在渊源关系提供宝贵证据。

在万寿岩旧石器时代遗址发掘和保护过程中，福建省委、省人大、省政府、省政协、省文化厅、省文物局、三明市人民政府都给予了高度重视，省领导习近平、黄小晶、陈明义、袁启彤、潘心城作了重要批示。省文化厅领导吴凤章、黄启章、方彦富及省文物局领导郑国珍亲临现场检查、督促文物保护工作。三明市委书记叶继革、市长张健、原市长蔡奇对该遗址保护给予极大关注，作出了重要指示，副市长严凤英，为该遗址的保护和建设倾注了大量的心血。三明市文化与出版局吕荣华、汪震国、王仁荣历任局长，在遗址文物保护工程中做了许多具体的工作。三明钢铁厂坚决执行省领导的批示精神，停止了二十多年的矿山生产。

本报告各章节的分工是：序言、第一章林公务；第二章李建军；第三章陈子文；第四章、第五章、第六章范雪春。

在本发掘报告编写过程中，得到张森水先生的精心修改，高星先生也提出了许多有益的意见。摄影：李建军；绘图：张建群、李响；图片系统整理：朱凯、夏莹洁；器物整理：吴彩同、彭菲；遗迹基础资料整理：刘光军。

文物出版社楼宇栋编审为本报告的出版付出了艰辛的劳动。

借此机会，向帮助和关心万寿岩旧石器时代遗址发掘、研究的各位领导、专家、学者，致以崇高敬意！

《福建三明万寿岩旧石器时代遗址》编辑委员会

2006年9月20日

WANSHOUYAN PALEOLITHIC CAVE SITE IN SANMING, FUJIAN PROVINCE

(Report on excavating in 1999 – 2000 and 2004)

Abstract

Located in Southeast China, Fujian Province is a sub-tropical area. The geomorphology consists of high mountains, low hills, lowlands and coastal plains. Limestone landscape mostly distributes in the middle and western parts of the province. Under the leadership of Fujian Cultural Department and with the efforts of the archaeologists, great progress has been made in Paleolithic archaeology in Fujian since the 1950s. The rapid economic development over the past decade provides new opportunity for archaeologists. So far tens of Paleolithic sites and mammalian fossil localities and three localities with human fossils have been found. The sites include cave sites, open-air sites and underwater sites. The discovery of mammalian fossils in the coastal ocean is unique. More than 93 species of animals have been identified from the fossils.

Sanming is the most important area for Paleolithic archaeology and the study of mammalian fossils in Fujian. So far one locality with human fossils, eight important Paleolithic sites, and ten localities with mammalian fossils have been found. These materials carry significant implications for studying ancient geography, environment and the Quaternary stratigraphy.

This report is about the excavation in Wanshouyan from 1999 – 2000 and 2004.

Wanshouyan is a small and isolated limestone hill. Its geographic coordinate is 26°16′13″ N; 117°29′37E″. And it is located near a town named Yanqian, about 17 km northwest to Sanming (Fig.1). Inside the limestone rocks are a number of caves, atleast two of which have been identified with four Paleolithic cultural layers with mammalian faunas since 1999.

The excavation of the Wanshouyan sites made one of the top ten archaeological findings in

China in 2000. In 2001 the State Council designated the Wanshouyuan sites as the National Heritage of China.

The Lingfengdong Cave is one of the two Paleolithic sites and it was excavated in fall 1999 to spring 2000. Four months' excavation resulted in the finding of 99 paleolithic artifacts, including hammer stone, cores, flakes, chunks, scrapers, chopper-chopping tools and burins. Most of artifacts were made of quartzite pebble and sandstone. This industry leeps similarities with many industries of the pebble-tool tradition in South China and is so far the earliest Paleolithic assemblage found in Fujian Province. This combination of fossils of mammal can be called "Lingfengdong Assemblage". An absolute age of 185 – 200 ka.BP has been obtained for this fauna using uranium series dating on travertine.

The fossils excavated from the cultural layer of the Lingfengdong Cave include: Vespertiliondae indet. *Ia io*, *Petaurista* sp., *Niviventer* sp., *Rhizomys* sp., *Mustela* sp., *Rhinoceros sinensis*, *Megatapirus augustus*, *Sus scrofa*, and Bovidae indet. Most of the species are small mammalians, and only few of them are large animals. This was likely due to the relatively cool and dry climate and a savanna environment at that time. Both rhinoceros (*Rhinoceros sinensis*) and tapir (*Megatapirus augustus*) were extinct in China 10,000 years ago.

The Chuanfandong Cave is located on the western slope of the Wanshouyan Hill, about 3m above the ground. Opening to the west, the cave is 49 meters long, 30 meters wide, and 3 – 7 meters high. The sediments can be divided into 26 layers or 4 parts, among which three are cultural layers with rich artifacts and features. There are three groups of mammalian faunas. Similar artifacts and mammalian fossils were also found at the rock shelter outside the cave.

Geological strata (from top to bottom) in Chuanfandong:

Unit A: mixed soil with remains of Song to Qing Dynasties (Holocene).

Unit B: Upper part (late Late Pleistocene), Brownish yellow sandy clays with cultural layers (upper cultural layer with 12 kinds of mammalian fossil); lower part, red yellow clay and grayish green clay (lower cultural layer with 15 kinds of mammalian fossil) .

Unit C (early Late Pleistocene): Reddish yellow clay and grayish green sandy soil and brownish red sandy soils with 20 pieces of stone tools and 41 kinds of mammalian fossil named "Longjingdong Fauna".

Unit D: Grayish yellow gravel and sandy clay. In this unit several kinds of fossil were collected, for example, Vespertolionidae, Petaurista sp., Niviventer sp. and Rhizomys sp. (late Middle Pleistocene in age). Unit D correspond to the cultural layer of the Lingfengdong Cave (late Middle Pleistocene)

Two cultural layers inside the Chuanfandong Cave were unearthed from Unit B of geological strata series.

The Lower Layer of the Chuanfandong: more than 300 artifacts and 15 speciecs of mammalian fossils were found. Stone artifacts are of medium to large size, made of sand stones or quartzite sand stones, including cores, chunks, flakes, scrapers and chopper-chopping tools and so on. The living floor on the bottom of the cultural layer was paved with a layer of weathered cobbles. These cobbles were moved into the cave by humans, not by water. This pebble floor is the first discovery of its kind in China. The large scale of the floor shows human wisdom and capacity to change the nature.

The 15 kinds of mammalian fossil are identified are *Ia io*, *Rhinolophus* sp., *Rhizomys* sp., *Rattus rattus*, *Hystrix* sp., *Macaca* sp., *Crocuta* sp., *Panthera tigris*, *Ursus atctos*, Canidae indet. *Megatapirus argustus*, *Rhinoceros sinensis*, *Bubalus* sp., *Cervus* sp. and *Capra* sp. This mammalian fauna has been estimated to be around 36 – 37 ka.BP by AMS. This assemblage of fossils can be named "Chuanfandong Lower Cultural Layer Assemblage".

The upper cultural layer in the Chuanfandong Cave yields 79 pieces of artifacts and three bone or antler implements from brownish yellow sandy clay layer, including cores, flakes, chunks, scrapers, hammer stone, and anvils. The materials of stone tools are quartzite and sandstone, raw in principal. Mammalian fossils associated with stone tools may be categorized to 12 species: *Rhizomys* sp., *Rattus rattus*, *Hystrix* sp., *Macaca* sp., *Canis lupus*., *Vulpes vulgaris*., *Ursus* sp., *Crocuta* sp., *Sus* sp., *Cervus* sp., *Muntiacus* sp. and *Bubalus bubalis*. AMS dating indicates that this fauna was formed about 26 – 29 ka.BP. The compounding of mammalian fossils can be called "Chuanfandong Upper Cultural Layer Assemblage". This fauna reflects cool climate condition at that time.

The rockshelter (or rocky eaves area) outside the Chuanfandong Cave was likely an important living area for ancient humans. In 2004, the authors found a significant amount of stone artifacts and ten species of mammalian fossils. The stratigraphy suggests they were contemporary with the upper cultural layer in the Chuanfandong Cave.

Analysis of the sediments indicates that the mammalian fossils in No.3 tunnel in the Chuanfandong were washed in from the Longjingdong. About 800 pieces of 41 species mammalian fossils were found, most of which were members of the "*Airulopoda-Stegodon* Fauna" in South China and can be call "Longjingdong Assemblage". Their age was in the early period of the late Pleistocene, about 118,000 years ago. This fauna assemblage, together with the evidence of pollen, suggests that the environment then was tropical warm moisture rain forest.

Tab.1 Stratigraphy, fauna, age and ancient environment of the Wangshouyan sites

Fauna	Geological strata	Age	Climate and environment
Chuanfandong Upper Cultural Layer Assemblage	Upper Unit B in the Chuanfandong Cave	late Late Pleistocene 29－30 ka.BP	Cold and dry; Grass cluster
Chuanfandong Lower Cultural Layer Assemblage	Lower Unit B in the Chuanfandong Cave	middle Late Pleistocene 37－40 ka.BP	Warm; Conifer-broadleaf blends
Longjingdong Assemblage	Unit C in the No. 3 tunnel of the Chuanfandong Cave	early late Pleistocene 118 ka.BP	Warm wetness; Evergreen-latifoliate-wood
Lingfengdong Assemblage	Sandy clay contain calcium of Lingfengdog	late Middle Pleistocene 180－200 ka.BP	Cold; Grassland

贾兰坡院士（左）在鉴定万寿岩旧石器时代遗址出土石制品

Academician Jia Lanpo (left) was making an objective appraisal of specimens from the Wanshouyan Paleolithic Cave Site

黄景略、张森水、王幼平教授在鉴定万寿岩旧石器时代遗址出土石制品

Archaeologists Huang Jinglue, Zhang Shenshui and Wang Youping are observing implements from the Wanshouyan Paleolithic Cave Site

万寿岩旧石器时代遗址及周围自然环境（西南－东北）
Wanshouyan Paleolithic Cave Site and its nearby environment (Northeastward)

万寿岩旧石器时代遗址远景（西－东）
A distant view of the Wanshouyan Paleolithic Cave Site (Eastward)

1. 万寿岩旧石器时代遗址近景，由左至右船帆洞、龙井洞、灵峰洞（西－东）
Close shot of Wanshouyan Paleolithic Cave Site. From left to right: Chuanfandong Cave, Longjingdong Cave and Lingfengdong Cave (Eastward)

2. 万寿岩旧石器时代遗址灵峰洞近景（西－东）
Close shot of Lingfengdong Cave in Wanshouyan Paleolithic Cave Site (Eastward)

万寿岩旧石器时代遗址近景
Closeup of the Wanshouyan Paleolithic Cave Site

灵峰洞洞内外望

A view from the Lingfengdong Cave

1.1999年发掘灵峰洞时洞内布方情况（西－东）

Excavating square position of Lingfengdong Cave in 1999－2000（Eastward）

2.1999年发掘灵峰洞时洞内钙板现状（南－北）

Travertine levels in Lingfengdong Cave in 1999（Northward）

1999年灵峰洞洞内发掘及洞内发现的钙板

Excavation in the Lingfengdong Cave and the travertine levels discovered in 1999

1. 单台面石核（Single platform core，99FSLT4③:P05）

2. 单台面石核（Single platform core，99FSLT16③:P01）

3. 双台面石核（Double platform core，99FSLT6③:P10）

灵峰洞单台面和双台面石核

Single platform cores and double platform core from the Lingfengdong Cave

1. 石片（Flake，99FSLT11③:P09）

2. 石片（Flake，99FSLT4③:P01）

3. 石片（Flake，99FSLT17③:P05）

灵峰洞锤击石片

Flakes by hammer percussion from the Lingfengdong Cave

1. 石片（Flake，99FSLT6③:P06）

2. 石片（Flake，99FSLT6③:P04）

3. 石片（Flake，99FSLT4③:P02）

灵峰洞锤击石片

Flakes by hammer percussion from the Lingfengdong Cave

1. 石片（Flake，04FSL③:P21）

2. 石片（Flake，99FSLT5③:P09）

3. 石片（Flake，04FSL③:P07）

灵峰洞锤击石片

Flakes by hammer percussion from the Lingfengdong Cave

1. 锐棱砸击石片
（Flake by edge crushing，99FSLT17③:P01）

2. 锐棱砸击石片
（Flake by edge crushing，99FSLT4③:P09）

3. 石锤
（Hammer stone，99FSLT6③:P02）

灵峰洞锐棱砸击石片和石锤
Flakes by edge crushing and hammer stone from the Lingfengdong Cave

1. 石锤与砍砸器拼合后现状
（Hammer stone incorporated with chopper，
99FSLT6③:P01、99FSLT6③:P02）

2. 石锤
（Hammer stone，99FSLT13③:P01）

3. 单直刃刮削器
（Single-edge straight scraper，
99FSLT7③:P01）

灵峰洞石锤和刮削器
Hammer stone and scraper from the Lingfengdong Cave

1. 单直刃刮削器
（Single-edge straight scraper,
99FSLT5③:P01）

2. 单直刃刮削器
（Single-edge straight scraper,
99FSLT17③:P04）

3. 单直刃刮削器
（Single-edge straight scraper,
04FSL③:P04）

灵峰洞刮削器
Scrapers from the Lingfengdong Cave

1. 单边凸刃刮削器
（Single-edge convex scraper,
04FSL③:P05）

2. 单边凹刃刮削器
（Single-edge concave scraper,
99FSLT6③:P03）

3. 单边凹刃刮削器
（Single-edge concave scraper,
99FSLT6③:P18）

灵峰洞刮削器

Scrapers from the Lingfengdong Cave

1. 单端凸刃刮削器
（Single-edge end scraper
04FSL③:P22）

2. 双直刃刮削器
（Double straight edges scraper,
99FSLT5③:P02）

3. 单端直刃砍砸器
（Single-edge end chopper,
99FSLT6③:P05）

灵峰洞刮削器和砍砸器
Scrapers and chopper from the Lingfengdong Cave

1. 单边凸刃砍砸器（Convex chopper，04FSL③:P01）

2. 单端凹刃砍砸器（Concave chopper，99FSLT6③:P01）

3. 雕刻器（?）(Burin(?)，99FSLT6③:P16）

灵峰洞砍砸器和雕刻器

Choppers and burin from the Lingfengdong Cave

1999 年发掘后船帆洞洞内显露的遗迹（西北－东南）
Relics were unearthded in the Chuanfandong Cave in 1999 (Southeastward)

船帆洞洞内外望
A view from the Chuanfandong Cave

1. 船帆洞洞内99T16关键柱北壁剖面（南－北）
Section of north wall of pivotal pillar in 99T16 in Chuanfandong Cave (Northward)

2. 船帆洞洞内99T16东壁剖面（西－东）
Section of east wall of pivotal pillar in 99T16 in Chuanfandong Cave (Eastward)

船帆洞 99T16 关键柱北壁剖面和 99T16 东壁剖面
Section of the northern and eastern wall of pivotal pillar in 99T16 of the Chuanfandong Cave

船帆洞洞内 99T18 北壁剖面（南－北）

Section of the northern wall in 99T18 of the Chuanfandong Cave (Northward)

1.99T7 南部石铺地面下局部地层剖面（北－南）

A portion of section under the artificial pebble－laid living surface (South part of 99T7) in Chuanfandong Cave (Southward)

2.99T13 西北部石铺地面下局部地层剖面（南－北）

A portion of section under the artificial pebble－laid living surface (Northwest part of 99T13) in Chuanfandong Cave (Northward)

船帆洞洞内石铺地面下局部地层剖面

A portion of section under the artificially pebble－laid living surface in Chuanfandong Cave

船帆洞洞内1999年发掘后中北部遗迹全景（南－北）
Panorama of the middle and northern parts after excavating Chuanfandong Cave in 1999 (Northward)

1. 船帆洞洞内 99T15、99T16 石铺地面初露（南－北）
Artificial pebble－laid living surface in 99T15 and 99T16 in Chuanfandong Cave (Northward)

2. 船帆洞 1999 年发掘石铺地面局部揭露（西北－东南）
Part of artificial pebble－laid living surface in Chuanfandong Cave in 1999 (Southeastward)

船帆洞洞内石铺地面
Artificial pebble－laid living surface in the Chuanfandong Cave

1. 石铺地面东部遗迹（东北－西南）

East part of artificial pebble－laid living surface in Chuanfandong Cave (Southwestward)

2. 石铺地面东部塌陷坑（东南－西北）

Pit of east part of artificial pebble－laid living surface in Chuanfandong Cave (Northwestward)

船帆洞洞内石铺地面遗迹

Artificial pebble－laid living surface in the Chuanfandong Cave

船帆洞洞内石铺地面遗迹（东北－西南）
Artificial pebble－laid living surface in the Chuanfandong Cave(Southwestward)

1. 石铺地面西北部遗迹（东北－西南）

Northwest part of artificial pebble－laid living surface (Southwestward)

2. 石铺地面北部遗迹（西南－东北）

North part of artificial pebble－laid living surface (Northeastward)

船帆洞洞内石铺地面遗迹

Artificial pebble－laid living surface in the Chuanfandong Cave

1. 踩踏面局部遗迹（北－南）
A portion of trampled surface (Southward)

2. 踩踏面上石制品出土情况（东－西）
Implements on the trampled surface (Westward)

船帆洞洞内踩踏面遗迹及石制品出土情况

General situation of the trampled surface and implements unearthed in the Chuanfandong Cave

1.99T16踩踏面上的石制品（东－西）
Stone tools on the trampled surface in 99T16 (Westward)

2.99T16踩踏面上的石制品（南－北）
Stone tools on the trampled surface in 99T16 (Northward)

船帆洞洞内踩踏面上石制品出土情况
Instance of stone tools on the trampled surface in the Chuanfandong Cave

1.99T17 石凿坑遗迹（北－南）
Vestige of cutting hole in 99T17 (Southward)

2.99T17 石凿坑特写
Feature of vestige of cutting hole in 99T17

船帆洞洞内石凿坑遗迹
Vestige of the cutting hole in the Chuanfandong Cave

1. 排水沟槽遗迹全景（东－西）
Panorama of vestige of waterspout in Chuanfandong Cave (Westward)

2. 排水沟槽遗迹局部特写（东－西）
Feature of vestige of waterspout (A portion, westward)

船帆洞洞内排水沟槽遗迹
Vestige of the waterspout in the Chuanfandong Cave

船帆洞洞内 99T11 上文化层动物化石出土情况（西南－东北）
Mammalian fossils shown emerged from the upper cultural layer in 99T11 of the Chuanfandong Cave (Northeastward)

1.04T7石铺地面遗迹之一（北－南）

Vestige of artificial pebble－laid living surface in 04T7 (One, Southward)

2.04T7石铺地面遗迹之二（东－西）

Vestige of artificial pebble－laid living surface in 04T7 (Two, Westward)

船帆洞洞内2004年发掘出土的石铺地面遗迹

Artificial pebble－laid living surface excavated in 2004

1. 船帆洞 3 号支洞 2004 年发掘现场之一（北－南）
Excavating scene in NO.3 tunnel of the Chuanfandong Cave
(One, Southward)

2. 船帆洞 3 号支洞 2004 年发掘现场之二（西－东）
Excavating scene in NO.3 tunnel of the Chuanfandong Cave (Two, Eastward)

船帆洞 3 号支洞 2004 年发掘现场
Excavating scene in the No.3 tunnel of the Chuanfandong Cave

1. 单台面石核（Single platform core，99FSCHT6⑦:P02）

2. 单台面石核（Single platform core，99FSCHT24⑦:P22）

3. 双台面石核（Dihedral core，99FSCHT16⑦:P27）

船帆洞下文化层石核

Cores from the lower cultural layer in the Chuanfandong Cave

1. 双台面石核（Dihedral core，99FSCHT23⑦:P01）

2. 断块（可拼合）（Chipped chunks，99FSCHT24⑦:P47、99FSCHT24⑦:P21）

3. 打击砾石（Struck gravel，99FSCHT7⑦:P08）

船帆洞下文化层石核、断块和砾石

Core，chunk and gravel from the lower cultural layer in the Chuanfandong Cave

1. 打击砾石（Struck gravel，99FSCHT17⑥E:P12）

2. 石片（Flake，99FSCHT14⑦:P01）

3. 石片（Flake，99FSCHT16⑦:P02）

船帆洞下文化层砾石和石片

Gravel and flakes from the lower cultural layer in the Chuanfandong Cave

1. 石片（Flake，99FSCHT9⑦:P04）

2. 石片（Flake，99FSCHT34⑦:P03）

3. 石片（Flake，99FSCHT7⑦:P03）

船帆洞下文化层石片

Flakes from the lower cultural layer in the Chuanfandong Cave

1．石片（Flake，99FSCHT5⑦:P26）

2．石片（Flake，99FSCHT5⑦:P22）

3．石片（Flake，99FSCHT2⑦:P01）

船帆洞下文化层石片

Flakes from the lower cultural layer in the Chuanfandong Cave

1. 锐棱砸击石片（Flake by edge crushing，99FSCHT8⑦:P12）

2. 石锤（Hammer stone，99FSCHT24⑦:P24）

3. 石锤（Hammer stone，99FSCHT16⑥E:P45）

船帆洞下文化层石片和石锤

Flake and hammer stones from the lower cultural layer in the Chuanfandong Cave

1. 单直刃刮削器
（Single-edge straight scraper，
99FSCHT23⑦:P02）

2. 单直刃刮削器
（Single-edge straight scraper，
99FSCHT16⑦:P04）

3. 单凸刃刮削器
（Single-edge convex scraper，
99FSCHT25⑦:P01）

船帆洞下文化层刮削器
Scrapers from the lower cultural layer in the Chuanfandong Cave

1. 单凸刃刮削器
（Single-edge convex scraper,
99FSCHT8⑦:P03）

2. 单凸刃刮削器
（Single-edge convex scraper,
99FSCHT17⑦:P13）

3. 单凸刃刮削器
（Single-edge convex scraper,
99FSCHT22⑦:P12）

船帆洞下文化层刮削器
Scrapers from the lower cultural layer in the Chuanfandong Cave

1. 单凸刃刮削器
（Single-edge convex scraper,
99FSCHT25⑦:P02）

2. 单凸刃刮削器
（Single-edge convex scraper,
99FSCHT22⑦:P13）

3. 单凸刃刮削器
（Single-edge convex scraper,
99FSCHT16⑦:P03）

船帆洞下文化层刮削器
Scrapers from the lower cultural layer in the Chuanfandong Cave

1. 单凸刃刮削器
（Single-edge convex scraper，
99FSCHT14⑦:P02）

2. 单凸刃刮削器
（Single-edge convex scraper，
99FSCHT17⑦:P11）

3. 单凸刃刮削器
（Single-edge convex scraper，
99FSCHT16⑦:P22）

船帆洞下文化层刮削器
Scrapers from the lower cultural layer in the Chuanfandong Cave

1. 单凸刃刮削器
（Single-edge convex scraper,
99FSCHT16⑦:P09）

2. 单凹刃刮削器
（Single-edge concave scraper,
99FSCHT16⑦:P73）

3. 单凹刃刮削器
（Single-edge concave scraper,
99FSCHT9⑦:P07）

船帆洞下文化层刮削器
Scrapers from the lower cultural layer in the Chuanfandong Cave

1. 单凹刃刮削器
（Single-edge concave scraper,
99FSCHT16⑦:P31）

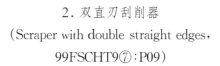

2. 双直刃刮削器
（Scraper with double straight edges,
99FSCHT9⑦:P09）

3. 双凸刃刮削器
（Double edges convex scraper,
99FSCHT17⑦:P09）

船帆洞下文化层刮削器
Scrapers from the lower cultural layer in the Chuanfandong Cave

1. 双凸刃刮削器
（Double edges convex scraper，
99FSCHT15⑦:P05）

2. 直凸刃刮削器
（Scraper with one straight and one convex
edge，99FSCHT6⑦:P11）

3. 直凸刃刮削器
（Scraper with one straight and one convex
edge，99FSCHT16⑦:P01）

船帆洞下文化层刮削器
Scrapers from the lower cultural layer in the Chuanfandong Cave

1. 直凹刃刮削器正面
（Scraper with one straight and one concave edge，99FSCHT4⑦:P25）

2. 直凹刃刮削器背面
（Scraper with one straight and one concave edge，99FSCHT4⑦:P25）

3. 直凹刃刮削器
（Scraper with one straight and one concave edge，99FSCHT34⑥E:P10）

船帆洞下文化层刮削器
Scrapers from the lower cultural layer in the Chuanfandong Cave

1. 三直刃刮削器
（Three straight edges scraper，
99FSCHT6⑦:P10）

2. 三直刃刮削器
（Three straight edges scraper，
99FSCHT24⑦:P17）

3. 两直一凸刃刮削器
（Scraper with two straight and one convex
edge，99FSCHT16⑦:P23）

船帆洞下文化层刮削器

Scrapers from the lower cultural layer in the Chuanfandong Cave

1. 两直一凸刃刮削器
（Scraper with two straight and one convex edge，99FSCHT16⑦:P12）

2. 直凸凹刃刮削器
（Scraper with one straight，one convex and one concave edge，99FSCHT16⑦:P36）

3. 直凸凹刃刮削器
（Scraper with one straight，one convex and one concave edge，99FSCHT9⑦:P02）

船帆洞下文化层刮削器
Scrapers from the lower cultural layer in the Chuanfandong Cave

1. 两凸一直刃刮削器
（Scraper with two convex and one straight edge，99FSCHT7⑦:P01）

2. 两凹一凸刃刮削器
（Scraper with two concave and one convex edge，99FSCHT6⑦:P03）

3. 两直两凹刃刮削器
（Scraper with two straight and two concave edges，99FSCHT16⑦:P70）

船帆洞下文化层刮削器
Scrapers from the lower cultural layer in the Chuanfandong Cave

1. 盘状刮削器（Discoidal scraper，99FSCHT6⑦:P01）

2. 单直刃砍砸器（Straight chopper，99FSCHT26⑦:P01）

3. 单直刃砍砸器（Straight chopper，99FSCHT26⑦:P03）

船帆洞下文化层刮削器和砍砸器

Scraper and choppers from the lower cultural layer in the Chuanfandong Cave

1. 单直刃砍砸器（Straight chopper，99FSCHT14⑦:P07）

2. 单凸刃砍砸器（Convex chopper，99FSCHT14⑦:P04）

3. 单凸刃砍砸器（Convex chopper，99FSCHT15⑦:P07）

船帆洞下文化层砍砸器

Choppers from the lower cultural layer in the Chuanfandong Cave

1．单凸刃砍砸器（Convex chopper，99FSCHT16⑦:P75）

2．单凸刃砍砸器（Convex chopper，99FSCHT16⑦:P32）

3．单凹刃砍砸器（Concave chopper，99FSCHT16⑦:P29）

船帆洞下文化层砍砸器

Choppers from the lower cultural layer in the Chuanfandong Cave

1. 凹凸刃砍砸器（Chopper with one convex and one concave edge，99FSCHT16⑦:P76）

2. 单尖刃尖状器（Single-tip point，99FSCHT14⑦:P03）

3. 单尖刃尖状器（Single-tip point，99FSCHT22⑦:P02）

船帆洞下文化层砍砸器和尖状器

Chopper and points from the lower cultural layer in the Chuanfandong Cave

1. 单尖刃尖状器（Single-tip point，99FSCHT16⑦:P13）

2. 单尖刃尖状器（Single-tip point，99FSCHT15⑦:P03）

3. 单尖刃尖状器（Single-tip point，99FSCHT34⑥E:P08）

船帆洞下文化层尖状器

Points from the lower cultural layer in the Chuanfandong Cave

1．双尖刃尖状器（Double-tip point，99FSCHT8⑦:P02）

2．手镐（Pick，99FSCHT15⑦:P01）

3．手镐（Pick，99FSCHT24⑦:P48）

船帆洞下文化层尖状器和手镐

Point and picks from the lower cultural layer in the Chuanfandong Cave

1. 单台面石核（Single platform core，99FSCHT5⑤B:P16）

2. 单台面石核（Single platform core，99FSCHT5⑤B:P02）

3. 双台面石核（Dihedral core，99FSCHT18⑤B:P02）

船帆洞上文化层石核

Cores from the upper cultural layer in the Chuanfandong Cave

1. 交互打击石核（Core by alternate flaking，99FSCHT5⑤B:P32）

2. 交互打击石核（Core by alternate flaking，99FSCHT4⑤B:P03）

3. 锐棱砸击石核（Core by edge crushing，99FSCHT10⑤B:P04）

船帆洞上文化层石核

Cores from the upper cultural layer in the Chuanfandong Cave

1. 石片（Flake，99FSCHT11⑤B:P18）

2. 石片（Flake，99FSCHT18⑤B:P05）

3. 石片（Flake，99FSCHT12⑤B:P03）

船帆洞上文化层石片

Flakes from the upper cultural layer in the Chuanfandong Cave

1. 石片（Flake，99FSCHT17⑤B:P01）

2. 石片（Flake，99FSCHT3⑤B:P17）

3. 锐棱砸击石片（Flake by edge crushing，99FSCHT5⑤B:P33）

船帆洞上文化层石片

Flakes from the upper cultural layer in the Chuanfandong Cave

1. 打击砾石（Stroked gravel，99FSCHT4⑤B:P02）

2. 石锤（Hammer stone，99FSCHT11⑤B:P19）

3. 石锤（Hammer stone，99FSCHT2⑤A:P01）

船帆洞上文化层砾石和石锤

Gravel and hammer stones from the upper cultural layer in the Chuanfandong Cave

1. 单直刃刮削器
（Single-edge straight scraper,
99FSCHT11⑤B:P04）

2. 单凸刃刮削器
（Single-edge convex scraper,
99FSCHT11⑤B:P03）

3. 双凸刃刮削器
（Double edges convex scraper,
99FSCHT18⑤B:P09）

船帆洞上文化层刮削器
Scrapers from the upper cultural layer in the Chuanfandong Cave

1. 两凹一凸刃刮削器
（Scraper with two concave and one convex edge，99FSCHT12⑤B：P04）

2. 单直刃砍砸器
（Straight chopper，99FSCHT5⑤B：P03）

3. 单凸刃砍砸器
（Convex chopper，99FSCHT5⑤B：P01）

船帆洞上文化层刮削器和砍砸器
Scraper and choppers from the upper cultural layer in the Chuanfandong Cave

1. 单凸刃砍砸器（Convex chopper，99FSCHT11⑤B:P07）

2. 石砧（Stone anvil，99FSCHT11⑤B:P11）

3. 骨锥（Bone awl，99FSCHT10⑤B:P13）

船帆洞上文化层砍砸器、石砧和骨锥

Chopper, stone anvil and bone awl from the Upper cultural layer in the Chuanfandong Cave

1. 角铲背面（Antler spade，99FSCHT12⑤B:P05）

2. 角铲正面（Antler spade，99FSCHT12⑤B:P05）

3. 带切割痕迹的鹿角饰
（Carving antler ornament，99FSCHT5⑤B:P14）

船帆洞上文化层角铲和带切割痕迹的鹿角饰件

Antler spade and carving antler ornament from the upper cultural layer in the huanfandong Cave

1. 单直刃刮削器
（Single-edge straight scraper,
04FSCH3⑤：P017）

2. 单凸刃刮削器
（Single-edge convex scraper,
04FSCH3⑤：P008）

3. 单凸刃刮削器
（Single-edge convex scraper,
04FSCH3⑤：P005）

船帆洞 3 号支洞刮削器
Scrapers from the No.3 Tunnel of the Chuanfandong Cave

1. 砍砸器（Chopper，04FSCH3⑤:P016）

2. 石钻（Stone drill，04FSCH3⑤:P012）

船帆洞 3 号支洞砍砸器和石钻

Chopper and stone drill from the No.3 Tunnel of the Chuanfandong Cave

1. 岩棚全景（南－北）
Panorama of Rock shelter (Northward)

2. 岩棚南部发掘现场（北－南）
Excavating scene at south part of Rock shelter (Southward)

岩棚全景与南部发掘现场
Panorama of Rock shelter and excavating scene at the southern part

1.T12 发掘情况（西－东）

Excavating status in T12 of Rock shelter (Eastward)

2. 北壁剖面（南－北）

Section of north wall in T12 of Rock shelter (Northward)

岩棚 T12 发掘情况与北壁剖面

Excavating scene and the section of the northern wall in T12 of the Rock shelter

1. 岩棚 T12 遗物出土情况（西北－东南）
Revealable stone tools in T12 of Rock shelter (Southeastward)

2. T13 遗物出土情况（西－东）
Revealable stone tools in T13 of Rock shelter (Eastward)

岩棚 T12、T13 遗物出土情况
Revealable stone tools in 04FSCHWT12 and T13 of the Rock shelter

1. 石片
（Flake，04FSCHWT12③：P025）

2. 使用石片
（Using flake，04FSCHWT12③：P001）

3. 单凸刃刮削器
（Single edge convex scraper，
04FSCHWT12③：P029）

船帆洞洞外岩棚地段石片和刮削器
Flakes and scraper from Rock shelter outside the Chuanfandong Cave

1. 凹凸刃刮削器腹侧
（Scraper with one concave and one convex edge, Paunchside, 04FSCHWT12③:P038）

2. 凹凸刃刮削器背侧
（Scraper with one concave and one convex edge, Backside, 04FSCHWT12③:P038）

3. 凹凸刃刮削器
（Scraper with one concave and one convex edge, Backside, 04FSCHWT12③:P024）

船帆洞洞外岩棚地段刮削器
Scrapers from Rock shelter outside the Chuanfandong Cave

1. 砍砸器（Chopper, 04FSCHWT12③:P005）

2. 手镐（Pick, 04FSCHWT12③:P006）

船帆洞洞外岩棚地段砍砸器和手镐

Chopper and pick from Rock shelter outside the Chuanfandong Cave

1. 蹄蝠残破头骨
（Skull［Fragmentation］of *Hipposideros* sp.，
04FSCH3：M0145）

2. 蹄蝠残右下颌骨
（Mandible［Right］of *Hipposideros* sp.，
04FSCH3：M0121）

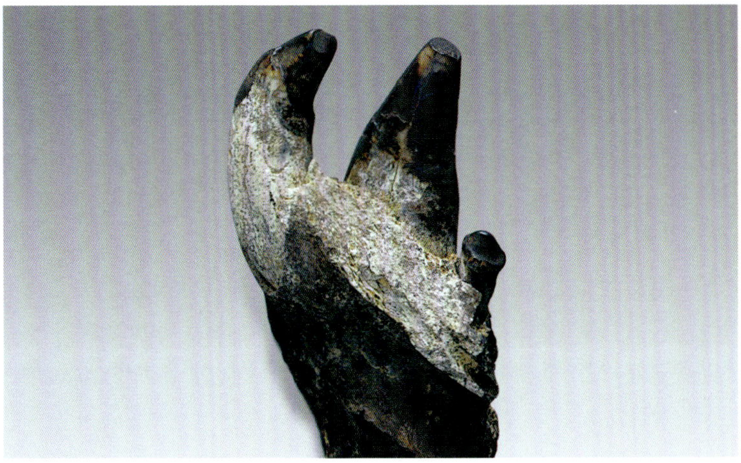

3. 最后鬣狗残左上颌骨
（Palate［Fragmentation］of *Crocuta ultima*，
04FSCH3：M0080）

3号支洞哺乳动物化石
Mammalian fossils from the No.3 Tunnel

1. 最后鬣狗残右上颌骨
（Palate [Fragmentation] of *Crocuta ultima*,
04FSCH3∶M0625）

2. 猞猁右下颌骨
（Mandible [Right] with M_1 of *Lynx lynx*,
04FSCH3∶M060）

3. 似鬃猎豹右下裂齿
（M_1 [Right] of *Acinonyx* cf. *jubatus*,
04FSCH3∶M0059）

3号支洞哺乳动物化石
Mammalian fossils from the No.3 Tunnel

1. 东方剑齿象左下第三臼齿
（M_3［Left］of *Stegodon orientalis*，
04FSCH3∶M0008）

2. 东方剑齿象右下第一乳齿
（First deciduous tooth［Right］of *Stegodon orientalis*，04FSCH3∶M0475）

3. 东方剑齿象右下第三乳齿
（Third deciduous tooth［Right］of *Stegodon orientalis*，04FSCH3∶M0607）

3号支洞哺乳动物化石
Mammalian fossils from the No.3 Tunnel

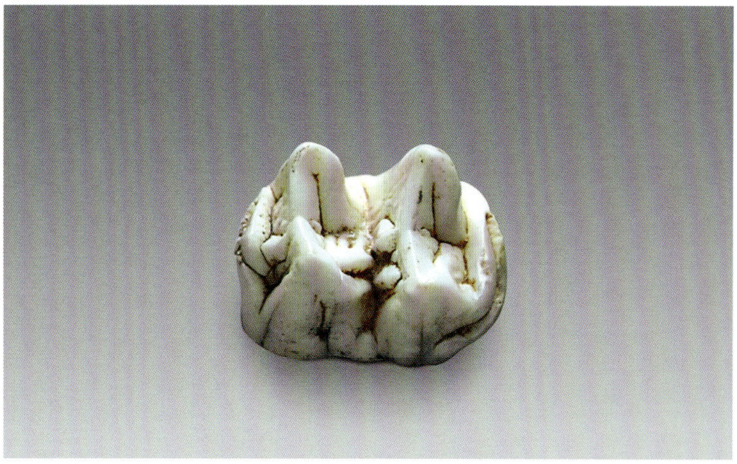

1. 华南巨貘右下第二臼齿
（M_2 ［Right］ of *Megatapirus augustus*，04FSCH3：M0055）

2. 华南巨貘右上第二臼齿
（M^2 ［Right］ of *Megatapirus augustus*，04FSCH3：M0050）

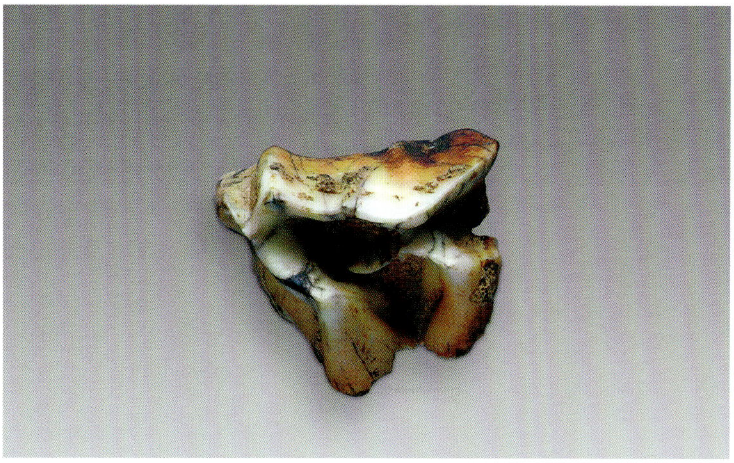

3. 中国犀左上第二臼齿
（M^2 ［Left］ of *Rhinoceros sinensis*，04FSCH3：M0012）

3号支洞哺乳动物化石
Mammalian fossils from the No.3 Tunnel

1. 野猪残右上颌骨
（Palate [Fragmentation] of *Sus scrofa*,
04FSCH3:M0070）

2. 野猪残左上第三臼齿
（M^3 [Left] of *Sus scrofa*,
04FSCH3:M0062）

3. 斑鹿残右角
（Antler [Right] of *Cervus* sp.,
04FSCH3:M0034）

3号支洞哺乳动物化石
Mammalian fossils from the No.3 Tunnel

1. 水鹿左下颌骨，上带第二前臼齿至第三臼齿
（Mandible with P_2-M_3 ［Left］ of *Cervus unicolor*，04FSCH3∶M0394）

2. 水牛左上第一臼齿
（M^1 ［Left］ of *Bubalus bubalis*，04FSCH3∶M0061）

3. 水牛右下第三臼齿
（M_3 ［Right］ of *Bubalus bubalis*，04FSCH3∶M005）

3 号支洞哺乳动物化石
Mammalian fossils from the No.3 Tunnel